Der Band

Die Programmiersprache PHP erfreut sich großer Beliebtheit, nicht zuletzt, da sie als Open-Source kostenlos ist und mit dem verbreiteten Apache-Webserver zusammenarbeitet. Dieses Buch führt den Einsteiger in die Programmierung dynamischer Websites mit PHP und MySQL ein und beschränkt sich dabei nicht auf PHP selbst, sondern geht ausführlich auch auf Aspekte der PHP-Programmierung ein. Anhand der Programmierbeispiele kann der Leser die Programmierung eines Redaktionssystems mit Datenbankanbindung zur Verwaltung von News-Artikeln nachvollziehen und dabei die praktische Arbeit mit PHP kennen lernen.

Die Reihe

Die Beck EDV-Berater bieten kompakt und handlich im Taschenbuch das für den täglichen Umgang mit dem Computer notwendige Wissen. Je nach Thema wenden sich die Bände an noch unerfahrene Anwender für den schrittweisen Einstieg oder an Fortgeschrittene, die ihren PC bis in die Details beherrschen möchten. Lexikalische Bände erlauben den besonders schnellen Zugriff von A bis Z.
Ein didaktisch geschickter Aufbau, leicht verständliche Erklärungen und anschauliche Abbildungen lösen Probleme in kürzester Zeit.

Der Autor

Dirk Taggesell ist tätig als technischer Leiter eines mittelständischen IT-Dienstleisters. Seine Spezialgebiete sind die Konzeption, Administration und Sicherheit von UNIX- und Windows-Netzen.

Beck EDV-Berater

PHP 5

Dynamische Webseiten mit Apache, PHP und MySQL

von Dirk Taggesell

Deutscher Taschenbuch Verlag

Herausgegeben von Christian Spitzner

Im Internet:

www.dtv.de
www.beck.de

Redaktionsschluss: Dezember 2004

Originalausgabe
Deutscher Taschenbuch Verlag GmbH & Co. KG,
Friedrichstr. 1a, 80801 München
© 2005. Redaktionelle Verantwortung: Verlag C.H.Beck oHG
Druck und Bindung: Druckerei C. H. Beck, Nördlingen
(Adresse der Druckerei: Wilhelmstr. 9, 80801 München)

Satz: Turnus GmbH, München
Umschlaggestaltung: Agentur 42 (Fuhr & Partner), Mainz
ISBN 3 423 50254 1 (dtv)
ISBN 3 406 51670 X (C. H. Beck)

Inhaltsverzeichnis

	Vorwort	9
1.	**Einführung**	**11**
1.1	Das Problem	11
1.1.1	Allgemeines zum Buch	12
1.1.2	Vorkenntnisse	13
1.2	Historischer Abriss – was ist CGI?	14
1.3	Vom klassischen CGI zu PHP	16
1.4	Warum gerade PHP?	18
2.	**Einrichten des Servers**	**22**
2.1	Allgemeines	22
2.2	Benötigte Hardware	23
2.3	Benötigte Software	24
2.4	Der Windows-Server	25
2.4.1	Downloads	25
2.4.2	Installieren der Tools	26
2.4.3	Apache-Webserver installieren	26
2.4.4	PHP installieren	31
2.4.5	MySQL installieren	34
2.5	Der Linux-Server	37
2.5.1	Die Pakete von SuSE-Linux benutzen	37
2.6	Apache, PHP und MySQL arbeiten zusammen	39
2.6.1	Das Konzept einer modernen Datenbank	39
2.6.2	Vorbereiten des MySQL-Datenbank-Servers	41
2.6.3	phpMyAdmin	44
2.6.4	Test der Zusammenarbeit	49
2.7	Verzeichnisstruktur des Apache-Servers	52
2.8	Wie PHP funktioniert	54

2.8.1	Modul oder Standalone	54
2.8.2	Wie erkennt der Webserver PHP-Code?	55
2.8.3	Ein einfaches Beispiel	56
3.	**Die Sprache PHP**	**60**
3.1	Syntax und Kapselung in HTML	60
3.1.1	Kapselung	60
3.1.2	Befehle	61
3.1.3	Kommentare	62
3.2	Variablen und Datentypen	63
3.2.1	Integer	64
3.2.2	Double	64
3.2.3	Zeichenketten – Strings	65
3.2.4	Escape-Sequenzen	66
3.2.5	Arbeiten mit Zeichenketten	67
3.2.6	Suchen und Ersetzen mit Regular Expressions	74
3.2.7	Regular Expressions für Dummies	79
3.2.8	Liste der wichtigsten Stringfunktionen	81
3.2.9	Boolean – wahr oder falsch	89
3.2.10	Datenfelder – Arrays	90
3.2.11	Arbeiten mit Arrays	93
3.2.12	Liste der wichtigsten Array-Funktionen	98
3.2.13	Typumwandlung, Erzwingen von Typen	105
3.3	Ausdrücke und Operatoren	109
3.3.1	Ausdrücke	109
3.3.2	Arithmetische Operatoren	110
3.3.3	Zuweisungen	111
3.3.4	Inkrement und Dekrement	112
3.3.5	Bit-Operatoren	114
3.3.6	Vergleichsoperatoren	118
3.3.7	Boolesche Vergleichsoperationen	121
3.3.8	Rangfolge der Operatoren	123
3.4	Kontrollstrukturen	124
3.4.1	If und Else	125
3.4.2	Switch und Break	127
3.4.3	While und Do while	130

3.4.4	For und Foreach	132
3.4.5	Continue	135
3.5	Funktionen	136
3.5.1	In PHP eingebaute Funktionen	136
3.5.2	Eigene Funktionen	136
3.5.3	Gültigkeit von Variablen in Funktionen	137
3.5.4	Liste der wichtigsten mathematischen Funktionen	140

4.	**Wie man an ein Projekt herangeht**	**145**
4.1	Software-Design	145
4.1.1	Planung ist das halbe Leben	145
4.1.2	Teile und herrsche	146
4.1.3	Die technischen Details	148
4.2	Dateien oder Datenbanken?	157
4.3	Trennung von Layout und Inhalt	158
4.4	Sicherheitsvorkehrungen	159
4.5	Formulare und deren Handhabung	161
4.5.1	Die Datenübergabe: POST und GET	162
4.5.2	Früher war alles besser	165
4.5.3	GET oder POST – was ist besser?	166
4.5.4	Einzeilige und mehrzeilige Texteingaben	167
4.5.5	Menüs und Auswahlboxen	168
4.5.6	Datei-Upload per PHP	173
4.5.7	Vorbelegen von Eingabefeldern	179
4.5.8	Integrierte Formulare	180
4.5.9	Alternativen zu GET und POST	182

5.	**Programmieren mit PHP**	**183**
5.1	Das erste Projekt – ein einfaches Redaktionssystem	183
5.1.1	Die News-Seite	184
5.1.2	Das Redaktions-Frontend	187
5.1.3	Verzeichnisse mit Passwortschutz	195
5.1.4	Anmerkungen zum RS	198
5.1.5	Liste der neuen Funktionen	199
5.2	Ausflug nach SQL	201

5.2.1	Die wichtigsten MySQL-Datentypen	202
5.2.2	Die Arbeit mit MySQL	204
5.2.3	Autoinkrement und Sequenzen	209
5.3	Ein Redaktionssystem mit Datenbank	210
5.3.1	Überlegungen – ein Software-Design	210
5.3.2	Die Include-Datei	213
5.3.3	Die öffentliche Artikelliste	225
5.3.4	Anzeige eines Artikels	228
5.3.5	Die Artikelliste im Redaktionssystem	230
5.3.6	Seite zum Löschen von Artikeln	232
5.3.7	Editieren und Eintragen	234
5.3.8	Notwendige Erweiterungen	238
5.3.9	Unvollkommenheiten und Beschränkungen	242
5.3.10	Neue Funktionen	244

6. Anhang — 248

6.1	Die PHP-Konfigurationsdatei	248
6.2	Umgebungsvariablen	252
6.2.1	Apache-Umgebungsvariablen	252
6.2.2	PHP-Variablen	253
6.3	Infos im Internet	255
6.3.1	Websites	255
6.3.2	Newsgruppen	257
6.4	Literaturhinweise	258
6.4.1	Bücher zu MySQL	258
6.4.2	Grundlagen zu Datenbanksystemen	258
6.4.3	Rechnersicherheit unter Linux	258
6.4.4	Apache-Webserver	259
6.4.5	Bücher zu Linux und anderen Themen	259

Sachverzeichnis — 261

Vorwort

Dieses Buch liefert Ihnen eine Menge nützlicher Informationen, und wenn Sie es durchgearbeitet haben, werden Sie sich sicher zutrauen, kleinere PHP-Projekte selbstständig zu realisieren. Natürlich konnten hier – wie in allen anderen Büchern auch – aus Platzgründen einige Dinge nur am Rande gestreift werden, andere Aspekte mussten gänzlich entfallen. So bietet PHP sehr viele Funktionen und Features, die hier nicht zur Sprache kommen: Sie können bei installierter GD-Library mittels PHP-Befehlen Bilddateien erzeugen und manipulieren. Das Generieren von kleinen Vorschaubildchen aus per Formular hochgeladenen Bilddateien, das Konvertieren des Dateityps und einiges mehr können Sie mit den GD-Befehlen in PHP erledigen. PHP bietet Unterstützung für fast alle aktuellen Datenbanksysteme, Sie können mit PHP PDF-Dateien oder Flash-Animationen on-the-fly erzeugen und vieles mehr. Auch ist in diesem Buch keine komplette Liste aller PHP-Funktionen enthalten. Deshalb habe ich mir die Freiheit genommen, bestimmte häufig verwendete Features und Funktionen herauszugreifen und diese zu beschreiben. Vor allem die Array- und Stringfunktionen benötigen Sie fast immer. Komplett unter den Tisch fallen mussten leider die objektorientierten Aspekte von PHP. Das war keine leichte Entscheidung, aber letztlich ist dieses Buch für den Einsteiger gedacht und als solcher kommen Sie ziemlich weit, auch ohne objektorientierte Features von PHP zu verwenden. Obendrein ist das Konzept der Objekte, Klassen und Methoden, der Instanziierung und Vererbung erfahrungsgemäß recht schwierig zu verstehen.
Ich habe dieses Buch bewusst etwas anders angelegt als die restlichen auf dem Markt befindlichen PHP-Bücher. Mein Anliegen war nicht nur, dass Sie die einzelnen Sprachkonstruktionen und Features von PHP kennenlernen und selbstständig PHP-Anwendungen schreiben können. Ich habe auch versucht, Ihnen ein paar wichtige

Aspekte des Programmierumfeldes nahe zu bringen: Sicherheitsaspekte, ein wenig Einblick in das Softwaredesign, Hinweise auf Programmierfallen, die oft erst (zu) spät bemerkt werden. Das alles sind Dinge, die Sie in sonst keinem PHP-Buch lesen, die aber besonders für Einsteiger wichtig sind, damit sich bestimmte schlechte Gewohnheiten erst gar nicht einschleichen, die man leider nicht selten auch bei „professionellen" Programmierern findet.

Wenn Sie weiter führende Probleme oder Fragen zu bestimmten Aspekten der PHP-Programmierung haben, schauen Sie am besten im Internet nach: Die kommentierte Ausgabe der Online-Dokumentation ist sehr ausführlich. Es gibt Websites für PHP-Programmierer und etliche spezielle Newsgruppen des Usenet. Falls Sie das Bedürfnis zu Danksagungen, Kritiken oder Anregungen zu diesem Buch verspüren, können Sie mir auch gern eine E-Mail an die Adresse *php-buch@taggesell.de* schicken.

Alle im Buch enthaltenen Quellcodes können Sie sich unter *http://www.taggesell.de/Buecher/PHP-Buch/index.php* herunterladen.

Dirk Taggesell, München im November 2004

Hinweis:

Die benutzten Softwarepakete werden ständig weiterentwickelt. So kann es sein, daß die gerade aktuellen Versionen der Pakete nicht richtig zusammenarbeiten wollen, oder daß sich die Voreinstellungen plötzlich geändert haben und deshalb ein Beispiel nicht funktioniert. Falls auf ihrem Rechner Beispiele aus diesem Buch **nicht einwandfrei funktionieren** sollten, schauen Sie bitte auf meiner Website bei den Ergänzungen und dem Erratum nach, vielleicht habe ich dazu bereits eine Aktualisierung veröffentlicht:
http:\\www.taggesell.de/Buecher/PHP-Buch/Ergaenzungen/

Dirk Taggesell, München im November 2004

1. Einführung

Endlich geschafft: Die Website ist online. Aber so richtig perfekt ist sie noch nicht. Die regelmäßigen Aktualisierungen der News-Seite sind viel zu aufwendig und das Update muss jeweils der Webdesigner machen, weil der Redakteur kein HTML kann. Das könnte sich auch automatisieren lassen – zum Beispiel mit PHP!

1.1 Das Problem

Sie wissen, dass Sie etwas benötigen, das Ihnen – genauer: dem Besucher Ihrer Website – die Inhalte in den einzelnen Seiten dynamisch einsetzt und zwar genau dann, wenn die Seite abgerufen wird und mit den jeweils aktuellen Werten. In das Gerüst der Seite sollen die jeweils aktuellen Daten (Preislisten, Spielergebnisse usw.) vom Webserver automatisch eingebaut werden. Die Werte werden evtl. aus einer Datenbank gelesen, im einfacheren Fall vielleicht auch nur aus einer Textdatei, und die Eingabe der Werte erfolgt über ein Webfrontend in einem ganz normalen Webbrowser.
Das hört sich alles nach schwarzer Magie an: Daten (auch noch die jeweils gewünschten) werden automatisch aus einer Datenbank gelesen und versammeln sich wie von Zauberhand geleitet an den richtigen Stellen innerhalb einer Webseite. Vielleicht haben Sie im Moment überhaupt keine Ahnung, wie Sie das jemals bewerkstelligen sollen. Vielleicht aber wissen Sie so ungefähr, was passieren müsste, haben es jedoch noch nie wirklich selber ausprobiert. Doch keine Angst, Sie halten ja dieses Buch in Händen und müssen es lediglich noch aufmerksam durchlesen sowie die vorgestellten Programmierbeispiele nachvollziehen, um Ihr nächstes Projekt ganz allein in Gang setzen zu können. *Mit* Datenbank, *mit* Redaktionssystem, eben mit allen diesen Dingen, die das Leben eines Website-

Betreibers angenehm machen und ihn von stupiden Routinearbeiten entlasten. Ich werde es Ihnen so einfach wie möglich machen und vor allem auch auf die Dinge eingehen, die links und rechts des Weges liegen. Schließlich genügt es Ihnen nicht, *dass* etwas passiert, Sie möchten auch wissen, *warum*.

1.1.1 Allgemeines zum Buch

Innerhalb dieses Buches werden wir uns auf bestimmte Software und bestimmte Betriebssysteme beschränken. Wir werden den Apache als den weltweit beliebtesten Webserver verwenden, dazu natürlich PHP als Programmierwerkzeug und MySQL als Datenbank. Jedes dieser Software-Pakete kann sowohl unter Windows als auch unter den diversen Unix-Varianten betrieben werden, und Sie können es sowohl kostenlos aus dem Internet herunterladen als auch kostenlos benutzen, selbst wenn Sie mit Ihrer Website Geld verdienen wollen. Die Installation und Handhabung der Software-Pakete unterscheidet sich zwischen den verschiedenen Windows-Versionen kaum und wird in diesem Buch detailliert beschrieben. Von allen verschiedenen Unix-Abarten jedoch werde ich nur auf Linux eingehen, da Letzteres vor allem im privaten Bereich eine gegenüber den anderen Unixen übergroße Verbreitung erlangt hat und die wenigsten von Ihnen eine SUN oder eine IRIX-Maschine unterm heimischen Schreibtisch stehen haben.

Ein anderer wichtiger Aspekt ist die Unterscheidung zwischen *Websites* und *Webseiten*. Diese Begriffe werden häufig – inzwischen leider auch in der Fachliteratur – durcheinander gebracht. Mit „Website" ist der gesamte Server mit allen verfügbaren einzelnen Seiten gemeint. Der Begriff beinhaltet das englische Wort *Site*, das nichts mit „Seite" zu tun hat, sondern das soviel wie „Stelle" oder „Standort" bedeutet. Als Synonym für Website ist verschiedentlich auch *Webserver* zu lesen. Das ist zwar nicht falsch, allerdings gibt es für Webserver noch andere Bedeutungen. So kann man sowohl den Rechner, auf dem die Server-Software läuft, als auch die Server-Software (den Apache) selbst als „Webserver" bezeichnen. Wegen dieser Mehrfachbelegung werde ich in diesem Buch versuchen, den Begriff Webserver nur für den Rechner oder die Server-Software selbst zu verwenden. Bitte achten Sie jedoch trotzdem beim Lesen auf den Zusammenhang, um sich die jeweilige Bedeutung zu erschließen.

Der Begriff „Webseite" dagegen beschreibt nur eine einzige Seite eines Webservers. Ich verwende diese beiden Begriffe trotz ihrer Ähnlichkeit, da sie die korrekten Bezeichnungen darstellen. Häufig ist von *Internetseiten* zu lesen, wenn Webseiten gemeint sind. Das Internet ist jedoch nicht in Seiten aufgeteilt, denn das World Wide Web – das ja gemeint ist – ist nur ein Teil des Internet.

In diesem Buch ist in URLs häufig von *localhost* als Rechnername die Rede (alternativ kann die IP-Adresse *127.0.0.1* verwendet werden). Der Begriff *localhost* steht dabei immer für den „eigenen" Rechner, d.h. wenn Sie im Browser *http://localhost/* eingeben, versucht dieser eine lokale Netzverbindung innerhalb des Rechners aufzubauen, die natürlich nur funktionieren kann, wenn auf dem gleichen Rechner auch ein Apache läuft. Der Einfachheit halber gehe ich hier davon aus, dass Sie zu Hause nur einen Rechner betreiben, der gleichermaßen als Arbeitsplatz und Entwicklungs-Server dient. Falls Sie jedoch ein kleines eigenes Netz betreiben und Arbeitsrechner und Webserver verschiedene Rechner sind, müssen Sie natürlich jeweils statt des Rechnernamens *localhost* den Namen Ihres Webservers eintragen. Alternativ dazu können Sie auch die IP-Adresse Ihres Webservers benutzen.

1.1.2 Vorkenntnisse

Sie haben es sicher geahnt: Auch dieses Buch kann nicht bei Adam und Eva anfangen. Dann müsste ich nämlich eine Enzyklopädie in sechsundzwanzig Bänden schreiben und – noch viel schlimmer – Sie müssten sie lesen. Deshalb werde ich ein paar Grundkenntnisse bezüglich der Computerei, des Internet und des ganzen Rests voraussetzen. Wie Sie gleich sehen werden, ist es wirklich nicht viel.

- Gleich, ob Sie Ihre ersten Schritte mit Webservern, Datenbanken und PHP unter Windows oder unter Linux machen wollen, mit dem Betriebssystem sollten Sie sich so weit auskennen, dass Sie

wissen, was Dateien, Verzeichnisse, Partitionen und Zugriffsrechte (auf Dateien und Verzeichnisse) sind.
- Vom Internet selbst sollten Ihnen die Zusammenhänge zwischen Webbrowser, Webserver, Domains und IP-Adressen wenigstens ungefähr geläufig sein. Allerdings werde ich in den entsprechenden Abschnitten die Zusammenhänge noch einmal skizzieren.
- Sie sollten auch bereits ein- oder zweimal eine HTML-Seite erstellt haben, und zwar mit einem textbasierten Editor wie Notepad oder Homesite. Reines Frontpage- oder Dreamweaver-Know-how genügt ab sofort nicht mehr, denn bei der Programmierung mit PHP brauchen Sie die volle Kontrolle über den HTML-Code. Das schließt die Verwendung von Dreamweaver usw. nicht aus, aber Sie müssen – spätestens ab jetzt – wissen, was Sie tun.

1.2 Historischer Abriss – was ist CGI?

Zu Beginn des World Wide Web gab es überwiegend statische Webseiten. Statisch heißen sie, weil die darin enthaltenen Informationen mittels der HTML-Tags formatiert wurden und die Seite mit allen HTML-Tags sowie dem eigentlichen Inhalt als fertige Datei auf der Festplatte des Servers liegt. Wird der zu dieser Datei passende URL abgerufen, liest der Webserver die zugehörige Datei von seiner Festplatte und schickt sie ohne Änderungen an den Browser weiter, der sie angefordert hat. Das funktioniert tadellos, hat aber den Nachteil, dass jegliche Änderungen in den Informationen auf der Webseite manuell – durch Editieren der Dateien – erfolgen müssen. Obendrein muss der Bearbeiter HTML-Kenntnisse besitzen, damit die richtigen Tags wieder an der richtigen Stelle gesetzt werden; ansonsten würde eine fehlerhafte Seite ausgeliefert. Zudem ist es ohne die Verwendung dynamisch generierter Webseiten nicht möglich, Benutzereingaben von Web-Formularen zu verarbeiten.
Für all diese Anwendungen wurde die CGI-Schnittstelle definiert (ausgeschrieben: *Common Gateway Interface*). Auch wenn es sich in manchen Publikationen anders liest: CGI ist keine Programmier-

sprache, sondern nur eine Schnittstellendefinition! Sie legt die Art und Weise fest, wie Daten vom Browser zum Webserver übertragen werden können. Diese Daten sind im einfachen Fall Texte wie z.B. Suchbegriffe, Adressangaben o.ä., das der Besucher einer Website in die entsprechenden Eingabefelder auf einer Webseite eingetragen hat. Es ist jedoch auch möglich, größere Binärdateien wie Bilder, MP3-Songs oder gar Videodateien vom Browser an den Webserver zu senden.

Jedes Mal, wenn Sie auf einer Webseite Eingabefelder, Klappmenüs und einen Submit-Knopf finden (meist mit *Daten senden*, *Suchen* o.Ä. beschriftet), kommt die CGI-Schnittstelle zur Anwendung, um Ihre Eingaben dem Webserver zu übermitteln. Dieser verarbeitet die Eingaben (genauer: er lässt sie verarbeiten) und liefert Ihnen anschließend die zu Ihren Eingaben passende Webseite zurück. So geben Sie beispielsweise einen Suchbegriff in das entsprechende Feld auf einer Webseite ein, und sobald Sie auf *Suchen* klicken, sendet Ihr Browser den Suchbegriff an den Webserver, der an Ihren Browser daraufhin eine neue Seite überträgt, in der die zum Suchbegriff passenden Treffer gelistet sind. Diese Seiten sind somit dynamisch generiert, denn sie liegen nicht fertig auf der Festplatte des Webservers, sondern werden erst in dem Moment generiert, in dem sie ausgeliefert werden. Für die Programmierung solcher dynamisch erzeugten Webseiten gibt es inzwischen viele verschiedene Möglichkeiten. Früher verwendete man oft die so genannten CGI-Skripts. Das sind Programme, die vom Webserver jeweils dann aufgerufen werden, wenn eine Webseite mit dynamischem Inhalt angefordert wird. Programmiert werden diese kleinen Helferlein in den verschiedensten Sprachen; fast jede Programmier- oder Skriptsprache ist dafür geeignet. Oft kommt PERL zum Einsatz.

Merke:
- Es gibt dynamische und statische Webseiten.
- Statische Webseiten liegen gewöhnlich als fertige HTML-Dateien auf der Festplatte des Servers.

- Dynamische Webseiten werden aus einem HTML-Gerüst und den aktuellen Daten zusammengesetzt, sobald die Seite abgerufen wird.
- Der große Vorteil dynamischer Webseiten ist die Möglichkeit, das Layout (das optische Erscheinungsbild) vom Inhalt (den Texten und Informationen auf der Webseite) zu trennen.
- Außerdem benötigen Sie dynamisch generierte Webseiten spätestens dann, wenn Sie Benutzereingaben verarbeiten möchten.

1.3 Vom klassischen CGI zu PHP

CGI-Skripts sind – so haben wir's gelernt – kleine Programme, welche die Eingaben vom Benutzer entgegennehmen, sie verarbeiten und eine Webseite mit den Ergebnissen – oder zumindest einer Empfangsbestätigung – an den Benutzer zurücksenden. Dabei muss allerdings der Programmierer des Skripts selbst dafür sorgen, dass sein Programm alle für eine korrekte Seite nötigen HTML-Tags ausgibt und die dynamischen Elemente genau dort einsetzt, wo sie hingehören. Das ist recht aufwendig und fehlerträchtig, vor allem, da sich ja der größte Teil der Seiten aus normalem HTML zusammensetzt, was innerhalb der Skripte durch *echo*, *print* oder ähnliche Befehle ausgegeben werden muss. Obendrein sind die benutzten Programmiersprachen nicht direkt auf die Bearbeitung von Webseiten ausgelegt; der Programmierer muss fast alles „zu Fuß" machen, was vor allem bei der Einbindung von Datenbankinhalten recht umständlich sein kann.

Diesem Missstand suchte der inzwischen in Kalifornien lebende gebürtige Däne Rasmus Lerdorf (*http://www.lerdorf.on.ca/*) schon im Herbst 1994 abzuhelfen: Er begann eine Software zu entwickeln, aus der später PHP entstehen sollte. Die erste kostenlose und öffentlich zugängliche Version – damals noch „Personal Home Page Tools" genannt – erschien im Frühjahr 1995. Noch im gleichen Jahr veröffentlichte Rasmus eine verbesserte und erweiterte Version und nannte sie „PHP/FI Version 2", wobei die beiden letzten Buchstaben *Form Interpreter* bedeuten (bezieht sich auf die Auswertung von

1.3 Vom klassischen CGI zu PHP

Web-Formularen). Außer dem Formular-Interpreter hatte Rasmus Lerdorf seine Software noch um ein Interface zu mSQL-Datenbanken erweitert (mSQL ist in gewisser Weise eine Art Vorgänger von MySQL).

Wie es so oft passiert, wenn das Richtige zur richtigen Zeit erfunden wird, dauerte es nicht lange und PHP/FI erfreute sich immer größerer Beliebtheit bei den Web-Programmierern. Mitte des Jahres 1997 verstärkten die Programmierer Andi Gutmans und Zeev Suravski das PHP-Entwicklerteam. Die zwei Neulinge schrieben den Parser – die zentrale Komponente von PHP – vollständig neu. Andere Komponenten von PHP/FI 2.0 wurden ebenfalls aktualisiert oder gar neu geschrieben, und so erschien bald darauf PHP3, das mit der bis vor kurzem aktuellen Version 4 schon sehr viel gemein hatte. PHP4 wurde im Vergleich zu seinem Vorgänger weniger um neue Features erweitert, als besonders in der Performance verbessert. Dafür wurde unter anderem die *Zend Scripting Engine* entwickelt. Das Wort *Zend* ist übrigens aus den Vornamen der beiden Programmierer gebildet worden: *Ze* steht für Zeev und *nd* für Andi. Wer alles an der Weiterentwicklung beteiligt ist, können Sie unter der Adresse *http://www.php.net/credits.php* nachlesen.

Inzwischen gibt es die Version 5 von PHP, in die gegenüber der Version 4 vor allem interne Verbesserungen eingeflossen sind. Außerdem wurde der objektorientierte Teil der Programmiersprache geändert (der wird jedoch in diesem Buch nicht behandelt, da Sie als Einsteiger die objektorientierten Festures nicht brauchen). Im Zuge der Entwicklung von PHP5 tauchte jedoch plötzlich ein Problem auf: die Lizenz, unter der das beliebte Datenbanksystem MySQL veröffentlicht wird, paßt nicht zusammen mit der Lizenz, unter der PHP5 benutzt werden darf. Deshalb erschienen die ersten Beta-Versionen von PHP5 ohne MySQL-Anbindung (Näheres hierzu: http://blog.koehntopp.de/archives/206_MySQL_und_die_Lizenzen.html). Da jedoch sehr viele Anwender eine SQL-Datenbank benötigen, integrierte man ein anderes Datenbanksystem namens SQLite in PHP. Inzwischen jedoch hat man sich mit der Firma MySQL geeinigt und der Support dieses beliebten Datenbanksystems ist wieder in PHP5 vorhanden.

PHP unterscheidet sich vom klassischen CGI (Shell- oder PERL-Skripte) zum einen durch die Einbindung als Modul in den Apache-Webserver, zum anderen werden PHP-Anweisungsblöcke innerhalb einer ansonsten normalen HTML-Seite eingebaut. Genaueres über die Arbeitsweise von PHP erfahren Sie in Abschnitt 1.4.

Inzwischen ist PHP sehr weit verbreitet und überaus beliebt, nicht zuletzt, weil es kostenlos benutzt werden darf und weil eine große und engagierte Entwicklergruppe es ständig weiterentwickelt. Zum einen nutzen viele kommerzielle Websites PHP für ihre dynamischen Inhalte, zum anderen bietet so gut wie jeder größere Domain-Hoster seinen Kunden PHP-Unterstützung an. Auch liefern inzwischen alle bedeutenderen Linux-Distributionen einen Apache-Webserver mit vorbereitetem PHP-Modul auf ihren CDs aus. So können Sie über das jeweilige Frontend (bei SuSE-Linux YAST) automatisch einen fertigen Apache mit PHP-Modul auf Ihren Linux-Rechner installieren lassen.

Merke:
- PHP kann in den Apache-Webserver „eingebaut" werden.
- Die Website ist dadurch performanter als mit klassischem CGI.
- PHP-Code wird in die HTML-Seite eingebaut, was die Übersichtlichkeit für den Programmierer erhöht.

1.4 Warum gerade PHP?

Sie werden sich fragen, warum Sie nun ausgerechnet PHP für Ihre Website verwenden sollen. Schließlich gibt es ja noch genügend andere Möglichkeiten, dynamisch erzeugte Webseiten zu programmieren. In der Tat ist PHP nicht die einzige Software ihrer Art. Die für den Microsoft Internet Information Server verfügbaren *Active Server Pages* funktionieren ähnlich wie PHP; auch dort wird der auszuführende Programmcode in die „normalen" HTML-Seiten eingebaut und vor dem Ausliefern an den Client ausgeführt. Das gleiche Prinzip verfolgt das Produkt *ColdFusion* aus dem Hause Macromedia. Viele der auf Webseiten gewünschten dynamischen Features kann man prinzipiell auch mit Javascript (gilt gleichermaßen auch für Java und Macromedia Flash) realisieren. Vermeintlich kluge Leute haben schon viel Zeit damit verschwendet, ganze Shop-Systeme in Javascript zu programmieren. Und die klassische CGI-Skript-Programmierung gibt es ja auch noch.

Vorteile von PHP gegenüber Alternativen

Der erste wichtige Vorteil ist, dass PHP kostenlos benutzt werden darf, auch für den kommerziellen Einsatz. Der ColdFusion-Server verliert damit schon einmal, denn den lässt sich Macromedia mit 1.299 US-$ für die *Professional Edition* und 4.995 US-$ für die *Enterprise Edition* fürstlich bezahlen. Die Entwicklungsumgebung mit Editor usw. kostet abermals 600 US-$. Zumindest für Privatanwender und kleinere Firmen hat sich das Thema ColdFusion damit erledigt.

Die anderen oben genannten Alternativen sind zwar – wie PHP – ebenfalls kostenlos benutzbar, haben jedoch gegenüber PHP ein paar Nachteile:

- So wurde bereits festgestellt, dass die klassischen CGI-Skripte recht umständlich zu handhaben sind und eher von hart gesottenen Programmierern bevorzugt werden. Der „Webworker", wie man ihn heute gerne nennt, wird damit wenig zu tun haben wollen.
- Die *Active Server Pages* (ASP) für Microsofts eigenen Webserver sind prinzipiell eine Alternative zu PHP, nicht zuletzt, da ein ähnliches Konzept dahintersteht. Allerdings ist der Einsatz von ASP nur mit dem Internet Information Server von Microsoft und Windows als Plattform sinnvoll. Und mit Windows als Server-Plattform handelt man sich bekanntermaßen eine Reihe von Unbequemlichkeiten ein. Würmer vom Schlage eines Code Red oder Nimda, wie sie in letzter Zeit das Internet heimsuchten, sind nur ein Beispiel von vielen.

- Bleibt noch die Programmierung mit Javascript als scheinbare Lösung. Manchmal funktioniert so etwas sogar. Aber Javascript für Funktionen zu verwenden, ohne die eine Website nicht funktioniert, ist absolut untauglich. Schließlich hat nicht jeder Besucher Ihrer Website einen Browser mit (aktiviertem) Javascript. Warum die Besucher von Websites ohne Javascript unterwegs sind, kann viele Gründe haben. Während die einen Javascript aus Sicherheitsgründen selbst abgeschaltet haben, sitzen andere in ihrem Büro hinter einer Firewall, die Javascript generell aus allen abgerufenen Webseiten herausfiltert. Die Angestellten haben also gar keine Wahl und würden von Ihrer Javascript-Website ausgesperrt. Zumindest für eine kommerzielle Site ist dies absolut unzumutbar.

Im Gegensatz zu Javascript-Programmen, die der Browser des Anwenders ausführt (oder auch nicht), werden die Programme bei allen anderen vorgestellten Varianten auf dem Server ausgeführt. An den Browser des Besuchers Ihrer Website werden dabei keinerlei besondere Anforderungen gestellt. Es gibt nichts auf Anwenderseite, das die Ausführung von PHP-, ASP- oder ColdFusion-Code verhindern kann. Denn dieser Programmcode wird auf Ihrem Server ausgeführt, über den Sie die volle Kontrolle haben, von dem Sie wissen, was er kann und was evtl. nicht. Der Browser des Besuchers Ihrer Website bekommt ja nur die fertigen, aus „normalem" HTML bestehenden Webseiten.

Ein weiterer Vorteil von PHP ist die inzwischen überaus große Verbreitung: So gut wie jeder Internet-Provider bietet seinen Kunden bereits in sehr billigen Paketen die Unterstützung von PHP-Seiten an, meist sogar noch eine MySQL-Datenbank. Und da Sie PHP sowohl auf Windows- als auch auf Unix-und Apple-Servern benutzen können, müssen Sie bei einem eventuellen Umzug Ihrer Domain zu einem anderen Provider auch kaum Änderungen an Ihrer Programmierung vornehmen. Mit PHP sind Sie somit bestens für die Programmierung von Websites mit dynamischen Inhalten gerüstet.

Merke:
- PHP-Programme werden auf dem Webserver ausgeführt und funktionieren deshalb mit jedem Browser.
- PHP-Webseiten können sowohl auf Webservern unter Windows als auch auf Unix-Servern betrieben werden.
- PHP ist kostenlos, auch für den kommerziellen Einsatz.

2. Einrichten des Servers

Wir müssen zwei Arten von Webservern unterscheiden: den Entwicklungs-Server und den Produktions-Server, wobei der hauptsächliche Unterschied in der Aufgabe des Servers liegt. So ist ein Produktions-Server derjenige Rechner, der die öffentlich zugängliche Website mit allen nötigen Extras (Datenbanken usw.) beherbergt. An einen Produktions-Server müssen Sie deshalb höhere Anforderungen stellen: Er muss u.U. sehr viel performanter sein als ein Entwicklungs-Server, falls Ihre Website sehr gut besucht ist. Auf jeden Fall muss er so sicher wie möglich gegen Einbruchsversuche sein; die Betriebssicherheit hat einen viel höheren Stellenwert, da jede Ausfallzeit (Downtime) durch Absturz, Sabotage o.Ä. dazu führt, dass Ihre Website nicht erreichbar ist und Sie Kunden, Umsatz und Reputation verlieren.

2.1 Allgemeines

Für das Absichern eines am öffentlichen Netz hängenden Servers ist umfassendes Fachwissen über Netzprotokolle, Dienste und Betriebssysteme nötig. Obendrein verlangt die Sicherung eines Servers vom Administrator ständiges Informieren über neu entdeckte Fehler in Betriebssystem und Server-Software sowie das regelmäßige Einspielen von Patches oder gar die Installation neuer Versionen einzelner Programme. Und nicht zuletzt müssen Sie sich Gedanken über eine Backup-Lösung machen, die Sie nach dem GAU nicht ohne aktuelle Dateien und Datenbankinhalte im Regen stehen lässt. Das Vermitteln all dieses Wissens würde den Rahmen dieses Buches sprengen, weshalb ich auf die generelle Rechnersicherheit hier nicht weiter eingehe.

Anmerkung des Herausgebers:
Nähere Informationen zu diesem Bereich erhalten Sie in den ebenfalls in der Reihe „Beck EDV-Berater im dtv" erschienenen Bänden „Safer PC" (dtv 50226) und „Sicherheitsrisiko Internet" (dtv 50227) von Michael Matzer.

Sicherheitsaspekte bei der PHP-Programmierung werden dagegen später noch zur Sprache kommen. Die meisten von Ihnen werden als „Produktions-Server" ohnehin Webspace und Domain bei einem der mehr oder weniger großen Provider mieten. Damit ist die Frage der Rechnersicherheit und Performance Aufgabe des Providers, und es bleibt zu hoffen, dass er diese Aufgabe auch ernst nimmt.

Der Entwicklungs-Server dagegen steht bei Ihnen zu Hause und ist normalerweise aus dem Internet nicht erreichbar. Als Entwicklungs-Server bezeichnet man den Rechner, auf dem Sie ihre Website-Projekte in Ruhe programmieren und ausprobieren können, ohne dass jemand außer Ihnen darauf zugreifen kann. Sorgen Sie jedoch auch hier für ein regelmäßiges Backup. Ein CD-Brenner genügt in den meisten Fällen als Backup-Hardware. Der Rest ist Disziplin – denn durchführen müssen Sie die täglichen oder wöchentlichen Sicherungen selbst.

2.2 Benötigte Hardware

Sie können ohne Weiteres Ihren normalen PC als Entwicklungs-Server benutzen. Wenn er halbwegs modern und ausreichend ausgestattet ist, können auch Webserver und Datenbank neben Ihren Anwendungsprogrammen laufen, ohne Ihre Arbeit zu stören. Vielleicht haben Sie aber auch noch einen ausrangierten, als Arbeitstier zu langsamen Computer im Keller, den Sie als Entwicklungs-Server nutzen können. Dafür genügt z.B. ein Pentium 266 mit 64 MByte RAM und einer 2 GByte-Platte. Sie könnten die beiden Maschinen über Ethernet verbinden und so z.B. den Server unter Linux laufen lassen, ohne dass Sie Ihr gewohntes Windows auf dem Arbeitsplatzrechner vermissen. Über den Aufbau eines Linux-Servers gibt Ihnen z.B. das Handbuch zu Ihrer Linux-Distribution Auskunft. Im Buchhandel sind inzwischen auch mehrere Regalmeter Linux-Bücher zu finden. Besonders empfehlenswert ist nach wie vor der „Kofler" (siehe Abschnitt 6.4.1).

> **Anmerkung des Herausgebers:**
> Zu Thema „Linux" ist der gleichnamige Titel (dtv 50190) von Michael Dietrich in der Reihe „Beck EDV-Berater im dtv" erschienen.

2.3 Benötigte Software

Falls Sie als Server-Plattform Microsoft Windows wählen, ist für den heimischen Entwicklungsrechner jede Windows-Version ab Win95 einsetzbar, besser ist jedoch Windows 2000 oder XP. Sollten Sie lieber einen Linux-Rechner als heimischen Webserver betreiben wollen, können Sie jede halbwegs aktuelle im Handel erhältliche Distribution benutzen. Wer will, kann sich auch sein eigenes Linux zusammenstellen, sollte dann jedoch schon etwas Linux-Erfahrung haben. Innerhalb dieses Buches werde ich mich bei der Beschreibung von Linux-Installationsprozeduren u.Ä. auf SuSE-Linux beziehen, da SuSE den deutschen Linux-Markt mit etwa 80% Marktanteil dominiert. Wo möglich, werde ich jeweils allgemeine Tipps und Hintergrundinfos anbringen, die Ihnen bei der Installation der Software unter anderen Distributionen helfen können.
Sie können Apache, PHP und MySQL auch mit ihrem Apple-computer unter Mac OS X (Jaguar oder Panther) nutzen. Der Schweizer Marc Liyanage hat hierzu eine Anleitung auf seiner Website bereitgestellt und bietet unter *www.entropy.ch* auch gleich fertige Installationspakte an.

2.4 Der Windows-Server

2.4.1 Downloads

Für ein komplettes Webserver-System wird zum einen der Apache-Webserver und zum anderen die PHP-Software benötigt. Da die fortgeschritteneren Beispiele in diesem Buch mit MySQL als SQL-Datenbank arbeiten, bietet es sich an, dieses gleich mit zu installieren. Alle drei Software-Pakete dürfen kostenlos benutzt werden, auch im kommerziellen Einsatz. Außerdem benötigen Sie noch ein Programm zum Entpacken von Zip-Archiven. Falls Sie noch keines besitzen, sollten Sie sich eines der kostenlos erhältlichen Zip-Tools besorgen, z.B. von *www.filzip.com*. Wenn Sie möchten, können Sie natürlich auch das beliebte Winzip (*www.winzip.de*) benutzen. Im Gegensatz zum zuvor genannten Zip-Tool ist Winzip jedoch nicht kostenlos. Windows XP kann Zip-Archive auch ohne Zusatz-Software auspacken.

Auf der Apache-Website (Startseite: *www.apache.org*) finden Sie unter der Adresse *http://httpd.apache.org/dist/httpd/binaries/win32/* das Archiv des Apache-Servers für Windows: *apache_1.3.xx-win32-no_src-r2.msi* (die beiden *x* stehen für die jeweils neueste Version). Zum aktuellen Zeitpunkt (November 2004) ist dies die 1.3.33. Laden Sie die oben genannte Datei herunter, und speichern Sie das Archiv – wie auch alle anderen Downloads für unseren Webserver – am besten in das Verzeichnis *C:\temp*. Falls Sie noch Windows 9x oder NT4.0 benutzen, benötigen Sie zusätzlich den Installer für das Apache-Archiv; in Windows 2000 und XP ist er bereits enthalten. Die Datei finden Sie auf der Microsoft-Website, den genauen URL finden Sie ebenfalls auf der oben genannten Download-Seite für das Apache-Archiv. Speichern Sie den Installer gleichfalls im Temp-Verzeichnis. Wer noch Windows 95 einsetzt, muss vor der Installation des Apache seine Winsock-Library aktualisieren (falls nicht schon irgendwann geschehen). Auf der Download-Seite der Apache-Binary-Distribution ist der Link zum Winsock-Installer auf der Microsoft-Website zu finden.

Von *www.php.net/downloads.php* laden Sie die aktuelle PHP-Version herunter (Link *PHP-5.0.2.zip*). Diese Version lässt sich zwar nur als CGI-Programm betreiben, soll uns jedoch genügen. Zwar ist auf der Webseite auch eine Version verfügbar, die sich in diverse Windows-Webserver als Modul einklinken kann und somit performanter wäre, allerdings ist deren Entwicklung zum momentanen Zeitpunkt noch nicht so weit gediehen, dass sie stabil genug zum Arbeiten ist. Und da Performance für unseren Entwicklungs-Server nicht die große Rolle spielt, können wir uns mit der CGI-Version zufrieden geben. Ihre PHP-Webseiten können Sie ohne Änderungen an der Programmierung später auch mit der Modul-Version von PHP benutzen. Lediglich die Server-Konfiguration wird dann etwas anders aussehen, aber diese wird wahrscheinlich Aufgabe Ihres Providers sein. Auf *http://www.mysql.com/downloads/index.html* finden Sie schließlich die neueste als „stable" bezeichnete Win32-Version des MySQL-Datenbank-Servers und laden sie herunter.

2.4.2 Installieren der Tools

Denken Sie daran: falls Sie noch mit Windows 95 arbeiten, müssen Sie evtl. Ihre Winsock-Library aktualisieren: Auf der Seite *http://support.microsoft.com/default.aspx?scid=kb;en-us;182108* ist unten eder Link zur Download-Seite zu finden. Das Setup-Programm herunterladen, doppelklicken, Neustart, fertig.

In diesem Buch werde ich jedoch ausschließlich die Installation unter Windows XP Professional beschreiben. Falls Sie ein älteres Windows einsetzen, können manche Dialoge ein wenig anders aussehen.

2.4.3 Apache-Webserver installieren

1. Starten Sie die Installation durch einen Doppelklick auf die Archivdatei, akzeprieren Sie die Lizenzbedingungen und klicken Sie auf *Next*.
2. Der nächste Bildschirm zeigt Ihnen eine Readme-Datei, die Sie lesen (oder auch nicht); danach klicken Sie wieder auf *Next*.
3. Der dritte Bildschirm verlangt mehrere Informationen: die Domain des Servers, den Server-Namen und die Mail-Adresse des Administrators. Tragen Sie hier die entsprechenden Adressen ein,

2.4 Der Windows-Server

falls Sie sie bereits wissen – falls nicht, ist das auch kein Problem, denn diese Informationen können Sie ohne Weiteres später noch ändern (in der Apache-Konfigurationsdatei). Die Alternativauswahl unten im Bild belassen Sie auf *Run as service for All Users ...* und klicken abermals auf *Next*.

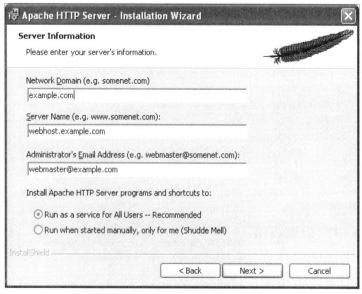

Abb. 2.1: Diese Parameter werden in die Server-Konfiguration eingetragen. Sie können sie auch später noch ändern.

4. Es folgt die Auswahl des Installationsumfangs; Sie können hier ohne Probleme die Variante *Complete* benutzen und – Sie ahnen es – auf *Next* klicken.

5. Im nächsten Abschnitt der Installation können Sie das Verzeichnis aussuchen, in das Sie den Apache-Server installiert haben wollen. Wenn Sie eine deutsche Windows-Version benutzen, ist vermutlich bereits *C:\Programme\Apache Group* eingetragen.

Hinweis:
Achten Sie hier darauf, dass nicht zufällig *Program Files* statt *Programme* voreingestellt ist. Das würde zwar ebenfalls

funktionieren, aber wahrscheinlich wollen Sie alle Programme auch im Verzeichnis *Programme* installiert haben.

6. Nun steht *Ready to Install the Program* zu lesen: letzte Gelegenheit, die vorgenannten Optionen zu ändern. Falls alles wie gewünscht eingetragen ist, können Sie auf *Install* klicken.

7. Der letzte Bildschirm zeigt *Installation Wizard Completed*; klicken Sie auf *Finish*, und abermals erscheint der Wunsch nach einem Neustart.

8. Der Apache ist nun fertig installiert, und im Startmenü findet sich ein neuer Eintrag namens *Apache HTTP Server*.

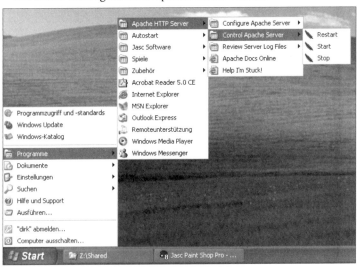

Abb. 2.2: Automatisch generierte Menüeinträge für die häufigsten Anwendungen des Apache

Erster Funktionstest

Im Startmenü wählen Sie *Programme/Apache http Server/Start Apache in Console*. Ein DOS-Fenster mit der Meldung *Apache/1.3.33 (Win32) running ...* erscheint, und dann passiert scheinbar nichts. Tatsächlich jedoch ist der Apache betriebsbereit und wartet auf Anfragen vom Browser.

2.4 Der Windows-Server

Abb. 2.3: Die Standardseite des erfolgreich installierten Apache direkt nach der Inbetriebnahme

Öffnen Sie also Ihren Lieblingsbrowser, und geben Sie als URL *http://localhost/* ein. Als *localhost* ist jeweils die (vom Browser aus gesehen) gleiche Maschine gemeint. Und da Sie sowohl Server (Apache) als auch Client (Browser) auf dem gleichen Rechner laufen lassen, ist *localhost* der richtige URL. Im Browser muss jetzt eine vorinstallierte Startseite erscheinen, eventuell ist diese Seite bei Ihnen in englischer Sprache (siehe Abb. 2.3).

Falls nicht – falls Ihr Browser endlos sucht, um schließlich eine Fehlermeldung zu produzieren –, schauen Sie bitte in den Proxy-Einstellungen Ihres Browsers nach. Dort gibt es ein Eingabefeld, das mit *Keinen Proxy für:* o.Ä. beschriftet ist (vgl. Abb. 2.4).

2. Einrichten des Servers

Abb. 2.4:
Proxy-Einstellungen für den Internet Explorer. Der Rechner „localhost" muss ohne Proxy abgefragt werden.

Tragen Sie dort *localhost* ein. Der Browser wird ab sofort für alle URLs, die mit *localhost* beginnen, keinen Proxy mehr benutzen, denn der Proxy läuft auf einer anderen Maschine (meist bei Ihrem Zugangs-Provider). Und da *localhost* immer auf die eigene Maschine (die, auf welcher der Webbrowser läuft) verweist, würde der Proxy auf der Maschine nachsehen, auf der er selbst läuft, und logischerweise nichts finden – zumindest nicht das von Ihnen Gewünschte.

Um den Webserver künftig beim Rechnerstart automatisch zu aktivieren, kopieren Sie die Verknüpfung *Start Apache in Console* einfach in den Ordner *Autostart* des Startmenüs. Unter Windows 2000 und XP ist das nicht nötig; der Apache arbeitet hier als Systemdienst und wird generell automatisch beim Hochfahren des Rechners aktiviert.

2.4 Der Windows-Server

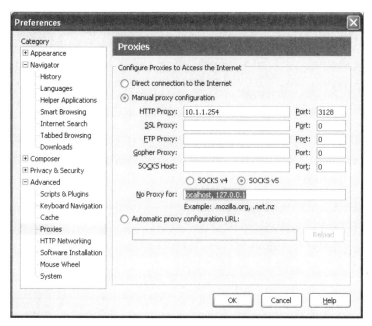

Abb. 2.5: Bei Mozilla trennen Sie die Adressen ohne Proxy mit einem Komma voneinander.

2.4.4 PHP installieren

1. Erzeugen Sie ein Verzeichnis *PHP* im Ordner *C:\Programme* und Kopieren Sie den Inhalt des Zip-Archives dort hinein.
2. Die Datei *php.ini-recommended* im Verzeichnis PHP kopieren Sie ins Windows-Systemverzeichnis (meist *C:\Windows* oder *C:\Winnt*) und benennen sie in *php.ini* um.
3. Jetzt laden Sie die Datei php.ini in einen Editor (z.B. Notepad) und suchen die Zeile *extension_dir*. Ergänzen Sie in dieser Zeile den Pfad zu den PHP-Erweiterungen. Falls Sie PHP in *C:\Programme\PHP* installiert haben, muß die Zeile lauten: *extension_dir = "c:\programme\php\ext"*. Im Verzeichnis *ext* immer halb des PHP-Verzeichnisses sind die Erweiterungslibraries zu finden.

4. Weiter untern in dieser Datei sind die zu aktivierenden Erweiterungen definiert. Suchen Sie die Zeile *extension=php_mysql.dll* und entfernen Sie das Semikolon am Anfang.
5. Suchen Sie nun noch die zwei folgenden Zeilen: *register_long_arrays* und *register_argc_argv* und ersetzen Sie den Parameter *Off* durch *On*:

Die eigentliche Installation von PHP ist damit abgeschlossen. Allerdings müssen Sie nun dem Apache-Webserver noch beibringen, dass er Dateien mit der Endung *.php* vor dem Ausliefern durch den PHP-Parser schickt. Öffnen Sie dazu die Datei *httpd.conf* im Verzeichnis *C:\Programme\Apache Group\Apache\conf* und suchen Sie nach den Zeilen *ScriptAlias /cgi-bin/* und *C:/Programme...* Fügen Sie darunter die folgenden Zeilen ein:

```
ScriptAlias /php/ "c:/programme/php/"

AddType application/x-httpd-php .php

Action application/x-httpd-php "/php/php-cgi.exe"
```

Hinweis:
Achten Sie darauf, dass Sie hier – anders als unter Windows sonst üblich – die normalen Schrägstriche statt der Rückwärtsschrägstriche (engl. *Backslashes*) verwenden!

Nun suchen Sie noch die Zeile *DirectoryIndex index.html* und fügen nach einem Leerzeichen *index.php* an. Speichern Sie die Konfigurationsdatei, und starten Sie den Apache neu über die Systemverwaltung -> Dienste. Im Zweifelsfall rebooten Sie den Rechner.

2.4 Der Windows-Server

Erster Funktionstest

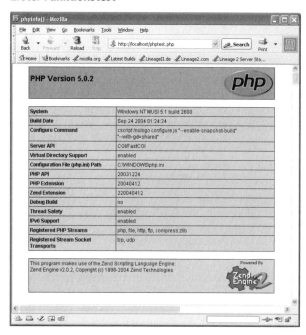

Abb. 2.6:
Die Infoseite von PHP. Hier können Sie viele aktuell gültige Parameter nachschauen.

Jetzt wollen Sie wahrscheinlich ausprobieren, ob für den Einsatz von PHP tatsächlich alles richtig konfiguriert ist – nichts einfacher als das:

1. Erzeugen Sie im Web-Root des Apache (also im Verzeichnis *C:\Programme\Apache Group\Apache\htdocs*) eine neue leere Datei mit Namen *phptest.php*, und öffnen Sie diese in Ihrem Lieblingstexteditor. Füllen Sie die Datei mit folgendem Inhalt:

```
<?

phpinfo()

?>
```

und speichern Sie die Änderungen.

2. **Starten Sie nun Ihren Webbrowser, und geben Sie den folgenden URL ein:** *http://localhost/phptest.php*. Im Browser muss nun eine Webseite mit detaillierten Informationen über das installierte PHP erscheinen.

2.4.5 MySQL installieren

Es ist zwar bereits die Version 4.1 von MySQL veröffentlicht, aber diese macht momentan zusammen mit der aktuellen fertig compilierten Windows-Version von PHP5 Probleme. Deshalb benutzen Sie bitte die Version 4.0.

1. Entpacken Sie das Zip-Archiv in ein leeres Verzeichnis.
2. Starten Sie in diesem Verzeichnis die Datei *Setup.exe*.
3. Im Installationsprogramm passen Sie – falls nötig – das vorgesehene MySQL-Verzeichnis an auf *C:\Programme\Mysql*.
4. Wählen Sie die Installationsvariante *Typical*, und starten Sie mit Klick auf *Install* den Kopiervorgang
5. Im Unterschied zu den meisten Installationsvorgängen werden Sie nach Abschluß der Installation keinerlei neue Einträge im Startmenü finden. Das macht jedoch nichts, denn das holen wir gleich nach.

Abb. 2.7:
Beim ersten Starten von MySQLadmin definieren Sie einen beliebigen Datenbank-User (nicht root!).

6. Starten Sie nun das Programm *Winmysqladmin.exe*, welches sich im Verzeichnis *C:\Programme\Mysql\bin* befindet. Mit diesem Tool verwalten Sie Teile der Konfiguration des MySQL-Servers. Beim ersten Start bekommen Sie als erste eine Aufforderung zur Eingabe von Username und Passwort. Dieses Paar aus Username

2.4 Der Windows-Server

und Passwort ist für den Zugriff auf die MySQL-Datenbanken nötig. Tragen Sie also Namen und Passwort ein (nicht *root* als Username benutzen!), merken Sie sich diese und speichern Sie das Ganze mit *OK*.

7. Im Systray am rechten unteren Bildschirmrand sehen Sie nun ein Ampelsymbol. Mit Klick darauf erscheint ein kleines Menü, aus dem Sie *Show me* wählen, worauf sich die Oberfläche des Admin-Tools öffnet

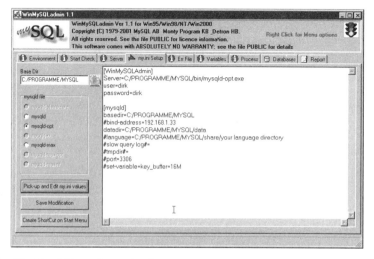

Abb. 2.8: Editieren der Voreinstellungen von MySQL unter Windows

8. Gehen Sie in den Abschnitt *my.ini Setup* und prüfen Sie den Eintrag für *Base Dir*. Er sollte auf das Verzeichnis zeigen, in das Sie MySQL installiert haben, also *C:/Programme/MySQL*. Beachten Sie, daß hier normale Schrägstriche statt der sonst unter Windows üblichen Backslashes verwendet werden.

9. Unterhalb des Eintrages für das Basisverzeichnis finden Sie die Auswahl, welcher der vorhandenen Varianten des MySQL-Servers benutzt werden soll. Unter Windows 98 und ME bietet sich *mysqld-opt* an, wer unter Windows NT/2000/XP arbeitet, benutzt *mysqld-nt*.

2. Einrichten des Servers

10. Klicken Sie auf *Pick up and Edit my.ini values*. Im Fenster erscheint der Inhalt der Ini-Datei von MySQL, die sich im Windows-Hauptverzeichnis (normalerweise *C:\Windows*) befindet. Dort sollten die soeben vorgenommenen Einstellungen zu sehen sein. Falls nicht, können Sie die Parameter manuell editieren. Mit *Save Modifications* speichern Sie die Änderungen dauerhaft.
11. Mit einem Klick auf *Create Shortcut on Start Menu* erzeugt Ihnen das Admin-Tool einen Eintrag im Autostart-Verzeichnis, so daß der Datenbankserver künftig beim Systemstart automatisch aktiviert wird.
12. Wechseln Sie zur Abteilung *Environment*, klicken Sie auf *Hide me* (links unten) und das Fenster des Admin-Programmes verschwindet. Statt dessen ist rechts unten in der Taskbar wieder die Ampel zu sehen. Klicken Sie abermals auf das Ampelsymbol und wählen Sie im Menü NT den Eintrag *install the service*. Damit wird MySQL künftig automatisch beim Hochfahren des Rechners gestartet.
13. Starten Sie den Rechner neu und prüfen Sie, ob der Datenbankserver automatisch gestartet wird. In der Taskbar muß wieder die Ampel zu sehen sein und sie muß auf grün stehen.

Die Installation von MySQL ist nun abgeschlossen. Bevor die Datenbank jedoch in Betrieb gehen kann, müssen Sie noch ein paar Vorarbeiten leisten. Sie benötigen einen Datenbank-User samt Passwort, der vom Webserver aus bzw. von PHP aus auf eine Datenbank zugreifen kann. Die Datenbank selbst benötigen Sie natürlich auch. Aber mit all dem wissen Sie wahrscheinlich noch gar nichts anzufangen, deshalb wird im Abschnitt 2.7 (Apache, PHP und MySQL arbeiten zusammen) ein kleiner Exkurs zum Konzept der modernen Datenbanken eingeschoben. Wenn Sie keinen Linux-Server betreiben, können Sie direkt zu diesem Abschnitt weiterblättern.

2.5 Der Linux-Server

In diesem Abschnitt setze ich ein bereits betriebsbereites Linux-System voraus, das zumindest eine funktionierende Netzanbindung besitzt (Ethernet, ISDN, DSL o.Ä.). Die für die Installation notwendigen Tools sollten natürlich ebenfalls installiert sein. Für die Installation der SuSE-Software benötigen Sie nur den Yast, der ohnehin vorhanden ist.

2.5.1 Die Pakete von SuSE-Linux benutzen

Diese Anleitung basiert auf SuSE 9.1. Beachten Sie bitte, dass die Bezeichnungen der Serien und Pakete bei älteren oder neueren SuSE-Versionen anders lauten können. Leider ist für SuSE 9.1 noch kein fertiges Paket für PHP5 vorhanden. Die per Yast angebotenen Pakete beinhalten nur PHP4. Das macht aber nichts, denn alle Beispiele in diesem Buch funktionieren auch mit PHP4. Falls Sie trotzdem PHP5 benutzen wollen, müssen Sie Apache und PHP5 aus den Quellen selbst übersetzen, was ich hier jedoch nicht beschreiben kann, da hierzu eine Menge Spezialwissen erforderlich ist, das ich in diesem Rahmen nicht bereitstellen kann. Obendrein gibt es viele Unwägbarkeiten, die von den auf dem jeweiligen Rechner installierten Linux-Systemdateien (Libraries, Zusatzpakete usw.) abhängen.

1. Starten sie Yast und gehen Sie in die Paketverwaltung (Software installieren).
2. Suchen und installieren Sie die Pakete *apache* (nicht *apache2!*), *mod_php4*, *mod_php4-core*, *mysql*, *mysql_client* und *mysql_shared*.
3. Yast2 installiert eventuell noch einige andere Pakete zusätzlich; das ist in Ordnung.
4. Während des ersten Starts der Datenbank erscheint folgende Meldung: *PLEASE REMEMBER TO SET A PASSWORD FOR THE MySQL root USER!* Das bedeutet, der Datenbank-Administrator-Zugang ist ohne Passwort erreichbar. Damit kann jeder, der Zugang zu Ihrem Computer erlangt, in der Datenbank herummanipulieren. Deshalb müssen Sie so schnell wie möglich ein Passwort vergeben – auf jeden Fall, bevor Sie den Computer an ein öffent-

2. Einrichten des Servers

lich zugängliches Netz anschließen! Wie das geschieht, wird in Abschnitt 2.7 erklärt.

Abb. 2.9: Wenn der Apache richtig installiert wurde, erscheint diese Seite als Standard.

Um die korrekte Funktion des PHP-Parsers zu testen, starten Sie Ihren Editor und erzeugen im Verzeichnis */srv/www/htdocs* die Datei *phptest.php*:

```
<?
phpinfo()
?>
```

Speichern Sie die Datei.

Hinweis:
Damit Sie in das obige Verzeichnis auch als normaler User schreiben können, sollten Sie Ihren normalen User-Account mit in die User-

Gruppe aufnehmen, unter welcher der Webserver läuft, und der gesamten Gruppe Schreibzugriff auf die Dateien in *htcocs* geben.

Bei Eingabe des URLs *http://localhost/phptest.php* muss nun in Ihrem Browser die Statusseite des PHP-Parsers zu sehen sein.

2.6 Apache, PHP und MySQL arbeiten zusammen

Sie haben nun – entweder unter Windows oder unter Linux – den Apache mit PHP sowie die MySQL-Datenbank installiert und die korrekte Funktion des Webservers mit PHP getestet. Nun ist es Zeit, die Datenbank betriebsbereit zu machen und deren Zusammenspiel mit PHP und dem Webserver zu testen. Da Sie wahrscheinlich noch nicht mit einem ausgewachsenen SQL-Datenbank-Server vertraut sind, werde ich als Erstes auf den prinzipiellen Aufbau eines solchen Datenbanksystems eingehen. Dieses unterscheidet sich nämlich sehr stark von Desktop-Datenbanken wie MS Access o.Ä.

2.6.1 Das Konzept einer modernen Datenbank

Ein modernes Datenbanksystem wie MySQL besteht aus einem Server-Programm und mehreren Clients. Diese Clients existieren in verschiedensten Ausprägungen. So ist z.B. die MySQL-Shell (*mysql*) ein Client, genauso der PHP-Interpreter. Andere mögliche Clients sind in C++ selbst geschriebene Programme. Alle diese Clients stellen an den Datenbank-Server Anfragen in der mehr oder weniger standardisierten Datenbank-Abfragesprache SQL (englisch für *Standard Query Language*). Dabei können auch mehrere Clients zugleich Abfragen stellen, denn der Datenbank-Server ist Multitasking-fähig. Bevor ein Client Abfragen stellen darf, muss er sich beim Datenbank-Server mit Usernamen und Passwort anmelden. Je nach den voreingestellten Benutzerrechten kann es sein, dass ein Client, wenn er sich mit einem nur gering privilegierten Usernamen anmeldet, nur Daten lesen kann – würde er sich dagegen mit einem anderen Namen anmelden, dürfte er auch schreiben.

Das Server-Programm (*mysqld*) verwaltet sämtliche Daten in der Datenbank, nimmt von den Clients die Anfragen entgegen und gibt die Ausgaben an die Clients zurück. Dabei verwaltet es auch die Zugriffsrechte, die bei MySQL recht differenziert festgelegt werden können. Somit entscheidet der Datenbank-Server anhand des Usernamens darüber, welche Datenmanipulationen dem Client gestattet sind. So darf der eine User nur bestimmte Daten lesen, der andere darf auf bestimmte Bereiche auch schreiben, der dritte darf sogar neue Tabellen und Datenbanken anlegen. Tabellen? Datenbanken? Richtig, hier geht es um die Organisation der Daten innerhalb des Datenbank-Servers. Dabei ist bereits die Wahl der Begriffe wichtig, denn schon mit der Bezeichnung „Datenbank" können verschiedene Dinge gemeint sein. Genau genommen gibt es den Datenbank-Server, das Programm, welches von den Clients die Anfragen entgegennimmt. Dieses verwaltet mehrere so genannte Datenbanken. Dies sind logische, voneinander getrennte Bereiche, in denen die Daten in Form von Tabellen abgelegt sind. So wird man der Ordnung halber z.B. für jede Person, die an einem Unix-Rechner arbeitet, eine eigene Datenbank anlegen, in der der jeweilige User seine eigenen Daten verwalten kann. Eine weitere Datenbank ist beispielsweise für den Webserver und seine dynamisch generierten Inhalte vorgesehen. Die bereits erwähnten Tabellen innerhalb einer Datenbank sind die Container für die Datensätze, und diese wiederum bestehen aus einzelnen Datenfeldern. Man kann das Konzept recht anschaulich mit einem Raum vergleichen, in dem sich Schränke mit Schubladen befinden, welche Karteikarten enthalten: Der Raum entspricht dem kompletten Datenbank-Server, die Datenbanken sind durch die Schränke repräsentiert, die einzelnen Schubladen in den Schränken sind das Pendant zu den Tabellen, jede einzelne Karteikarte entspricht einem Datensatz und jedes Feld auf einer Karteikarte einem Datenfeld. So könnte z.B. in einer Bibliothek für jedes Buch eine Karteikarte existieren (der Datensatz), auf der in den einzelnen Datenfeldern Titel, Autor, Verlag, Erscheinungsdatum, vorhandene Anzahl der Exemplare usw. vermerkt sind.

2.6.2 Vorbereiten des MySQL-Datenbank-Servers

Um mit MySQL arbeiten zu können, benötigen Sie einen Datenbank-User-Eintrag samt Passwort sowie eine Datenbank, in der die Tabellen Ihrer Web-Projekte abgelegt werden. Schließlich müssen Sie dem Datenbank-User die nötigen Zugriffsrechte auf die Web-Datenbank geben. Beachten Sie dabei, dass die für die MySQL-Datenbank angelegten User nichts mit den Useraccounts des Betriebssystems (unter Linux oder Windows NT) zu tun haben. Zwar wird der Systemadministrator normalerweise für jeden „menschlichen" User eines Systems auch einen gleich lautenden Datenbank-User anlegen. Aber die Datenbank schaut beim Anmelden mit Username und Passwort nur in ihren eigenen Zugriffstabellen nach!

Bequem oder zu Fuß

Die folgenden Anweisungen zum Einrichten der Datenbank-User, deren Rechte und der Datenbanken können Sie auch mit dem webbasierten Verwaltungs-Tool *phpMyAdmin* erledigen. Das ist um einiges bequemer. Falls Sie es jedoch nicht installiert haben oder nicht installieren können, folgen Sie bitte den Anweisungen in diesem Abschnitt. Die Arbeit mit phpMyAdmin erkläre ich im nächsten Abschnitt.

Einrichten per Kommandozeile

Für alle diese Arbeitsschritte benutzen Sie die MySQL-Shell namens *mysql* und das Administrationsprogrmm *mysqladmin*. Unter Windows finden Sie diese im Verzeichnis C:\Programme\Mysql\bin, unter Linux sollte dieses Tool ohne zusätzliche Pfadangabe über die Shell (Terminal) erreichbar sein. Diese Kommandos müssen Sie von der Shell bzw. DOS-Eingabeaufforderung aus eingeben. Bei der nun folgenden Einrichtung von Datenbanken, Usern und Zugriffsrechten kommen außer den Shell-Befehlen zum Anmelden am Datenbank-Server hauptsächlich SQL-Kommandos zum Einsatz. Sie werden momentan noch nicht genau wissen, was Sie da abtippen. Nähere Informationen erhalten Sie im weiteren Verlauf des Buches noch aus einem kurzen Exkurs zu SQL (Abschnitt 5.2). Für den Moment genügt es, wenn Sie die Kommandozeilen einfach so eingeben, wie sie gedruckt sind. Für das oft verwendete Hochkomma benutzen Sie die Taste rechts neben dem Ä auf der deutschen Tastatur (nicht die rechts neben dem B!).

1. Als Erstes erzeugen Sie mit dem Administrator-Tool *mysqladmin* die Datenbank, welche Ihre Web-Daten aufnehmen soll:

```
mysqladmin -u root create php_db
```

2. Nach dem Parameter *-u* folgt der Username, welcher die zum Anlegen einer Datenbank nötigen Rechte besitzen muss. Sie melden sich mit dem vordefinierten Usernamen *root* am Datenbank-Server an (wie der gleichnamige Unix-Superuser-Account darf *root* alles – auch kaputtmachen). Der Rest der Kommandozeile *create php_db* veranlasst das Erstellen einer neuen Datenbank namens *php_db*.

Hinweis:
Für den User *root* ist direkt nach der Installation noch kein Passwort festgelegt, weshalb auch keine Passwortabfrage benötigt wird (diese könnte man in der obigen Kommandozeile mit dem Parameter *-p* erzwingen). Später sollten Sie unbedingt ein Passwort für den Root-User festlegen, sonst steht der komplette Datenbank-Server für jeden Datendieb sperrangelweit offen!

3. Nun erzeugen Sie den MySQL-User samt Passwort, mit dem sich PHP bzw. der Apache an der MySQL-Datenbank anmeldet. Dazu melden Sie sich – abermals als *root* – mit der MySQL-Shell am Datenbank-Server an:

```
mysql -u root mysql
```

Hier ist *mysql* die Datenbank-Shell, *-u root* der Username, mit dem Sie sich anmelden, und *mysql* kennzeichnet den Namen der Datenbank, mit der Sie arbeiten wollen. Diese Datenbank benutzt der Server für interne Zwecke, so z.B. für die Verwaltung der Zugriffsrechte.

4. Nach der Anmeldung erstellen Sie zuerst einen neuen User-Account. Die folgenden Befehle müssen Sie nicht abtippen, Sie fin-

den sie auch auf der Download-Seite der Website zum Buch als „kapitel2.zip":

```
insert into user (host, user, password) values ('localhost',
'apache', password('geheim'));
```

Sie dürfen natürlich auch ein etwas kreativeres Passwort verwenden – nur vergessen sollten Sie es nicht. Aber denken Sie daran, dass Sie dieses Passwort nur für diesen Account benutzen, denn es steht im Klartext in jeder PHP-Seite, die eine Verbindung zur Datenbank öffnen will. Und sollte der Datenbank-Server auf einem anderen Rechner laufen als der Webserver, würde das Passwort sogar im Klartext übers Netz geschickt.

5. Schalten Sie den neuen User für den Zugriff auf die DB *php_db* frei (wieder nur eine Befehlszeile):

```
insert into db (host,db,user, select_priv, insert_priv,
update_priv, delete_priv, create_priv, drop_priv,
grant_priv, index_priv, alter_priv) values ('localhost',
'php_db', 'apache', 'Y' ,'Y', 'Y', 'Y', 'Y', 'Y', 'Y', 'Y',
'Y');
```

6. Verlassen Sie die MySQL-Shell mit *quit*. Zurück in der DOS- bzw. Unix-Shell machen Sie die Änderungen der Zugriffsrechte wirksam:

```
mysqladmin -u root reload
```

Die Datenbank ist nun fast bereit für die Benutzung und den ersten Test mit Apache und PHP. Aber bevor Sie den Datenbank-Server ans Netz gehen lassen, müssen Sie unbedingt noch ein Passwort für den Root-User des Datenbank-Servers vergeben:

```
mysqladmin -u root -p password 'new-password'
```

Statt *new-password* können Sie natürlich ein etwas intelligenteres Passwort eingeben. Denken Sie jedoch daran, dass Sie sich das Passwort gut merken müssen, da Sie sonst nicht mehr an die Administrationsfunktionen des Datenbank-Servers kommen. Nach Eingabe dieses Befehls werden Sie zur Eingabe eines Passworts aufgefordert – und zwar jenes Passworts, das im Moment noch zum Root-Account der Datenbank gehört. Da jedoch noch keines vergeben ist, drücken Sie einfach ⏎ – fertig. Ab sofort müssen Sie beim Anmelden am Datenbank-Server mit dem Parameter *-p* das Abfragen des Passworts erzwingen. Ein Reload der Konfiguration sähe dann z.B. folgendermaßen aus:

```
mysqladmin -u root -p reload
```

2.6.3 phpMyAdmin

Wie Sie im vorherigen Abschnitt gesehen haben, ist die Einrichtung der MySQL-User und der Datenbanken per Kommandozeile recht mühselig und fehlerträchtig. Mit *phpMyAdmin* können Sie diese und andere Aufgaben sehr viel eleganter über Ihren Webbrowser erledigen.

Installation

Die Installation des Frontends ist sehr einfach: Unter SuSE-Linux suchen Sie im Yast2 das Paket *phpMyAdmin* und lassen es automatisch installieren. Als Windows-Benutzer oder Mac-Freund müssen Sie selber Hand anlegen: Laden Sie sich das jeweils aktuelle Zip-Archiv von *http://www.phpmyadmin.net/* herunter. Enpacken Sie das Archiv in Ihr Verzeichnis für die Web-Dokumente. Unter Windows ist dies *C:\Programme\Apache Group\Apache\htdocs*, auf Ihrem Mac gehört phpMyAdmin in den Ordner *Sites* Ihres Home-Verzeichnisses.

Beim Auspacken wird darin ein Verzeichnis mit dem Namen *phpMyAdmin-<Versionsnummer>* erzeugt. Benennen Sie dieses um in *phpMyAdmin*. Die Installation ist damit fertig.

MySQL-Root-Passwort anlegen

Falls Sie das Root-Passwort für die MySQL-Datenbank bereits bei der Installation erzeugt haben, überspringen Sie diesen Abschnitt bitte. Wenn Sie noch kein Passwort vergeben haben, können Sie dies mit phpMyAdmin erledigen. Laden Sie dessen Startseite in Ihren Browser. Unter Windows und Linux ist dies *http://localhost/phpMyAdmin/*, für den Mac gilt *http://localhost/~<username>/*

2.6 Apache, PHP und MySQL arbeiten zusammen

phpMyAdmin/. Die Tilde (~) erreichen Sie auf dem Mac über die Tastenkombination [Alt]+[N].

Falls Sie möchten, können Sie als Erstes über das Klappmenü im rechten Teil der Seite die Sprache auf *deutsch* umstellen. Mit Klick auf *Home* in der linken oberen Ecke der Seite kommen Sie immer wieder auf die Startseite des Frontends zurück.

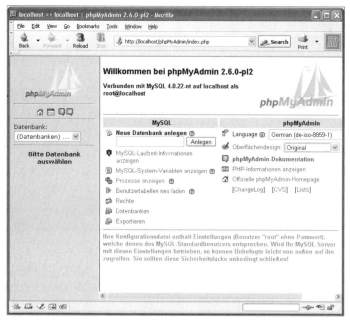

Abb. 2.10: Die Warnung beim ersten Start ist normal.

Zur Passwortvergabe wählen Sie den Link *Rechte*. In der Liste der vorhandenen Datenbank-User sehen Sie zweimal den Eintrag *root*. Klicken Sie auf *Bearbeiten* im oberen Eintrag. Auf der neuen Seite aktivieren Sie bei *Kennwort ändern* die Option *Kennwort* und geben Ihr gewünschtes Passwort für den MySQL-Root-User jeweils in die zwei danebenstehenden Felder ein. Mit *OK* wird das neue Passwort in die MySQL-Konfiguration übernommen.

2. Einrichten des Servers

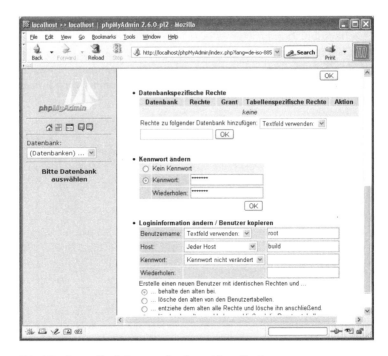

Abb. 2.11: Setzen Sie ein Passwort für die zwei Root-Einträge.

Gehen Sie zurück auf die Startseite des Frontends (Klick auf *Home* links oben), und führen Sie die obigen Schritte auch für den zweiten Root-Eintrag aus. Um die Änderungen zu aktivieren, muss MySQL neu gestartet werden. Auf der Startseite von phpMyAdmin finden Sie dafür den passenden Link.

Anpassen der Konfiguration

Wenn Sie danach abermals auf die Startseite wechseln, bekommen Sie eine Fehlermeldung. Das ist normal und kein Grund zur Beunruhigung, denn direkt nach der Installation war noch kein MySQL-Root-Passwort aktiv; Sie haben es jedoch soeben eingegeben. Ab sofort müssen Sie sich deshalb am Frontend mit Username *root* (der MySQL-Root-User!) und dem vergebenen Passwort anmelden.

2.6 Apache, PHP und MySQL arbeiten zusammen

Doch bevor das funktioniert, müssen Sie die Konfiguration von phpMyAdmin anpassen. Interessant sind dafür die folgenden drei Zeilen der Datei *config_inc.php* im Verzeichnis von phpMyAdmin:

```
$cfg['Servers'][$i]['auth_type'] = 'config';
$cfg['Servers'][$i]['user'] = 'root';
$cfg['Servers'][$i]['password'] = 'xxxx';
```

Die erste Zeile legt den Mechanismus der Anmeldung an das Frontend fest, wofür drei Varianten zur Auswahl stehen:

- *config* ist die einfachste, aber unsicherste Variante.
- *cookie* ist etwas besser, aber auch nicht sehr sicher.
- *http* ist die beste der Varianten, funktioniert jedoch nicht mit dem Windows-Apachen.

Falls Sie also unter Windows arbeiten, tauschen Sie in der ersten der obigen Zeilen das Wort *config* gegen *cookie*. Suchen Sie nun die Zeile

```
"$cfg['blowfish_secret'] = '';"
```

und tragen Sie dort das vorhin vergebene MySQL-Root-Passwort ein. Ihr Browser muss dafür Cookies akzeptieren, zumindest von Ihrer eigenen Entwicklungs-Website. Beim Laden der Startseite von phpMyAdmin werden Sie nach Username und Root-Passwort gefragt, die in einem Cookie in Ihrem Browser für eine gewisse Zeit gespeichert werden.

Unter Linux setzen Sie in die erste Zeile *http* ein. Dann werden Sie beim Laden der Startseite von phpMyAdmin über das übliche Browser-Authentifizierungsfenster nach Username und Passwort für den MySQL-Administrator gefragt. Nun suchen Sie noch die Zeile

```
"$cfg['PmaAbsoluteUri'] = '';"
```

und tragen dort die absolute Adresse des phpMyAdmin-Verzeichnisses ein. Falls Sie als Windows-Anwender alles so installiert haben wie beschrieben, lautet die Adresse *http://localhost/phpMyAdmin*.

Sicherheitstipps

Für die Varianten *config* und *cookie* muss das MySQL-Root-Passwort in der Konfigdatei (in die dritte der obigen Zeilen) vermerkt werden. Das ist jedoch ein Sicherheitsproblem. So lange Sie nur auf Ihrem heimischen Rechner arbeiten, mag das noch angehen, aber für Produktions-Server sollten Sie ausschließlich die Variante *http* benutzen, am besten per SSL-Verrschlüsselung. Leider ist in der Standard-Version des Windows-Apache das Modul für die HTTP-Authentifizierung nicht enthalten, womit *http* als beste Variante aus dem Spiel ist und Sie auf *cookie* umsteigen müssen.

Auf keinen Fall verwenden sollten Sie die Variante *config*! Damit ist beim Arbeiten mit phpMyAdmin keinerlei Anmeldung mehr nötig und jeder, der den richtigen URL weiß (oder rät), kann nach Belieben in Ihrer Datenbank herumspielen. Diese Variante sollten Sie nicht einmal für Ihren heimischen Entwicklungsrechner verwenden, falls dieser eine direkte Internet-Verbindung hat. Das gilt auch, wenn Sie – per Einwahl – nur zeitweise mit dem Internet verbunden sind!

Benutzer und Datenbank anlegen

Nach der Konfiguration des Web-Frontends können Sie gleich die Datenbank namens *php_db* anlegen, die Sie für die späteren Beispiele benötigen. Tragen Sie den Namen der anzulegenden Datenbank in das Eingabefeld auf der Startseite von phpMyAdmin ein, und klicken Sie auf *Anlegen*. Die Tabellen können Sie später erzeugen, aber den Datenbankbenutzer *apache* sollten Sie noch anlegen. Mit diesem Benutzernamen wird sich der Apache-Webserver (genauer: Ihre Skripte) später an der Datenbank anmelden. Gehen Sie abermals auf die Seite zur Rechte- und Benutzerverwaltung, und wählen Sie *neuen Benutzer hinzufügen*. Den Zugriff auf die Datenbank erlauben Sie nur von *localhost* aus, also von dem Rechner aus, auf dem Webserver und MySQL laufen. Bei der Gelegenheit können Sie auch die beiden Benutzereinträge *Jeder* löschen.

2.6 Apache, PHP und MySQL arbeiten zusammen

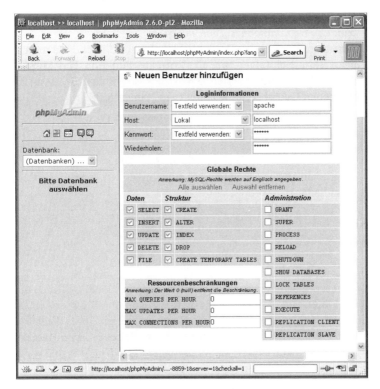

Abb. 2.12: Legen Sie den Benutzer „apache" mit obigen Rechten an.

2.6.4 Test der Zusammenarbeit

1. Öffnen Sie unter Windows eine DOS-Eingabeaufforderung. Linux-Benutzer nehmen die Shell; der Macianer benutzt das Terminal (was genau genommen immer das Gleiche ist).

Melden Sie sich als der soeben angelegte User *apache* mit Passwort *geheim* am Server an, und wählen Sie als aktuelle Datenbank die ebenfalls neu angelegte Datenbank *php_db*:

```
mysql -u apache -p php_db
```

2. Einrichten des Servers

Unter Windows müssen Sie wieder den kompletten Pfad angeben: *C:\Programme\mysql\bin\mysql*.

2. Jetzt erstellen Sie eine Datenbanktabelle und füllen diese mit ein paar Beispieleinträgen, um die korrekte Funktion von MySQL und PHP/Apache zu testen. Zuerst der Befehl zum Erzeugen einer neuen Datenbanktabelle mit dem Namen *test*:

```
create table test(vorname varchar(100), nachname
varchar(100));
```

3. Sodann geben Sie in diese Tabelle ein paar Daten ein (hier handelt es sich zur Abwechslung um drei einzelne Zeilen, jede mit ⏎ abzuschließen):

```
insert into test values('Napoleon','Bonaparte');

insert into test values('Julius','Caesar');

insert into test values('Winston','Churchill');
```

4. Nun schreiben Sie eine kurze PHP-Datei, welche diese Daten aus der Datenbank liest und als HTML-Datei an den Browser schickt. Speichern Sie diese Datei in das Hauptverzeichnis Ihres Webtrees. Unter Windows wird dies *C:\Programme\Apache Group\Apache\htdocs* sein, unter SuSE-Linux */srv/www/httpd/htdocs*, und wenn Sie nach den Anleitungen in diesem Buch einen Apache selbst gebaut haben, heißt das betreffende Verzeichnis */usr/local/apache/htdocs*. Tippen Sie die folgende Datei einfach ab (die Bedeutung der einzelnen Befehle wird später erklärt):

```
<html>

<head>

    <title>Untitled</title>

</head>

<body>

<?
```

2.6 Apache, PHP und MySQL arbeiten zusammen

```
$db_handle = mysql_connect ("localhost","apache","geheim")
 or die ("Verbindungsversuch fehlgeschlagen!");
$erfolg = mysql_select_db ("php_db")
    or die ("Angegebene Datenbank nicht vorhanden!");
echo ("Ber&uuml;hmte Personen");
echo "<p>\n";
$query_handle = mysql_query
    ("select * from test",$db_handle);
$zeilen = mysql_num_rows ($query_handle);
for ($i = 0; $i<$zeilen;$i++) {
    $elemente = mysql_fetch_row ($query_handle);
    echo "Vorname : ".$elemente[0]." | ";
    echo "Nachname: ".$elemente[1]."<br>\n";
}
mysql_close ($db_handle);
?>
</body>
</html>
```

Wenn Sie nun die Seite *http://localhost/mysqltest.php* laden, sollten Sie im Browser die in Abb. 2.13 gezeigte Ausgabe sehen.

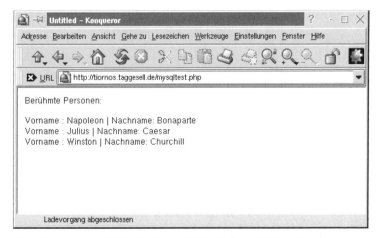

Abb. 2.13: Testseite für Datenbank und PHP. Sie dürfen natürlich auch andere Personen eintragen.

2.7 Verzeichnisstruktur des Apache-Servers

Je nachdem, unter welchem Betriebssystem Sie arbeiten, wurde der Webserver in unterschiedliche Verzeichnisse installiert. Unter Windows befindet er sich in *C:\Programme\Apache Group\Apache* – es sei denn, Sie haben während der Installation bewusst ein anderes Verzeichnis gewählt. Wenn Sie unter Linux arbeiten und die SuSE-Pakete benutzen, finden Sie die Einzelteile des Webservers quer über die ganze Festplatte verstreut. So liegen die Konfigurationsdateien, die sonst im Verzeichnis *conf/* residieren, unter SuSE in */etc/httpd/*, die Log-Dateien finden sich in */var/log/httpd/*, der Webtree mit den HTML- und PHP-Dateien wiederum befindet sich unter */srv/www/htdocs/* und die Binaries wie der Webserver selbst sowie die zugehörigen Tools liegen in */usr/bin/* bzw. */usr/sbin/*. Beachten Sie also die unterschiedlichen Orte der Dateien im Verzeichnisbaum, abhängig vom Betriebssystem und der Art der Installation. Im weiteren Verlauf dieses Abschnitts werde ich mich der Einfachheit halber auf die Standardinstallation aus den Originalsourcen be-

2.7 Verzeichnisstruktur des Apache-Servers

ziehen, die den Verzeichnisbaum mit allen zum Apache gehörenden Dateien unter */usr/local/apache/* ablegt.

Das Verzeichnis *bin/* des Apache-Dateibaums beherbergt etliche Tools zum Verwalten von Logdateien, Erzeugen von Passwörtern usw. (SuSE: */usr/bin/* bzw. */usr/sbin/*). Nach *cgi-bin/* gehören klassische CGI-Skripts, die von Ihrem Browser mit *http://<rechnername>/cgi-bin/<skriptname>* erreichbar sind. Nach Eingabe des URLs würde das Skript ausgeführt, und es würde seine Ausgaben an den Browser senden. Ein Skript namens *printenv.pl* ist bereits vorhanden. Beim Versuch, es über den Browser zu aktivieren, werden Sie möglicherweise eine Fehlermeldung bekommen, da das Skript in der Sprache PERL geschrieben wurde, Sie jedoch eventuell keinen PERL-Interpreter installiert haben (Windows) oder dieser vielleicht nicht gefunden wird (Linux). Doch das stört uns nicht, wir wollen ja mit PHP programmieren.

Viel interessanter ist das Verzeichnis *conf/* (SuSE-Extrawurst: */etc/httpd/*), denn dort ist neben einigen anderen Dateien die Apache-Konfigurationsdatei *httpd.conf* abgelegt, deren wichtigste Einträge später noch vorgestellt werden.

Das Verzeichnis *htdocs/* beinhaltet den so genannten Webtree, also den Verzeichnisbaum mit den HTML- und PHP-Dateien, auf welche die Besucher der Website per URL zugreifen können. Natürlich sind dort auch die zugehörigen Bilder, Flash-Applets usw. abgelegt. Wenn Sie also in Ihrem Browser den URL *http://localhost* anfordern, sieht der Apache im Verzeichnis *htdocs/* nach und schickt – da Sie im URL keinen Dateinamen angegeben hatten – die in der Konfigurationsdatei voreingestellte Default-Datei *index.html* an Ihren Browser. Analog dazu würde bei Anforderung des URL *http://localhost/news/2001_09_27.html* die Datei *2001_09_27.html* aus dem Verzeichnis *htdocs/news/* an Ihren Browser versandt.

Das Verzeichnis *logs/* (SuSE: */var/log/httpd/*) beinhaltet die Protokolldateien (engl. *logfiles*) des Webservers. In der Datei *access.log* werden sämtliche an den Server gestellte URL-Anfragen samt deren Status und etlichen anderen Informationen gelistet. In *error.log* verzeichnet der Webserver die fehlgegangenen Anfragen wie z.B. Versuche, auf nichtexistente Dateien zuzugreifen, wenn jemand in seinem Browser einen falschen URL eingegeben hat.

Die Verzeichnisse *icons/*, *include/*, *lib/*, *libexec/*, *modules/* und *proxy/* sind für uns weniger interessant; sie enthalten Dateien, die der Apache für seine eigenen Zwecke benötigt.

2.8 Wie PHP funktioniert

PHP ist als Erweiterung zum beliebten Apache-Webserver entwickelt worden. Ein Webserver macht normalerweise nichts anderes, als die einem URL entsprechende HTML-Datei von der Festplatte zu lesen und an den Client weiterzureichen, der dem Server den URL übergab. Damit kann man jedoch nur vorgefertigte Webseiten anbieten. Um bestimmte Daten im Moment des Abrufs einer Seite in diese einzusetzen, benötigt man zusätzliche Software – z.B. PHP.

2.8.1 Modul oder Standalone

Unter den verschiedenen Unix-Derivaten – wie z.B. Linux – wird PHP meist als Apache-Modul betrieben. Das bedeutet, die PHP-Software wurde zusammen mit dem Apache als ein einziges Binary kompiliert oder wenigstens als nachladbares Apache-Modul erzeugt. In beiden Fällen ist die PHP-Engine während des Betriebs direkt mit dem Apache-Server verbunden und steht sozusagen Gewehr bei Fuß. Der Vorteil dieser Betriebsweise ist eine bessere Performance, da – im Gegensatz zum Betrieb von PHP als Standalone-CGI – die PHP-Engine nicht für jeden Aufruf einer PHP-Seite neu von der Festplatte geladen und gestartet werden muss.

Sollte es aus irgendeinem Grunde nicht möglich sein, PHP als Webserver-Modul zu betreiben, kann man es auch als klassische CGI-Anwendung benutzen. Unter Windows ist momentan nur diese Variante zu empfehlen. Es wird zwar auch an einer Variante gearbeitet, die sich als Modul in verschiedene Windows-Webserver einhängt, aber bis diese Version stabil funktioniert, wird noch einige Zeit vergehen, so dass wir uns innerhalb dieses Buches – sofern Windows als Server-Plattform eingesetzt wird – auf die CGI-Variante be-

2.8 Wie PHP funktioniert

schränken. Die PHP-Engine ist in diesem Fall ein eigenständiges Programm, das der Webserver jeweils dann startet, wenn er eine Webseite mit PHP-Code ausliefern muss. Der Webserver übergibt dem PHP-Binary die auszuführende PHP-Datei samt etwaiger per CGI übermittelter Parameter als Argument und bekommt vom PHP die fertig bearbeitete Webseite, um sie dem Client zu senden, der sie angefordert hat. Nachteil dieser Arbeitsweise ist, dass der Webserver für jede einzelne Webseite, die PHP-Code enthält, das PHP-Programm erneut starten muss, denn dieses beendet sich, sobald es seinen Job – die Seite zusammenzustellen – erledigt hat. Das ist natürlich wesentlich langsamer, als wenn PHP bereits als Modul im Webserver sitzt und schon auf Arbeit wartet. Der Vorteil des Betriebs von PHP als Standalone-Programm ist, dass es so prinzipiell mit jedem Webserver zusammenarbeiten kann.

2.8.2 Wie erkennt der Webserver PHP-Code?

Der Webserver erkennt PHP-Code über die Dateiendung. Gewöhnliche HTML-Dateien besitzen die Dateiendung *html*, während für Seiten mit PHP-Code die Endung *php* (früher auch *phtml* oder *php3*) zum Einsatz kommt. In der Konfigurationsdatei des Webservers existiert dafür ein Eintrag, der festlegt, was bei Aufruf von Seiten/URLs mit einer bestimmten Dateiendung passieren soll. Der relevante Teil der Apache-Konfigurationsdatei sieht auf Windows-Rechnern z.B. so aus:

```
ScriptAlias /php/ "c:/programme/php/"

AddType application/x-httpd-php .php

Action application/x-httpd-php "/php/php.exe"
```

In der ersten Zeile wird dem Verzeichnis *c:/programme/php/* der Alias */php/* zugewiesen. Die zweite Zeile weist den Apache-Webserver an, jeder Datei mit der Endung *.php* den MIME-Typ *application/x-httpd-php* zuzuweisen, und die dritte Zeile sorgt dafür, dass jede dieser Dateien mit dem oben genannten MIME-Typ vor dem Ausliefern an den Browser durch den PHP-Parser (*/php/php.exe*) gejagt wird. Wie Sie sehen, wird in dieser Zeile das oben definierte Alias benutzt.

Wenn PHP als Apache-Modul in den Webserver integriert ist, wie z.B. unter Linux, sieht der entsprechende Abschnitt in der Server-Konfiguration so aus:

```
AddType application/x-httpd-php .php
```

2.8.3 Ein einfaches Beispiel

Die nachfolgende Beispielseite soll illustrieren, wie PHP funktioniert, wie man damit umgeht und welche Besonderheiten dabei zu beachten sind. Die einzelnen Befehle und Funktionen in PHP werden später noch genauer erklärt; für den Moment ist nur das Funktionsprinzip von PHP interessant, das für das Verständnis der PHP-Programmierung essenziell ist. Fangen wir ganz einfach an und schreiben eine triviale HTML-Datei:

```
<html>
<head>
    <title>HTML-Datei</title>
</head>
<body>
Hallo!<br>
Ich bin eine normale HTML-Datei.
</body>
</html>
```

Speichern Sie diese Datei in Ihrem Webtree (z.B. */usr/local/apache/htdocs/*) als *html-datei.html*. In Ihrem Browser sehen Sie die Meldung:

```
Hallo!
Ich bin eine normale HTML-Datei.
```

2.8 Wie PHP funktioniert

Das ist wirklich trivial; deshalb ändern Sie die Datei wie folgt (die Zeilennummern bitte nicht mit abtippen!):

```
01 <html>
02 <head>
03 <title>PHP-Datei</title>
04 </head>
05 <body>
06 <?
07 echo "Hallo!<br>";
08 echo "Ich bin eine Datei mit PHP-Code.<br>";
09 ?>
10 Heute ist der <?echo date ("d.m.Y, H:i:s");?><br>
11 </body>
12 </html>
```

Speichern Sie diese Datei als *php-datei.php*, und laden Sie sie in Ihren Webbrowser. Sie werden – mit Ausnahme des Seitentitels – die gleiche Ausschrift sowie die Angabe von Datum und Uhrzeit im Fenster des Browsers sehen. Allerdings wurde die Ausschrift diesmal mit PHP-Befehlen generiert.

Untersuchen wir einmal, was auf dem Server passiert, wenn diese Seite abgerufen wird:

- Der Server bekommt die Anfrage vom Browser. Er liest die Datei *php-datei.php* von der Festplatte.
- Da der Apache anhand der Dateiendung *php* bemerkt, dass diese Datei PHP-Code enthält, übergibt er die Datei dem PHP-Parser.
- Dieser „schaut" sich die Datei Zeile für Zeile an.
- Die Zeilen 1-5 sind ganz normales HTML; deshalb schickt der PHP-Parser diese sofort weiter an den Apache, der sie seinerseits an den Browser weiterreicht.

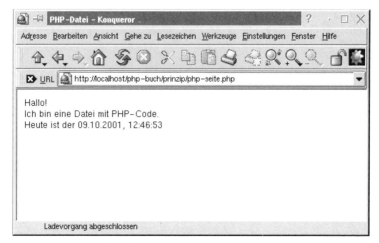

Abb. 2.14: Ein paar Echo-Befehle und die Ausgabe des aktuellen Datums – so muss es aussehen.

- In Zeile 6 steht die Zeichenkette <?. Diese leitet einen PHP-Code-Abschnitt ein; deshalb führt der Parser die Befehle in den Zeilen 7 und 8 aus.
- Mit *echo* kann man in PHP Zeichenketten ausgeben, wobei „ausgeben" bedeutet, dass die Zeichen an den Apache gesandt werden, der sie seinerseits an den Browser weiterreicht. Zeichenketten, welche mit *echo* ausgegeben werden sollen, schließt man in Anführungszeichen ein. Jeder PHP-Befehl wiederum wird durch ein Semikolon abgeschlossen.
- In Zeile 9 wird der PHP-Code-Abschnitt beendet, was bedeutet, dass es ab sofort mit „normalem" HTML weitergeht. Die Zeile 10 wird der PHP-Parser deshalb sofort und ohne Manipulationen an den Apache zur Auslieferung übergeben wollen.
- Allerdings befindet sich mitten in Zeile 10 wieder die Einleitung eines PHP-Code-Schnipsels <?; somit muss der Parser wiederum alles, was sich in dieser Zeile zwischen <? und ?> befindet, als Befehle abarbeiten.
- Hier kommt wieder ein *echo* zur Anwendung. Diesmal soll jedoch keine fest eingetragene Zeichenkette ausgegeben werden, son-

2.8 Wie PHP funktioniert

dern es wird die Funktion *date()* ausgeführt und deren Ergebnis ausgegeben.
- Die Date-Funktion wird hier mit etlichen Parametern aufgerufen, welche die Art und Anzahl der Informationen steuern, die die Funktion ausgeben soll. So steht *d.m.Y* für das Datum in der Form DD.MM.YYYY. *d* steht hier für den Tag des Monats in zweistelliger Schreibweise, *m* für den Monat als zweistellige Zahl und *Y* für das Jahr als vierstellige Zahl. Die Punkte zwischen den Platzhaltern werden dabei mit ausgegeben, ebenso das darauffolgende Komma und das Leerzeichen. Danach wiederum folgt die Zeit in der Form HH:MM.SS, repräsentiert durch die Zeichen *H:i:s*. Die Datumsfunktion besitzt eine ganze Reihe von Parametern, mit denen Sie die Ausgabe von Datum und Uhrzeit recht umfassend steuern können. Beachten Sie hierbei, dass die ausgegebene Zeit jene ist, die für den Server gilt. Falls Sie den URL von einem Browser am anderen Ende der Welt aus abrufen, werden Sie den Unterschied merken.
- Nach der schließenden Klammer des Date-Befehls folgt das den Befehl abschließende Semikolon, gefolgt von den Zeichen, die das PHP-Code-Stück beenden (?>).
- Das abschließende *
* wird vom PHP-Parser wiederum als normales HTML erkannt und – genau wie die Zeilen 11 und 12 – ohne Änderungen an den Apache weitergereicht.

Alles, was außerhalb der Zeichen <? und ?> steht, ist für PHP uninteressant und wird an den Apache weitergereicht, während alles zwischen diesen Zeichen als PHP-Befehl interpretiert und ausgeführt wird. Dabei können Sie innerhalb einer Datei beliebig oft zwischen PHP- und HTML-Abschnitten wechseln, sogar innerhalb einer Zeile.

3. Die Sprache PHP

Wie viele andere Programmiersprachen arbeitet auch PHP mit bestimmten Sprachelementen wie Konstanten, Variablen oder Funktionen. Der Programmablauf wird gesteuert über so genannte Kontrollstrukturen wie „if" und „else" oder „for", „while" und „switch". In diesem Kapitel finden Sie eine ausführliche Beschreibung dieser Sprachelemente.

3.1 Syntax und Kapselung in HTML

Wie bereits angemerkt, verstecken sich PHP-Programmteile zwischen normalem HTML-Code. Deshalb muss es für den PHP-Parser eine Möglichkeit geben, den Anfang und das Ende von PHP-Codeteilen zu erkennen.

3.1.1 Kapselung

In Dateien, die PHP und HTML enthalten, sind vier Varianten der Kennzeichnung von PHP-Abschnitten möglich:

```
<? echo "Einfachste und beliebteste Variante."; ?>
```

Am häufigsten sieht man obige Variante, bei der die Zeichenfolge <? ein PHP-Segment einleitet und die umgekehrte Zeichenfolge ?> den PHP-Teil abschließt. Dass diese Variante am beliebtesten ist, liegt natürlich auch daran, dass hier am wenigsten Tipparbeit anfällt. Beachten Sie jedoch, dass Sie hierfür die Option *short_tags* im PHP-Parser aktiviert haben müssen. Das ist normalerweise bereits ab Werk voreingestellt, da die *short_tags* in der im PHP-Archiv mitgelieferten PHP-Konfigurationsdatei *php.ini* aktiviert sind. Die Option kann jedoch bereits beim Selbstbauen des PHP-Parsers (unter Unix) als Default aktiviert werden. Dann müssten Sie beim Configure-

3.1 Syntax und Kapselung in HTML

Lauf den Parameter *--enable-short-tags* zusätzlich zu den restlichen Parametern angeben.

```
<?php echo "Diese Version folgt dem XML-Standard."; ?>
```

Die zweite Variante folgt der unter XML üblichen Syntax und ist empfehlenswert, falls Sie Ihre PHP-Dokumente mit Hinblick auf XML-Kompatibilität designen müssen, soll heißen: falls Ihre PHP-Dokumente mittels irgendwelcher XML-Software bearbeitet werden (sollte selten vorkommen). Mit der Benutzung der in PHP eingebauten XML-Funktionen hat dies nichts zu tun.

```
<script language="php">
    echo "Manche Web-Editoren fühlen sich damit wohl.";
</script>
```

Die dritte Version folgt der Notation, wie sie auch für Javascript verwendet wird. Diese Variante wird man wohl nur verwenden, wenn es zwingende Gründe für ihren Einsatz gibt, denn hier fällt unnötig viel Tipparbeit an. Es soll den einen oder anderen grafisch orientierten HTML-Editor geben, dem man das Zerstören von PHP-Code mittels obiger Notation abgewöhnen kann.

```
<% echo "Das ist die ASP-Variante."; %>
```

Diese letzte Art der Kapselung von PHP-Code benutzt die gleiche Syntax wie Microsofts *Active Server Pages*. Es ist nicht klar, welche Vorteile diese Notation für PHP hat; eigentlich stiftet sie nur Verwirrung. Falls Sie sie trotzdem verwenden wollen, denken Sie daran, dass Sie dieses Feature in der Datei *php.ini* explizit aktivieren müssen. Setzen Sie dazu den Eintrag *asp_tags* im Abschnitt *Language Options* auf *on*.

3.1.2 Befehle

Die einzelnen PHP-Befehle werden – wie auch in vielen anderen Programmiersprachen üblich – per Semikolon voneinander getrennt:

```
<?
    echo "Hallo, ";
    echo "lieber Leser!";
?>
```

Allerdings kann man das letzte Semikolon vor dem Ende des PHP-Blocks auch entfallen lassen:

```
<? echo "Hallo, "; echo "lieber Leser!" ?>
```

3.1.3 Kommentare

Kommentare innerhalb von Programmen sind sehr nützlich für den Programmierer. Denn die Kommentare werden nicht ausgeführt, der PHP-Interpreter überliest sie einfach. Aber Sie als Programmierer werden sich freuen, wenn Sie aus Ihrem vierwöchigen Karibikurlaub wiederkommen und Ihnen anhand der hoffentlich zahlreichen Kommentare in Ihren Programmen schnell wieder einfällt, was Sie da eigentlich zusammengehackt haben. Den Gepflogenheiten anderer Programmiersprachen folgend, werden Kommentare innerhalb von PHP-Codeblöcken auf zwei mögliche Arten gekennzeichnet:

```
<?
/* Hier beginnt der PHP-Code */
echo "Hallo, lieber Leser!"; /* und das war's auch schon */
?>
```

Im obigen Beispiel leitet die Zeichenfolge /* einen Kommentar ein, der nach der Zeichenfolge */ wieder endet. Alles zwischen den Kommentarzeichen führt der PHP-Interpreter nicht aus, sondern überspringt es. Diese Kommentarblöcke dürfen sich auch über mehrere Zeilen hinziehen:

```
<?
/*
```

```
Hier wird nichts ausgeführt.

Gar nichts.

Überhaupt nichts.

*/

?>
```

Die zweite Variante der Kennzeichnung von Kommentaren geschieht über zwei Schrägstriche vor dem Kommentar. Hier gilt der Kommentar nur bis zum Ende der jeweiligen Zeile; eine Kennzeichnung für das Ende des Kommentars ist daher nicht nötig. Alternativ zu den zwei Schrägstrichen können Sie auch die Raute # verwenden:

```
<?

echo "Hallo, liebe Leserin!"; // zur Abwechslung :-)

# hier könnte ein weiterer Kommentar stehen

?>
```

Hinweis:
Kommentare dürfen nicht ineinander verschachtelt werden.

3.2 Variablen und Datentypen

Die innerhalb von PHP-Skripts verwendeten Variablen werden intern als ein bestimmter Datentyp gespeichert. Dieser Typ wird bei der ersten Verwendung einer Variablen anhand der Schreibweise automatisch ausgewählt. Wahlweise kann man einen bestimmten Datentyp auch erzwingen. Wichtig ist – im Gegensatz zu anderen Programmiersprachen –, dass Variablen nicht vor der ersten Verwendung deklariert werden müssen.

3.2.1 Integer

Der Integer-Typ ist für ganzzahlige Werte vorgesehen. Dabei ist der tatsächliche Wertebereich von der Plattform abhängig, auf welcher der PHP-Interpreter läuft. Auf den meisten Systemen werden die Integer-Zahlen als 32-Bit-Wert gespeichert, was einem Wertebereich von -2 147 483 684 bis +2 147 483 647 entspricht. Allerdings können Sie sich nicht ohne weiteres darauf verlassen. Wenn Sie in Integer-Variablen große Zahlen speichern wollen, müssen Sie den tatsächlichen Wertebereich per Testprogramm ermitteln, da es in PHP keine Funktion gibt (wie z.B. *maxint()* o.Ä. in anderen Programmiersprachen), die Ihnen den tatsächlichen Wertebereich auf der aktuellen Plattform ausgibt. Der per Test von Ihnen ermittelte Wertebereich gilt dann natürlich nur für die Plattform, auf der Sie den Test durchgeführt haben.

Hinweis:
Einen Anhaltspunkt für die tatsächliche interne Größe der Integer-Zahlen liefert Ihnen die Funktion *getrandmax()*, die im Abschnitt über die mathematischen Funktionen (3.5.4) näher vorgestellt wird.

Integer-Datentypen verwendet PHP immer dann, wenn Sie einer Variablen eine Ganzzahl zuweisen:

```
$ganzzahl = 1524; # positive Ganzzahl

$ganzzahl = -5736; # negative Ganzzahl

$ganzzahl = 0x20; # Ganzzahl als Sedezimalwert
```

3.2.2 Double

Falls Sie Gleitkommazahlen benötigen, müssen Sie den Typ *double* verwenden. Das erreichen Sie bei der ersten Verwendung der Variablen durch die Darstellung der zugewiesenen Zahl mit einem Dezimalkomma oder die Darstellung mit Mantisse und Exponent:

```
$reellezahl = 12.354; # Punkt als Dezimalzeichen!

$reellezahl = 2.3e5; # Exponentenschreibweise.
```

Der Wertebereich der Double-Variablen ist ebenfalls von der Plattform abhängig; normalerweise reicht er bis etwa 1.8e308, was einer internen Darstellung von 64 Bit im IEEE-Format entspricht. Beachten Sie jedoch, dass bei der Verwendung von Double-Datentypen bei Rechenoperationen durch die begrenzte Genauigkeit der internen Speicherung Rundungsfehler auftreten. So wird beispielsweise 1/3 intern als 0.3333333... abgelegt, wobei zwangsläufig nur eine begrenzte Anzahl an Dezimalstellen gespeichert werden kann. Damit verbietet sich zum Beispiel der Test zweier Double-Variablen auf Gleichheit.

Falls Sie sehr große reelle Zahlen mit großer Genauigkeit verarbeiten müssen, sollten Sie die auch für PHP (zumindest unter Unix) verfügbare BC-Arithmetik benutzen. Allerdings sind die zugehörigen Funktionen nur vorhanden, wenn Sie PHP mit *--enable-bcmath* konfiguriert (und compiliert) haben. Weitere Informationen zur BC-Arithmetik finden Sie unter der Adresse:
http://www.php.net/manual/en/ref.bc.php.

3.2.3 Zeichenketten – Strings

Der wahrscheinlich wichtigste Datentyp der Welt – der String – wird in PHP durch eine in Anführungszeichen eingeschlossene Zeichenkette gekennzeichnet:

```
# einzeiliger String:
$zeichenkette = "Hallo, lieber Leser!";
# String mit Steuerzeichen (Zeilenvorschub):
$zeichenkette = "Hallo,\nlieber Leser!";
#alternative Schreibweise mit Hochkommas:
$zeichenkette = "Hallo, liebe Leserin!";
```

Alternativ dazu kann der String – wie im dritten der obigen Beispiele – auch in Hochkommas eingeschlossen werden. Diese Variante hat jedoch verschiedene Nachteile. So ist es z.B. nicht mehr möglich, die Escape-Sequenzen für Zeilenvorschübe und spezielle

Zeichen zu verwenden (nur \\ für den Backslash und \' für das Hochkomma werden erkannt). Auch werden innerhalb des Strings keine Variablen mehr expandiert (mehr dazu später). Es gibt noch eine dritte Möglichkeit der Definition von Strings, die so genannte „Heredoc-Notation". Diese eignet sich besonders für lange Textvariablen:

```
<?
$zeichenkette = <<<LANGERTEXT
Hier folgt ein ziemlich langer Text, der in die obige
Stringvariable eingelesen werden soll. Dabei kennzeichnen
die drei oeffnenden spitzen Klammern mitsamt dem
Schluesselwort den Beginn. Die Wiederholung des
Schluesselwortes kennzeichnet das Ende der
Variablendefinition.
LANGERTEXT;
?>
```

Im obigen Beispiel wird alles zwischen den beiden Wiederholungen des Schlüsselwortes *LANGERTEXT* der Variable *$zeichenkette* zugewiesen. Beachten Sie jedoch, dass das beendende Schlüsselwort unbedingt allein und am Anfang der Zeile stehen muss (keine Leerzeichen vorweg!), lediglich gefolgt von einem Semikolon. Ein Vorteil dieser Notation ist, dass Sie z.B. Anführungszeichen innerhalb des Strings verwenden können, ohne sie mit Backslashes als Escape-Sequenz versehen zu müssen. Eingestreute Variablen werden durch deren aktuellen Inhalt ersetzt („expandiert").

3.2.4 Escape-Sequenzen

Wollen Sie in einer Stringvariablen bestimmte Steuerzeichen wie Zeilenvorschübe unterbringen, müssen Sie spezielle Escape-Sequenzen verwenden. Gleiches ist nötig bei der Verwendung von Anführungszeichen. Diese Escape-Sequenzen werden jeweils von einem Rückwärtsschrägstrich, dem Backslash, eingeleitet. Die entsprechenden Sequenzen sind nachfolgend aufgelistet:

Sequenz	Bedeutung
\n	Zeilenvorschub (ASCII-Code dezimal 10, sedezimal 0x0A)
\r	Wagenrücklauf (dezimal 13, sedezimal 0x0D) Wird nur für spezielle Zwecke und nur unter Windows benötigt.
\t	Horizontaler Tabulator (dezimal 9, sedezimal 0x09)
\\	der Backslash selbst
\$	das Dollarzeichen
\"	Anführungszeichen. Wollen Sie inmitten einer Zeichenkette Anführungszeichen platzieren, müssen Sie diese durch einen Backslash maskieren (außer bei der Heredoc-Notation). Das Vergessen des Maskierens ist eine häufige Fehlerquelle beim Programmieren mit PHP.
\[0-7]{1,3}	Ein Backslash, gefolgt von drei Dezimalziffern, kennzeichnet einen ASCII-Code in Oktaldarstellung.
\x[0-9A-Fa-f]{1,2}	Ein Backslash, gefolgt von einem x und zwei Sedezimalziffern, kennzeichnet einen ASCII-Code in Sedezimaldarstellung.

3.2.5 Arbeiten mit Zeichenketten

Fast immer möchte man Strings nicht nur in Variablen speichern oder per *echo()* ausgeben, sondern den Inhalt der Strings manipulieren. In den Programmbeispielen in diesem Buch wird meistens ein fest vorgegebener Text durch einen variablen Teil ergänzt.

Ein Beispiel:

```
$betriebssystem = "Linux";
echo "Sie arbeiten unter $betriebssystem";
```

Ausgeschrieben wird: *Sie arbeiten unter Linux.*
Sie können also inmitten von Zeichenketten auch Stringvariablen platzieren, deren Inhalt innerhalb der Zeichenkette eingefügt wird. Eine alternative Schreibweise wäre:

```
$betriebssystem = "Linux";
echo "Sie arbeiten unter ".$betriebssystem;
```

Hier wurde mit dem Punkt als Operator zum Zusammenfügen von Zeichenketten gearbeitet. Diese Notation ist vielseitiger, denn die Schreibweise im ersten Beispiel hat einige Nachteile. So ist es z.B. nicht möglich, direkt an die zu expandierende Variable Zeichen anzuhängen. Angenommen, Sie wollen z.B. aus der in der Variablen *$einheit* gespeicherten Maßeinheit die Mehrzahl bilden, deshalb ein *n* anhängen und somit aus *Sekunde* die Mehrzahl *Sekunden* bilden:

```
//Dieses Beispiel funktioniert nicht!
$zeit = 5;
$einheit = "Sekunde";
echo "Die Suche dauerte $zeit $einheitn";
```

Das obige Beispiel wird nicht funktionieren, denn woher soll PHP wissen, dass Sie die Variable *$einheit* meinen, wenn Sie *$einheitn* schreiben?
Hier müssen Sie entweder die Notation mit Punkt verwenden:

```
echo "Die Suche dauerte $zeit $einheit"."n";
```

oder die so genannte „Komplexe Syntax", indem Sie die Variable in geschweifte Klammern einschließen:

```
echo "Die Suche dauerte $zeit {$einheit}n";
```

Hierbei muss allerdings das Dollarzeichen der Variablen unmittelbar auf die öffnende geschweifte Klammer folgen. Ob Sie die Punktnotation oder die Variante mit geschweiften Klammern bevorzugen, ist weitgehend Geschmackssache. In den Beispielen in diesem Buch werde ich fast ausschließlich die Punktnotation verwenden.

Verbinden von Zeichenketten

In PHP kommt zum Verbinden von einzelnen Zeichenketten der Punkt zum Einsatz:

```
$zeit = 10;
$einheit = "Minuten";
$ausschrift = "Der Upload dauerte";
$meldung = $ausschrift." ".$zeit." ".$einheit."<br>\n";
echo $meldung;
```

Das Beispiel ist gewiss nicht elegant, aber auf dem Bildschirm ist das Beabsichtigte zu sehen: *Der Upload dauerte 10 Minuten*.
Eine andere Schreibweise wäre folgende:

```
$zeit = 10;
$einheit = "Minuten";
$ausschrift = "Der Upload dauerte";
$meldung = $ausschrift;
$meldung .= " ";
$meldung .= $zeit;
$meldung .= " ";
$meldung .= $einheit;
$meldung .= ".<br>\n";
echo $meldung;
```

Hinweis:
Beachten Sie jeweils den Punkt vor den Zuweisungsoperatoren! Dieser Punkt sorgt dafür, dass der Stringvariablen *$meldung* nicht der aktuelle Inhalt des rechts vom Operator = stehenden Ausdrucks zugewiesen, sondern dieser an den aktuellen Inhalt der Variablen angehängt wird.

Strings als Arrays

Neben der Möglichkeit, eine Zeichenkette in einer Variablen zu speichern und diese Variable als Ganzes zu benutzen, kann man auch auf die einzelnen Zeichen in der Stringvariablen zugreifen, indem man sie wie ein Array behandelt:

```
$kette = "abcdefg";
echo $kette[0]."<br>\n";
echo $kette[1]."<br>\n";
echo $kette[2]."<br>\n";
```

Auf dem Bildschirm sehen Sie:
a
b
c

Suchen und Ersetzen in Zeichenketten

Ein häufiger Wunsch ist, das Auftreten bestimmter Zeichen oder Zeichenketten innerhalb eines Strings abzufragen. Die Funktion *strpos()* z.B. findet das erste Auftreten eines Suchstrings in einer Zeichenkette:

```
$kette = "Das ist nur ein Beispiel";
$pos = strpos($kette, "eis");
echo $pos;
```

Das Beispiel liefert in *$pos* die Integer-Zahl *17*, da das achtzehnte Zeichen der Stringvariable *$kette* der Beginn der gesuchten Zeichenkette *eis* ist. (Die Zählung beginnt bei Null, weshalb Nummer

3.2 Variablen und Datentypen

siebzehn auf das achtzehnte Zeichen verweist!) Sie können bei *strpos()* auch als drittes Argument einen Offset angeben; die Suche wird dann erst bei diesem Zeichen begonnen:

```
$kette = "Das ist nur ein Beispiel";
echo strpos($kette, "ei")."<br>\n";
echo strpos($kette, "ei",15);
```

Bei der ersten Suche liefert Ihnen die Funktion *12* zurück, da die gesuchte Zeichenkette im Wort *ein* enthalten ist. Die zweite Suche startet erst beim fünfzehnten Zeichen, weshalb *17* als Rückgabewert ausgegeben wird. Beachten Sie, dass die Funktion nur nach dem ersten Auftreten sucht und dass Groß- und Kleinschreibung unterschieden werden. Eine Suche nach *Be* wird Ihnen somit eine *16* liefern, die Suche nach *be* dagegen findet nichts. Wird die gesuchte Zeichenkette nicht gefunden, liefert die Funktion FALSE zurück. Wenn Sie nicht exakt auf den Unterschied zwischen einer *0* (erstes Zeichen trifft) und FALSE als Rückgabewert prüfen, bekommen Sie evtl. falsche Ergebnisse. Deshalb testen Sie unbedingt auf FALSE, und zwar wie folgt (beachten Sie die drei Gleichheitszeichen):

```
$kette = "Das ist nur ein Beispiel";
$pos = strpos($kette, "ei");
if ($pos === false) {
    echo "nicht gefunden!";
}
```

Für das Suchen innerhalb von Zeichenketten stellt PHP noch einige Funktionen mehr bereit, diese finden Sie in der Liste der Stringfunktionen (Abschnitt 3.2.8).

Sehr oft sollen auch bestimmte Teile einer Zeichenkette durch eine andere Zeichenkette ersetzt werden. PHP bietet hierfür ebenfalls eine Reihe von Funktionen an. Für einfache Ersetzungen können Sie die Funktion *str_replace()* benutzen:

```
$kette = "Das ist nur ein einfaches Beispiel";
$neuekette = str_replace ("ein ", "ein dummes ", $kette);
echo $neuekette;
```

Sie bekommen die Ausgabe: *Das ist nur ein dummes einfaches Beispiel*. Dabei ersetzt diese Funktion nicht nur das erste Vorkommen der gesuchten Zeichenkette, sondern alle. Probieren Sie dies aus, indem Sie im Funktionsaufruf das Leerzeichen hinter *ein* entfernen, und sehen Sie sich das Ergebnis an. Auch diese Funktion unterscheidet zwischen Groß- und Kleinschreibung.

Explode und Implode
In typischen PHP-Skripts gibt es häufig die Notwendigkeit, eine Zeichenkette in einzelne Elemente eines Arrays aufzuteilen oder – der umgekehrte Weg – die einzelnen Elemente eines Arrays in eine Zeichenkette zu packen. Mit *explode()* und *implode()* erledigen Sie diese Aufgaben auf sehr elegante Weise:

```
$zeichenkette =
    "Ueberschrift|Vorspann|Textbeitrag|Redakteur";
$feld = explode ("|",$zeichenkette);


foreach($feld as $namen) {
    echo $namen."<br>\n";
}
```

In *$zeichenkette* befinden sich durch das Pipe-Symbol | getrennte Elemente eines Artikels, die z.B. zuvor aus einer Textdatei gelesen wurden. Mit *explode()* weisen Sie PHP an, die Zeichenkette an den gewünschten Stellen (hier: den Pipe-Symbolen) zu trennen (erster Parameter) und die einzelnen Stücke in ein Array zu schreiben (zweiter Parameter). Die Trennzeichen gehen dabei verloren. Als Ergebnis haben sie nun in *$feld[0]* die Überschrift, in *$feld[1]* den Vorspanntext usw.

3.2 Variablen und Datentypen

Falls Sie eine Zeichenkette „explodieren" lassen wollen, von der Sie nicht genau wissen, in wie viele Stücke sie zerfällt, können Sie einen dritten Parameter angeben, der die maximale Anzahl der Array-Elemente begrenzt:

```
$feld = explode ("|", $zeichenkette, 3);
```

Nun erhalten Sie ein Array mit lediglich drei Elementen: der Überschrift, dem Vorspanntext und dem Textbeitrag. Letzterer allerdings beinhaltet nun den gesamten Rest der ursprünglichen Zeichenkette: *Textbeitrag|Redakteur*, was Sie bei der weiteren Verarbeitung beachten müssen.

Das umgekehrte Ziel, aus einem Array eine Zeichenkette zu erzeugen, können Sie mit *implode()* erreichen:

```
$feld = array (
    "Ueberschrift",
    "Vorspanntext",
    "Textbeitrag",
    "Autor"
);
$zeichenkette = implode ("|", $feld);
echo $zeichenkette."<br>\n";
```

Die Funktion *implode()* verlangt als erstes Argument das Zeichen, welches zwischen die einzelnen Elemente eingefügt wird, und als zweites Argument die Array-Variable, welche die Elemente der künftigen Zeichenkette enthält. Das Zeichen, an welchem *explode()* trennt bzw. welches *implode()* zwischen die einzelnen Elemente einfügt, können Sie frei wählen. Sie können natürlich statt eines einzelnen Zeichens auch eine Zeichenkette aus mehreren Zeichen definieren, was Sie jedoch seltener benötigen werden.

3.2.6 Suchen und Ersetzen mit Regular Expressions

Da die Manipulation von Zeichenketten eine der häufigsten Aufgaben – nicht nur in PHP – darstellt, stehen dafür sehr leistungsfähige Funktionen zur Verfügung. Diese bedienen sich der unter Unix sehr beliebten regulären Ausdrücke (engl. *Regular Expressions*). Wer bereits unter Unix Befehle wie *grep* oder *sed* benutzt hat, wird schon mit den Regular Expressions gearbeitet haben, vielleicht ohne es zu wissen.

Stark vereinfacht bieten die Regular Expressions eine Menge von überaus flexiblen Suchmustern. Bei Übereinstimmung eines Suchmusters innerhalb einer Zeichenkette können Sie Teile der Zeichenkette löschen, austauschen oder ändern. Sogar das Zählen der Treffer innerhalb einer Zeichenkette ist möglich. Und während die „normalen" Such- und Ersetzungsfunktionen wie *strpos()* oder *str_replace()* eine festgelegte Zeichenkette suchen, können Sie mit den Regular Expressions nach fast beliebigen Mustern suchen. Das Muster ^*Treffer* findet die Zeichenkette *Treffer*, wenn sie genau am Anfang der zu durchsuchenden Zeichenkette steht. Mit *Treffer$* dagegen wird nur die Zeichenkette am Ende des zu durchsuchenden Strings gefunden. Später werden die wichtigsten Varianten der Suchmuster noch genauer mit Beispielen vorgestellt.

Die Regular Expressions sind zwar äußerst mächtig, haben jedoch genau deshalb einen – scheinbaren – Nachteil: Sie können äußerst kompliziert und widerspenstig sein, zumindest für denjenigen, der nicht so vertraut damit ist. Oft schreibt man einen Suchausdruck in eine Funktion und wundert sich, dass er nicht das tut, was man erwartet. Hier heißt es, lieber zweimal nachdenken. Das sollte Sie jedoch nicht abschrecken, denn für die meisten Aufgaben genügen recht einfache Ausdrücke. Aber wenn Sie sich näher mit den Regular Expressions vertraut machen wollen, statten Sie sich einfach mit der passenden Literatur aus und legen diese unters Kopfkissen. Falls Sie vorhaben, mit PHP-Programmierung Geld zu verdienen, ist die Kenntnis der regulären Ausdrücke sogar ein Muss, um anfallende Programmieraufgaben elegant und effizient lösen zu können.

3.2 Variablen und Datentypen

Für die Manipulation von Zeichenketten mittels regulärer Ausdrücke stellt PHP folgende Funktionen bereit:

- *$bool = ereg ($suchmuster, $zeichenkette);*
  Die Funktion testet das Auftreten des Suchmusters (regulärer Ausdruck) im String *Zeichenkette*. Wird der Ausdruck gefunden, liefert die Funktion TRUE zurück, andernfalls FALSE. Beispiel:

```
$suchmuster = "[A-Z]";
$zeichenkette = "Das ist ein einfaches Beispiel";
$ergebnis = ereg ($suchmuster, $zeichenkette);
if ($ergebnis){
    echo "Gefunden!";
} else {
    echo "Nix gefunden!";
}
```

Das Suchmuster in obigem Beispiel testet auf das Vorhandensein eines Großbuchstabens in der zu durchsuchenden Zeichenkette. Diese Funktion kann auch mit einer Array-Variablen als drittem Argument aufgerufen werden.

- *$bool = eregi ($suchmuster, $zeichenkette);*
  funktioniert ähnlich wie *ereg()*, nur dass hier keine Unterscheidung zwischen Groß- und Kleinbuchstaben gemacht wird.
- *$neustring = ereg_replace ($suchmuster, $ersatz, $zeichenkette);*
  Hier wird das in *$zeichenkette* gefundene Suchmuster gegen den String *$ersatz* ausgetauscht. Zwischen Groß- und Kleinschreibung wird unterschieden. Die geänderte Zeichenkette wird in *$neustring* zurückgegeben.
- *$neustring = eregi_replace ($suchmuster, $ersatz, $zeichenkette);*
  ist analog zu *ereg_replace()*, nur dass hier keine Unterscheidung zwischen Groß- und Kleinschreibung gemacht wird.
- *$array = split ($suchmuster, $zeichenkette);*
  funktioniert ähnlich wie *explode()*, nur dass Sie bei *split()* mit komplizierteren Suchmustern arbeiten können. Falls möglich,

sollten Sie *explode()* verwenden, da diese Funktion aufgrund der einfacheren Suchalgorithmen schneller arbeitet. Die Funktion gibt ein Array mit den Teilen von *$zeichenkette* zurück.
- *$array = spliti ($suchmuster, $zeichenkette);*
analog zu *split()*, nur dass hier wiederum nicht zwischen Groß- und Kleinschreibung unterschieden wird.

Beispiele

Es folgen einige Beispiele zur Veranschaulichung.

```
$suchmuster = "^D";

$zeichenkette = "Das ist ein einfaches Beispiel";

$ergebnis = ereg ($suchmuster, $zeichenkette);
```

Das Ergebnis ist TRUE, da ein großes *D* am Zeilenanfang (bzw. am Anfang des zu durchsuchenden Strings) gesucht – und gefunden – wird. Ändern Sie das Beispiel, indem Sie als Suchmuster ^d eintragen: Die Funktion wird FALSE zurückgeben, da nun nach einem kleinen *d* gesucht wird. Wenn Sie die Funktion *ereg()* gegen *eregi()* austauschen, wäre das Ergebnis wieder TRUE, da *eregi()* keine Unterscheidung zwischen Groß- und Kleinschreibung macht.

```
$suchmuster = "Spiel$";

$zeichenkette = "Das ist ein einfaches Beispiel";

$ergebnis = ereg ($suchmuster, $zeichenkette);
```

Hier wird auf die Zeichenkette *Spiel* am Zeilenende getestet. Erwartungsgemäß wird das Ergebnis FALSE sein. Würden Sie als Suchmuster *spiel$* angeben oder *eregi()* benutzen, wäre das Ergebnis TRUE.

Mit der Funktion *ereg_replace()* können Sie Teile einer Zeichenkette gegen andere Zeichen austauschen. Als Suchmuster dient ein regulärer Ausdruck:

```
$suchmuster = "einfach|schwierig|schwer";

$austausch = "dumm";
```

3.2 Variablen und Datentypen

```
$zeichenkette = "Das ist ein einfaches Beispiel";
$neuer_string = ereg_replace ($suchmuster, $austausch,
$zeichenkette);
echo $neuer_string;
```

Der Programmabschnitt würde nach dem Auftreten der Zeichenfolgen *einfach*, *schwierig* oder *schwer* im String *$zeichenkette* suchen, alle gefundenen Zeichenfolgen durch *dumm* ersetzen und das Ergebnis in der Variable *$neuer_string* ablegen. Falls das Suchmuster nicht gefunden wird, enthält *$neuer_string* den Inhalt von *$zeichenkette*. Der Inhalt des zu durchsuchenden Strings (hier *$zeichenkette*) wird in keinem Fall verändert.

Wie flexibel und effektiv die Regular Expressions sind, kann ein (noch recht einfaches) Beispiel verdeutlichen: Angenommen, Sie möchten ein Datum der Form *YYYYMMDD* in Jahr, Monat und Tag aufteilen, das Datum kann jedoch entweder durch Schrägstriche, durch Bindestriche oder Punkte unterteilt sein. Folgendes Beispiel wird das erledigen:

```
$suchmuster = "[/.-]";
$datum = "2000/10/25";
$datumsfeld = split ($suchmuster, $datum);
```

Das Suchmuster testet auf das Auftreten eines der drei genannten Zeichen (/, - oder .). Die Funktion *split()* teilt den String *$datum* an den entsprechenden Stellen auf und schreibt die einzelnen Teile in das Array *$datumsfeld*. Mit einer *Foreach*-Schleife können Sie sich das Ergebnis ansehen:

```
foreach($datumsfeld as $namen) {
    echo $namen."<br>\n";
}
```

Eine wirklich elegante und nützliche Anwendung der Funktion *ereg()* ist die Umwandlung der amerikanischen Datumsdarstellung der Form YYYY-MM-DD in die in Deutschland gebräuchliche Darstellung DD.MM.YYYY. Dabei kommt ein bislang unerwähntes Feature von *ereg()* zum Einsatz. Hier der PHP-Code:

```
if (ereg ("([0-9]{4})-([0-9]{1,2})-([0-9]{1,2})", $date,
$regs)) {

    echo "$regs[3].$regs[2].$regs[1]";

} else {

    echo "Invalid date format: $date";

}
```

Das Beispiel wurde aus der PHP-Online-Dokumentation zur Funktion *ereg()* übernommen, da es die Arbeitsweise der Regular Expressions recht gut veranschaulicht und fast jeder PHP-Programmierer die obige Konstruktion irgendwann benötigen wird. Meistens sind nämlich in Datenbanktabellen gespeicherte Datumsinformationen in amerikanischer Schreibweise abgelegt, welche deutschsprachige Anwender wegen der vertauschten Reihenfolge von Tag und Monat irritiert. Das obige Beispiel hilft Ihnen, das Datum in üblicher Form aufzubereiten.

Doch für das Verständnis der verwendeten Regular Expression muss noch einiges erklärt werden: Der Ausdruck (innerhalb der Anführungszeichen) besteht aus drei Teilen, die jeweils durch runde Klammern zusammengefasst sind. Der erste Teil sucht das Auftreten von vier Ziffern hintereinander: *[0-9]* meint „irgendeine Ziffer", die nachfolgende Zahl *4* in geschweiften Klammern bedeutet „das vorhergehende Muster muss viermal hintereinander auftreten". Es wird also eine vierstellige Jahreszahl gefunden. Der zweite und dritte Teil suchen jeweils nach ein- oder zweistelligen Zahlen, wobei die Zahlen jeweils durch ein Minuszeichen voneinander getrennt sein müssen, sonst träfe der gesamte Ausdruck nicht zu.

Neu ist der Aufruf der Funktion *ereg()* mit dem dritten Argument *$regs*. Falls nämlich ein regulärer Ausdruck mit runden Klammern verwendet wird, kann *ereg()* die Treffer der einzelnen Teile des Ausdrucks in einem Array speichern. Dessen Element *0* enthält den kompletten zu durchsuchenden String (hier: *$date*); in den weiteren Elementen (hier *1-3*) sind die einzelnen Treffer der Teile des regulären Ausdrucks gespeichert. In der zweiten Zeile des Codebeispiels werden diese in rückwärtiger Reihenfolge – durch Punkte getrennt – ausgegeben, und schon haben Sie das Datum in der in Deutschland bekannten Schreibweise.

3.2.7 Regular Expressions für Dummies

Dieser Abschnitt soll Ihnen die Bedeutung der einzelnen Zeichen innerhalb von regulären Ausdrücken nahe bringen. Sie haben in den vorangegangenen Beispielen bereits ein paar dieser speziellen Zeichen im konkreten Anwendungsfall kennen gelernt, allerdings ohne dass Ihnen das dahinter stehende System erklärt wurde. Das wird hier nachgeholt.

Rangstufen in regulären Ausdrücken

Reguläre Ausdrücke können durch Klammern gruppiert werden. Die runden Klammern haben dabei die höchste Rangstufe. Danach folgen die Zeichen + * ? {#,#}. Die dritte Stufe sind die normalen Suchzeichenfolgen sowie die Metazeichen ^ $ \b \B, und ganz hinten in der Rangfolge steht das Pipe-Symbol, das Alternativen kennzeichnet. Die Bedeutung der Rangfolge der einzelnen Teile eines regulären Ausdrucks ist ähnlich dem aus der Mathematik bekannten „Punkt vor Strich". Um beim Beispiel zu bleiben: Die Potenzierung bzw. das Wurzelziehen ist in der Mathematik noch einmal eine Ebene höher angesiedelt.

Metazeichen

Die Metazeichen sind für spezielle Funktionen reserviert:

- Das ^ steht für den Zeilenanfang: *^Beispiel* findet die Zeichenkette *Beispiel*, wenn sie am Zeilenanfang steht. Aber: wird dieses Zeichen innerhalb eckiger Klammern verwendet, bekommt es eine neue Bedeutung – es negiert die nachfolgende Zeichenklasse: *[^a-zA-Z]* findet alles, worin keine Buchstaben vorkommen.

3. Die Sprache PHP

- Das Dollarzeichen *$* kennzeichnet die Suche nach dem Zeilenende. *Beispiel$* findet die Zeichenkette *Beispiel*, wenn sie am Schluss der Zeile (bzw. des zu durchsuchenden Strings) steht.
- Der Backslash \ dient dazu, die Sonderfunktion eines Metazeichens abzuschalten. Wenn Sie z.B. nach einem Dollar-Zeichen suchen möchten, stellen Sie dem Dollar-Symbol einen Backslash voran: \$
- Das Pipe-Symbol | kennzeichnet Alternativen: *der|die|das* findet eine der alternativen Zeichenketten. Ein besserer Ausdruck wäre allerdings *[Dd]er|ie|as*, denn hier werden die Artikel auch gefunden, wenn sie (z.B. am Satzanfang) groß geschrieben sind.
- Die runden Klammern gruppieren mehrere Teilausdrücke in einem regulären Ausdruck (siehe Abschnitt 3.2.6, Beispiel zum Aufsplitten eines Datumstrings).
- Eckige Klammern fassen Zeichengruppen zusammen. Der Ausdruck *[1-9]* findet Ziffern außer der Null.

Wiederholungszeichen

Oft möchte man das Auftreten von Zeichen in einer bestimmten Anzahl testen. Auch dafür sind spezielle Zeichen und Notationen vorgesehen. So haben Sie bereits die geschweiften Klammern im Beispiel zur Zerlegung eines Datumstrings kennengelernt. Folgende Symbole zur Wiederholung existieren:

- Das Sternchen * ist Platzhalter für „das voranstehende Zeichen" bis „beliebig viele Zeichen".
- Ein Punkt . steht für genau ein beliebiges Zeichen.
- Bei einem dem Ausdruck nachgestellten Pluszeichen + muss der Ausdruck mindestens einmal gefunden werden. Ansonsten darf der Ausdruck beliebig oft vorkommen.
- Ein Fragezeichen *?* heißt: einmal oder keinmal.
- *{n}* heißt n-mal.
- *{n,}* heißt mindestens n-mal.
- *{n,m}* heißt mindestens n-mal, höchstens m-mal.

3.2 Variablen und Datentypen

Beispiele für reguläre Ausdrücke

- *[^a-zA-Z]*
  sucht nach dem Auftreten eines Zeichens, das kein Groß- oder Kleinbuchstabe ist. In diesem Ausdruck lösen auch Leerzeichen, Punkte, Semikola o.Ä. Treffer aus.
- *Ann.*
  sucht nach *Ann*, gefolgt von genau einem Zeichen. Gefunden würden *Anne, Anni, Anna, Anno* oder auch die Zeichenfolge *Ann* mit nachfolgendem Leerzeichen. Nicht gefunden würde *Ann*.
- *Standar[dt]*
  sucht nach dem Wort *Standard* und seiner gern benutzten falschen Schreibweise.
- *numm?erieren*
  findet das Wort in alter Rechtschreibung (mit einem *m*) und neuer Rechtschreibung (mit zwei *m*). Alternativ würde *num{1,2}erieren* das Gleiche leisten.
- *mi.*en*
  findet die Zeichenketten *mi* und *en*, wenn dazwischen 0 bis beliebig viele beliebige Zeichen liegen. Folgende Zeichenketten würden zutreffen: *mieten, mitten, mitfahren, mitgehen, mi en*.

3.2.8 Liste der wichtigsten Stringfunktionen

- *$string = addslashes ($zeichenkette);*
  liefert eine Zeichenkette zurück, in der alle Hochkommas, alle Anführungszeichen und alle Backslashes der übergebenen Zeichenkette durch einen Backslash maskiert sind. Diese Funktion benötigen Sie, wenn Sie Zeichenketten in Datenbanktabellen schreiben möchten, da die oben erwähnten Zeichen nicht innerhalb von Zeichenkettendefinitionen in SQL-Anweisungen stehen dürfen. Das Maskieren der kritischen Zeichen durch einen Backslash löst das Problem.
- *$string = stripslashes ($zeichenkette);*
  entfernt die durch *addslashes()* hinzugefügten Backslashes wieder. Diese Funktion ist nützlich, um die Maskierungen aus einer Zeichenkette zu entfernen, die aus einer Datenbank gelesen wurde.

- *chop()*
  Alias zu *rtrim()*, siehe dort
- *$string = chr ($asciicode);*
  gibt ein Zeichen passend zum übergebenen ASCII-Code (Typ: *Integer*) zurück. Siehe auch *ord()* als Umkehrfunktion.
- *echo ($zeichenkette);*
  schreibt die angegebene Zeichenkette in die Standardausgabe. Da *echo()* keine „richtige" Funktion ist, können Sie die Klammern weglassen.
- *$array = explode ($zeichenkette, $trennzeichen [, $limit]);*
  teilt eine Zeichenkette anhand eines definierten Trennzeichens in ein Array auf. Als dritter Parameter kann die maximale Anzahl der Teilstrings angegeben werden. Im letzten Element des Arrays ist dann der gesamte Rest des Strings zu finden.
- *$zeichenkette = implode ($verbinder, $array);*
  Umkehrfunktion zu *explode()*. Die Funktion setzt die Elemente eines Arrays zum String *$zeichenkette* zusammen und setzt die Zeichenkette *$verbinder* zwischen die einzelnen Elemente.
- *$string = get_html_translation_table($tabelle);*
  gibt die Übersetzungstabelle zurück, welche für die Funktionen *htmlentities()* und *htmlspecialchars()* Verwendung findet. Der Sinn der Funktion wird am besten anhand eines Beispiels deutlich:

```
$trans = get_html_translation_table(HTML_ENTITIES);

$eingabe = "Wölkchen & <Regen> über Aßmannsdorf";

$kodiert = strtr($eingabe, $trans);
```

In *$trans* (ein Array) wird eine Art Übersetzungsliste gespeichert, welche in Zeile 3 als Parameter für die Funktion *strtr()* als „Wörterbuch" benutzt wird. In *$kodiert* steht: *Wölkchen & <Regen> über Aßmannsdorf*. Damit sind alle Zeichen der Eingabe in deren entsprechende HTML-Entities übersetzt worden. Das ist wichtig, um etwaige Hackversuche über manipulierte Eingaben zu verhindern oder HTML-Code in Benutzereingaben unschädlich zu machen. Eine Rückübersetzung des codierten Strings erreichen Sie wie folgt:

```
$trans = get_html_transition_table(HTML_ENTITIES);

$trans = array_flip ($trans); //das Array umkrempeln

$original = strtr ($kodiert, $trans);
```

Als Parameter der Funktion *get_html_translation_table()* sind nur HTML_ENTITIES und HTML_SPECIALCHARS sinnvoll, je nachdem, welche der Funktionen Sie benutzen möchten. Beachten Sie, dass die Übersetzung wie in obigem Beispiel nur mit Zeichensätzen nach ISO-8859-1 (auch „ISO-latin-1" genannt) funktioniert.

- *$kodiert = htmlspecialchars ($eingabe [, $quote_style [, $charset]]);*
  konvertiert nur bestimmte Zeichen in ihre HTML-Entities. Der optionale zweite Parameter (*quote_style*, Typ *Integer*) kann mit den internen Konstanten ENT_COMPAT, ENT_QUOTES oder ENT_NOQUOTES belegt werden, um die Übersetzung zu steuern. Folgende Zeichen werden umgewandelt:
  - & nach *&*
  - " (Anführungszeichen) nach *"*
    (nur wenn als zweiter Parameter ENT_NOQUOTES angegeben wurde)
  - ' (Hochkomma) nach *'*
    (nur wenn als zweiter Parameter ENT_QUOTES angegeben wurde)
  - < nach *<*
  - > nach *>*

  Der optionale dritte Parameter (Typ: *String*) definiert den Zeichensatz, der zur Anwendung kommen soll. Voreinstellung ist ISO-8859-1.

- *$string = htmlentities ($eingabe [, $quote_style [, $charset]]);*
  konvertiert Zeichen in Strings in ihre HTML-Entities. Im Unterschied zu *htmlspecialchars()* ersetzt diese Funktion alle durch HTML-Entities definierten Zeichen wie Umlaute, Sonderzeichen

usw. Die generelle Benutzung illustriert das Beispiel zu *get_html_transition_table()*; zum zweiten und dritten Parameter sehen Sie bitte bei *htmlspechialchars()* nach.

- *$string = ltrim ($eingabe [, $charlist]);*
  entfernt so genannte „Whitespaces" vom Anfang einer Zeichenkette. Der optionale zweite Parameter ist ein String, in dem Sie diejenigen Zeichen aneinander reihen, die als Whitespace zählen sollen. Ohne zweiten Parameter werden folgende Zeichen als Whitespace behandelt:
  - Leerzeichen (ASCII 32)
  - Tabulator (ASCII 9)
  - Zeilenvorschub (linefeed; ASCII 10)
  - Wagenrücklauf (Carriage Return; ASCII 13)
  - Nullbyte (ASCII 0)
  - Vertikaltabulator (ASCII 11)
- *$string = nl2br ($eingabe);*
  fügt vor jedem im Eingabestring enthaltenen Zeilenumbruch \n ein zu XHTML kompatibles HTML-Tag <br /> ein.

  Hinweis:
  Falls Sie die Funktion *htmlspecialchars()* auf die Zeichenkette anwenden möchten, sollten Sie *nl2br()* erst nach *htmlspecialchars()* aufrufen. Andernfalls wird das eingefügte HTML-Tag <br /> in Entities umgewandelt, was Sie kaum beabsichtigt haben dürften.

- *$code = ord ($string);*
  liefert den ASCII-Code (Typ: *Integer*) zu einem Zeichen. Siehe auch *chr()* als Umkehrfunktion.
- *$erg = print ($string);*
  Wie *echo()*, allerdings ist in der booleschen Variable *$erg* das Ergebnis (TRUE oder FALSE) der Ausgabeoperation vermerkt.
- *$string = quotemeta ($eingabe);*
  maskiert die folgenden im Eingabestring vorkommenden Zeichen mit jeweils einem Backslash: . \ + * ? [^] ($) ". All dies sind Zeichen, die PHP oder Datenbanken durcheinander bringen können.

3.2 Variablen und Datentypen

- *$string = rtrim ($eingabe [, $charlist]);*
  entfernt Whitespaces vom Ende einer Zeichenkette. Der optionale zweite Parameter ist ein String, in dem Sie diejenigen Zeichen aneinander reihen, die als Whitespace zählen sollen. Ohne zweiten Parameter werden folgende Zeichen als Whitespace behandelt:
  - Leerzeichen (ASCII 32)
  - Tabulator (ASCII 9)
  - Zeilenvorschub (linefeed; ASCII 10)
  - Wagenrücklauf (Carriage Return; ASCII 13)
  - Nullbyte (ASCII 0)
  - Vertikaltabulator (ASCII 11)

- *$erg = strcmp ($string1, $string2);*
  vergleicht zwei Zeichenketten. Sind beide identisch, ist das Ergebnis TRUE, ansonsten FALSE. Groß- und Kleinschreibung werden unterschieden.

- *$string = strip_tags($eingabe [, $erlaubt]);*
  entfernt alle HTML- und PHP-Tags aus dem Eingabestring. Falls gewünscht, können Sie als zweiten Parameter eine Zeichenkette mit erlaubten Tags angeben. Beispiel:

  ```
  $string = strip_tags ($eingabe, "<i></i><b></b>");
  ```

  oder:

  ```
  $string = strip_tags($eingabe, ",<i>,</i>,<b>,</b>");
  ```

  entfernt alle HTML-Tags außer *<i>*, *</i>*, ** und **.

- *$string = stristr ($eingabe, $suchfolge);*
  gibt in *$string* den Teil von *$eingabe* zurück, beginnend beim ersten Auftreten der Suchzeichenfolge bis zum Ende des Strings, unterscheidet Groß- und Kleinschreibung nicht.

- *$laenge = strlen ($string);*
  liefert als Integer-Wert die Anzahl der Zeichen in einer Stringvariablen zurück.

- *$erg = strncmp ($string1, $string2, $laenge);*
  Analog zu *strcmp()*, nur dass die Anzahl der zu vergleichenden Zeichen mit *$laenge* begrenzt wird. Siehe auch *strcmp()*.

3. Die Sprache PHP

- *$erg = strpos ($zeichenkette, $suchstring [, $offset]);*
  sucht das erste Auftreten des Suchstrings in der Zeichenkette und liefert die numerische Position des ersten zutreffenden Zeichens als Integer-Wert zurück. Wenn Sie einen Offset (Integer) angeben, wird erst ab diesem Zeichen gesucht. Wird der Suchstring nicht gefunden, liefert die Funktion FALSE zurück.
- *$string = strrev ($zeichenkette);*
  kehrt die Reihenfolge der Buchstaben in einem String um. Aus *Berlin* wird *nilreB*.
- *$string = strstr ($zeichenkette, $suchzeichen);*
  sucht das erste Auftreten des Suchzeichens in einer Zeichenkette und liefert als Ergebnis die komplette restliche Zeichenkette ab dem gefundenen Zeichen zurück. Beachten Sie, dass nur nach einem einzelnen Zeichen gesucht wird. Groß- und Kleinschreibung werden unterschieden.
- *$string = strtolower ($zeichenkette);*
  liefert als Rückgabe einen String, der die komplette als Parameter übergebene Zeichenkette enthält, in der alle Großbuchstaben in Kleinbuchstaben umgewandelt wurden.
- *$string = strtoupper ($zeichenkette);*
  liefert die als Parameter übergebene Zeichenkette zurück, in der alle Buchstaben in Großbuchstaben umgewandelt wurden. Umlaute werden nicht konvertiert.
- *$output = str_replace ($suche, $ersatz, $input);*
  ersetzt alle Vorkommen von *$suche* in *$input* mit *$ersatz* und liefert das Ergebnis als Rückgabewert. Die Eingaben dürfen Zeichenketten oder Arrays sein; der Rückgabewert ist vom gleichen Typ wie die Eingaben.
- *$output = strtr ($eingabe, $von, $nach);*
  tauscht Zeichen im Eingabestring gegen andere aus:

```
$output = strtr ("dagbfcd", "abc", "xyz");
```

tauscht im Eingabestring jedes *a* gegen *x*, jedes *b* gegen *y* und jedes *c* gegen *z*. Das obige Beispiel liefert als Ergebnis: *dxgyfzd*

3.2 Variablen und Datentypen

- *$string = substr ($eingabe, $start [, $laenge]);*
  liefert als Rückgabewert den Teil des Eingabestrings ab Zeichen *$start* zurück. Ist der dritte Parameter angegeben, werden *$laenge* Anzahl Zeichen, beginnend bei *$start*, als Ergebnis geliefert:

  ```
  echo substr ("abcdefghi", 3) // liefert "defghi"
  echo substr ("abcdefghi", 3, 4) // liefert "defg"
  ```

- *$anzahl = substr_count ($eingabe, $suche);*
  Im Rückgabewert ist die Anzahl des Auftretens der Suchzeichenkette im Eingabestring zu finden.

- *$string = substr_replace ($eingabe, $ersatz, $start [$laenge]);*
  ersetzt einen Teil des Eingabestrings und liefert das Ergebnis als String zurück. Dabei wird der Eingabestring ab dem Zeichen *$start* (Integer) durch die Zeichenkette *$ersatz* ausgetauscht. Falls Sie den vierten Parameter angeben, werden nur *$laenge* (Integer) Anzahl Zeichen ausgetauscht. Falls *$start* negativ ist, wird das erste zu ersetzende Zeichen vom Ende des Strings her gezählt. Wenn *$laenge* negativ ist, kennzeichnet es, bis zu welchem Zeichen, vom Ende des Strings gezählt, Zeichen ersetzt werden:

  ```
  echo substr_replace ("Nur ein Beispiel", "xxxxxx", 7)
  // liefert   "Nur einxxxxxx"

  echo substr_replace ("Nur ein Beispiel", "xxxxxx", 5, 3)
  // liefert   "Nur exxxxxxBeispiel"

  echo substr_replace ("Nur ein Beispiel", "xxxxxx", -5)
  // liefert   "Nur ein Beixxxxxx"

  echo substr_replace ("Nur ein Beispiel", "xxxxxx", -5, -2)
  //   liefert "Nur ein Beixxxxxxel"
  ```

- *$string = trim ($eingabe [, $charlist]);*
  entfernt Whitespaces vom Anfang und Ende einer Zeichenkette. Der optionale zweite Parameter ist ein String, in dem Sie diejenigen Zeichen aneinander reihen, die als Whitespace zählen sollen. Ohne zweiten Parameter werden folgende Zeichen als Whitespace behandelt:
  - Leerzeichen (ASCII 32)
  - Tabulator (ASCII 9)
  - Zeilenvorschub (Linefeed; ASCII 10)
  - Wagenrücklauf (Carriage Return; ASCII 13)
  - Nullbyte (ASCII 0)
  - Vertikaltabulator (ASCII 11)
- *$string = ucfirst ($eingabe);*
  wandelt das erste Zeichen eines Strings in einen Großbuchstaben um. Umlaute werden nicht in Großbuchstaben umgewandelt.
- *$string = ucwords ($eingabe);*
  wandelt jeden ersten Buchstaben jedes Wortes im Eingabestring in einen Großbuchstaben um. Umlaute werden nicht umgewandelt.
- *$string = wordwrap ($eingabe [, $breite [, $umbruch [, $cut]]]);*
  bricht den Eingabestring nach einer bestimmten Zeichenanzahl um. Ist *$breite* (Integer) angegeben, wird nach dieser Anzahl Zeichen umbrochen; die Voreinstellung sind 75 Zeichen. Falls *$umbruch* (String) angegeben ist, wird dieses Zeichen als Zeilenumbruch verwendet; ansonsten findet das normale Newline \n Anwendung. Falls Sie den vierten Parameter *$cut* angeben und auf 1 setzen, werden lange Worte zerschnitten:

  ```
  $eingabe = "Ein längerer Beispielsatz.";

  echo wordwrap ($eingabe, 10);
  ```

  liefert: *Ein\nlängerer\nBeispielsatz.* Im Browser ist jedoch alles in einer Zeile zu lesen. Ändern Sie das wie folgt:

  ```
  echo wordwrap ($eingabe, 10, "<br>");
  ```

Das Ergebnis sieht jetzt so aus: *Ein
längerer
Beispielsatz*. Beachten Sie dabei, dass das letzte Wort länger als zehn Zeichen ist, aber nicht zerrissen wird. Geben Sie nun den vierten Parameter an:

```
echo wordwrap ($eingabe, 10, "<br>", 1);
```

Nun lautet das Resultat: *Ein
längerer
Beispielsa
tz*. Das lange Wort wurde gewaltsam getrennt.

3.2.9 Boolean – wahr oder falsch

Oft benötigt man nur eine Aussage, ob ein Ausdruck – etwa eine Vergleichsoperation – wahr oder falsch ist. Hier kommt der Datentyp *Boolean* ins Spiel. Dabei werden explizite Boolean-Variablen seltener benutzt, meist kommen implizite Boolean-Ausdrücke zur Anwendung. Ein Beispiel:

```
$test = TRUE;
```

Dieser Ausdruck erzeugt eine Boolean-Variable namens *test* mit dem Wert TRUE, also wahr. In derartigen Variablen könnte man z.B. Ergebnisse einer IF-Abfrage zwischenspeichern, um sich mehrere identische Vergleichsoperationen zu sparen:

```
if ($eingabe == "ja") {
    $test = TRUE;
    echo "Bestaetigt!";
} else {
    $test = FALSE;
    echo "Abgelehnt!";
}
```

Hier wird ein Boolean-Ausdruck verwendet, auf dessen Wahrheitsgehalt die IF-Abfrage reagiert. Wurde *ja* eingegeben (und damit die Zeichenkette *ja* in der Variable *$eingabe* gespeichert), erhält die Variable *$test* den Wert TRUE für wahr. (Die Befehle zur Eingabe sind hier nicht zu sehen.) Falls etwas anderes eingegeben wurde, erhält *$test* den Wert FALSE für falsch bzw. unwahr.

In Vergleichsoperationen oder falls Sie eine numerische Variable in einen Boolean-Typ umwandeln möchten, müssen Sie beachten, dass der Wert *0* für FALSE steht, jeder von Null verschiedene Wert – ob positiv oder negativ – dagegen TRUE bedeutet.

3.2.10 Datenfelder – Arrays

Jede Programmiersprache kennt – in der einen oder anderen Version – Datenfelder, meist Arrays genannt. Auch PHP kennt diesen Datentyp, sogar in zwei verschiedenen Ausprägungen. Zum einen gibt es die so genannten „numerisch indizierten" Arrays, in denen jedes Element über eine Ordnungszahl angesprochen wird, zum anderen die „assoziativen" Arrays, deren Elemente über bestimmte Kennungen referenziert werden.

Ein Beispiel für ein numerisch indiziertes Array:

```
$artikel[0] = 101;

$artikel[1] = "Neues Buch über PHP";

$artikel[2] = "Ein für Einsteiger besonders geeignetes Buch.";

$artikel[3] = "Heute erschien im Verlag Beck/dtv ...";

$artikel[4] = "Heinz Blaschke";

$artikel[5] = "15.10.2001";
```

Hier wird in einem Array namens *$artikel[]* ein News-Artikel mit all seinen einzelnen Teilen (Überschrift, Vorspann, Text, Autor usw.) gespeichert. Dabei besteht jedes Element des Arrays aus einem Key – einer Ordnungszahl – und dem zugehörigen Wert. Beachten Sie dabei, dass die Zählung der Elemente bei Null beginnt! Das erste Element *$artikel[0]* enthält die Ordnungszahl des Artikels als Integer-Zahl (wenn man davon ausgeht, dass viele Artikel – z.B. in einer Datenbank – gespeichert sind), das zweite Element beinhaltet die Überschrift, das dritte den Vorspanntext. Der Volltext des Artikels

3.2 Variablen und Datentypen

ist in Element 4 (*$artikel[3]*) gespeichert, wobei in obigem Beispiel nur ein paar Wörter des (hoffentlich) wesentlich längeren Textes angegeben wurden. Die letzten beiden Elemente sind mit dem Namen des Autors des Artikels und dem Erstellungsdatum (als Zeichenkette) des Artikels belegt.

Sie sehen, dass Sie ohne Weiteres in ein und demselben Array verschiedene Datentypen verwenden können. Das ist in anderen Programmiersprachen teilweise nicht möglich. Die einzelnen Elemente des Arrays werden dabei über ihre Ordnungszahl (Integer, nichtnegativ) angesprochen, indem diese Zahl dem Array-Namen in eckigen Klammern (ohne Leerzeichen) nachgestellt wird:

```
echo $artikel[1];
```

Eine alternative Schreibweise zum Füllen eines kompletten Arrays mit Werten ist folgende:

```
$artikel = array (
    101,
    "Neues Buch über PHP",
    "Ein für Einsteiger besonders geeignetes Buch.",
    "Heute erschien im Verlag Beck/dtv ...",
    "Heinz Blaschke",
    "15.10.2001"
);
```

Den gleichen Zweck der Speicherung eines Artikels mit seinen verschiedenen Elementen könnte auch ein assoziatives Array erfüllen. Dabei ist hier der Key keine Ordnungszahl, sondern ein Schlüsselwort. Ein assoziatives Array sähe dann z.B. so aus:

```
$artikel['nummer'] = 101;
$artikel['ueberschrift'] = "Neues Buch über PHP";
```

3. Die Sprache PHP

```
$artikel['vorspann'] = "Ein für Einsteiger besonders
geeignetes Buch.";

$artikel['text'] = "Heute erschien im Verlag Beck/dtv ...";

$artikel['autor'] = "Heinz Blaschke";

$artikel['datum'] = "15.10.2001";
```

Auch für das Füllen assoziativer Arrays gibt es eine Alternativschreibweise:

```
$artikel = array (

    "nummer"=> 101,

    "ueberschrift"=> "= "Neues Buch über PHP",

    "vorspann" => "Ein für Einsteiger besonders geeignetes
    Buch.",

    "text" => "Heute erschien im Verlag Beck/dtv ...",

    "autor" => "Heinz Blaschke",

    "datum" => "15.10.2001"

);
```

Die einzelnen Elemente können Sie somit statt über eine einfache Zahl mittels einer recht prägnanten Kennung erreichen:

```
echo $artikel['ueberschrift'];
```

Im Unterschied zu anderen Programmiersprachen kennt PHP nur eindimensionale Arrays. Für unser Beispiel heißt das, die Speicherung mehrerer Artikel in einem einzigen Array ist nicht direkt möglich – Sie müssen dazu ein Array in einem anderen verpacken:

```
$artikeldatenbank[0] = array (

    101,

    "Neues Buch über PHP",
```

```
       "Ein für Einsteiger besonders geeignetes Buch.",
       "Heute erschien im Verlag Beck/dtv ...",
       "Heinz Blaschke",
       "15.10.2001"
   );
   $artikeldatenbank[1] = array (
       102,
       "Fahrrad umgefallen",
       "Peking packt Panik: penetranter Pedalenterror!",
       "Aus gewöhnlich gut unterrichteten Kreisen ...",
       "Radi O. Jerewan",
       "15.10.2001"
   );
```

3.2.11 Arbeiten mit Arrays

Erzeugen Sie ein einfaches numerisch indiziertes Array, diesmal auf die folgende Art:

```
$freunde =
array("Jimmy","Charly","Anton","Detlev","Tanja","Birgit",
"Peter","Guido");
```

Das Element *[0]* hat somit den Inhalt *Jimmy*, Element *[7]* ist mit *Guido* belegt.
Die Auflistung aller Elemente eines Arrays in der Reihenfolge ihrer Indizes erledigen Sie mit der für diesen Zweck vorgesehenen Schleifenkonstruktion *foreach()*:

```
<html><head>
    <title>Array-Demo 01</title>
```

3. Die Sprache PHP

```
</head><body>

<?

$freunde = array("Jimmy","Charly","Anton",
"Detlev","Tanja","Birgit","Peter","Guido");

// Anzahl der Eintraege ermitteln

$anzahl = count($freunde);

echo "Anzahl der Namen: ".$anzahl."<p>\n";

// Alle Elemente der Reihe nach ausgeben

foreach($freunde as $namen) {

    echo "Name: ".$namen."<br>\n";

}

?>

</body></html>
```

Die Funktion *count()* liefert Ihnen die Anzahl der im Array gespeicherten Einträge. Statt jedoch diese Anzahl in einer normalen For-Schleife abzulaufen und den jeweils korrespondierenden Eintrag auszugeben, verwenden Sie bequemerweise die Foreach-Konstruktion. Diese setzt zuerst den Array-Zähler auf null und zählt ihn bei jedem Durchlauf um eins herauf. Sie endet automatisch, wenn das letzte Element erreicht ist.

Im Moment sind die Einträge nicht alphabetisch sortiert. Das wird gleich geändert, und obendrein sollen noch neue Einträge an das Ende des Arrays angefügt sowie ein Eintrag gelöscht werden:

```
<html><head>

    <title>Array-Demo 02</title>

</head><body>
```

3.2 Variablen und Datentypen

```php
<?
$freunde = array("Jimmy","Charly","Anton","Detlev",
"Tanja","Birgit","Peter","Guido");

//Anfuegen eines neuen Elementes am Schluss des Arrays
$freunde[]="Lars";

// alphabetisches Sortieren der Eintraege
asort($freunde);

// Nochmal die Anzahl ausgeben
echo "<br>Nach Anf&uuml;gen: ".count($freunde)."<br>\n";

// Alle Elemente der Reihe nach ausgeben
foreach($freunde as $namen) {
    echo "Name: ".$namen."<br>\n";
}

// Element Nummer zwei aus dem Array loeschen
// Erinnerung: Zaehlung beginnt bei Null!
array_splice($freunde,2,1);

echo "<br>Nach Splice: ".count($freunde)."<br>\n";
foreach($freunde as $namen) {
    echo "Name: ".$namen."<br>\n";
}
```

```
?>
</body></html>
```

Das Array bekommt anfänglich die gleichen Einträge wie im ersten Beispiel. Mit *$freunde[]="Lars"* wird ein neues Element hinter die bestehenden Einträge angefügt. Die Funktion *sort($arrayname)* sortiert die Einträge alphabetisch (falls das Array reelle oder Integer-Zahlen enthielte, würden diese alphanumerisch aufsteigend sortiert), und danach werden sie mit *foreach()* der Reihe nach aufgelistet. Beachten Sie, dass die einzelnen Einträge nun andere Indizes besitzen als vor dem Sortieren: So hatte „Jimmy" ursprünglich den Index 0, während er nach dem Sortieren den Index 4 besitzt. Wollten sie in der umgekehrten Reihenfolge sortieren, käme *rsort()* zum Einsatz.

Im nächsten Schritt soll ein bestimmter Eintrag (Nummer zwei) des Arrays gelöscht werden. Ein *$freunde[2]=""* würde nicht das Gewünschte bewirken, da hier nur der Eintrag auf einen Leerstring geändert würde, der Eintrag selbst jedoch nach wie vor existierte. Deshalb kommt hier die Funktion *array_splice()* zur Anwendung. Der erste Parameter gibt das zu manipulierende Array an, der zweite kennzeichnet den Index des ersten (Nummer zwei, Sie erinnern sich: die Zählung beginnt bei null!) zu löschenden Eintrags, der dritte Parameter die Anzahl der zu löschenden Einträge. Somit fällt „Charly" aus der Liste heraus. Hoffentlich nimmt er es nicht persönlich.

Die Funktion *array_splice()* kann noch mit einem vierten Parameter versehen werden. Dieser kennzeichnet einen oder mehrere Einträge, die statt der zu löschenden Elemente in das Array eingefügt werden sollen. Das folgende Beispiel fügt statt dem entfallenen Charly die beiden neuen Freunde „Silke" und „Marcus" ein:

```
<html><head>
<title>Array-Demo 03</title>
</head><body>
<?
```

3.2 Variablen und Datentypen

```
$freunde = array("Jimmy","Charly","Anton","Detlev",
"Tanja","Birgit","Peter","Guido");

// die Anzahl ausgeben
echo "<br>Anzahl: ".count($freunde)."<br>\n";

// Alle Elemente der Reihe nach ausgeben
foreach($freunde as $namen) {
    echo "Name: ".$namen."<br>\n";
}


// Element Nummer zwei aus dem Array loeschen
array_splice($freunde,1,1,array("Silke","Marcus"));

// Nochmal die Anzahl ausgeben
echo "<br>Anzahl: ".count($freunde)."<br>\n";

// Alle Elemente der Reihe nach ausgeben
foreach($freunde as $namen) {
    echo "Name: ".$namen."<br>\n";
}

?>
</body></html>
```

Auf das Sortieren wurde diesmal verzichtet. Deshalb hatte der Eintrag von Charly jetzt auch den Index eins, da er das zweite Element des Arrays war (Sie erinnern sich: die Zählung beginnt bei null!). An seiner Stelle sind nun Silke und Marcus in den Freundeskreis aufgenommen worden. Das Element *Silke* hat nun Index eins, *Marcus* Index zwei, der Index aller dahinter liegenden Elemente ist um eins inkrementiert worden.

3.2.12 Liste der wichtigsten Array-Funktionen

Beachten Sie, dass manche der hier aufgelisteten Funktionen erst in neueren PHP-Versionen (ab 4.0.6) enthalten sind. Die auf Ihrer Maschine installierte Version können Sie über die PHP-Statusseite (Funktion *phpinfo()*) erfahren. Nötigenfalls installieren Sie bitte eine aktuelle Version. Die Hinweise auf Programmbeispiele in dieser Aufstellung beziehen sich auf die Beispiele im Abschnitt 3.2.11.

Allgemein

- *array();*
  Erzeugen eines Arrays und gleichzeitiges Eintragen von Elementen (siehe Programmbeispiel)
- *$array = array_merge ($array1, $array2);*
  fügt zwei (oder mehr) Arrays zu einem neuen Array zusammen.

  ```
  $feld1 = array("Jimmy","Peter","Birgit");

  $feld2 = array("Tanja","Birgit","Silke");

  $freunde = array_merge($feld1, $feld2);
  ```

  Das Array *$freunde[]* enthält die Einträge: *Jimmy, Peter, Birgit, Tanja, Birgit, Silke*. *Birgit* ist zweimal vertreten. Solche Doppeleinträge können Sie mit *array_unique()* entfernen.
- *$ergebnis = count ($array);*
  liefert die Anzahl der Elemente in einem Array (siehe Programmbeispiel).
- *$output = array_rand ($input_array [, $anzahl]);*
  gibt ein oder mehrere zufällig gewählte Elemente eines Arrays in einem neuen Array zurück. Wichtig ist dabei, mit der Funktion *srand()* zuerst den Zufallszahlengenerator zu initialisieren:

3.2 Variablen und Datentypen

```
srand((float) microtime() * 1000000);

$zufall = array_rand($freunde, 2);

echo $freunde[$zufall[0]]."<br>\n";

echo $freunde[$zufall[1]]."<br>\n";
```

- *$teilarray = array_slice ($input_array [, $offset [, $anzahl]]);*
  extrahiert einen Teil eines Arrays und liefert diesen Teil in einem neuen Array zurück:

  ```
  $teilarray = array_slice ($freunde,1,2);
  ```

  Der erste Parameter gibt das Array an, aus dem die Einträge geholt werden. Der zweite Parameter spezifiziert die Ordnungszahl des ersten zu liefernden Eintrags, der dritte legt fest, wie viele Einträge ausgegeben werden sollen. Ist der zweite Parameter negativ, wird vom Ende des Arrays gezählt; Gleiches gilt für den dritten Parameter.

- *$ergebnis = array_sum ($array);*
  addiert die Werte aller Einträge in einem Array und liefert die Summe zurück. Je nach Art der Einträge ist der Rückgabewert vom Typ *Integer* oder *Double*:

  ```
  $zahlenfeld = (3, 5, 7, 9);

  echo array_sum($zahlenfeld);
  ```

  schreibt die Integer-Zahl *24* aus.

  ```
  $zahlenfeld = (2.4, 7.8, 6.3, 4.9);

  echo array_sum($zahlenfeld);
  ```

  gibt die Double-Zahl *21.4* aus.

- *$output_array = array_unique ($input_array);*
  entfernt Einträge mit gleichen Werten aus einem Array (siehe Programmbeispiele im Text).

Suchen und Ersetzen

- *$ergebnis = in_array ($suchstring, $array);*
  gibt TRUE zurück, falls ein Element des Arrays identisch mit dem Suchstring ist, andernfalls FALSE:

  ```
  $freunde = array("Jimmy","Peter","Birgit", "Tanja",
  "Silke");

  if (in_array("Peter", $freunde) {

      echo "Peter ist dabei!<br>\n";

  }
  ```

- *$ergebnis = array_search ($suchstring, $array);*
  Das Ergebnis enthält entweder den Key zum gefundenen Suchbegriff oder FALSE:

  ```
  $freunde = array("Jimmy", "Peter", "Birgit", "Tanja",
  "Silke");

  $pos = array_search ("Peter", $freunde);

  echo "Peter ist an Position ".$pos."<br>\n";
  ```

  Im gegebenen Beispiel würde *$pos* den Wert eins enthalten, da – wie Sie sich erinnern – die Zählung der Elemente bei null beginnt.

- *$array = array_splice ($input_array, $offset [, $laenge [, $ersatz]]);*
  Diese Funktion dient zum Entfernen von Einträgen aus einem Array und – falls gewünscht – dem gleichzeitigen Ersetzen des Eintrags durch einen oder mehrere andere (siehe hierzu das Programmbeispiel aus Abschnitt 3.2.11, *Arbeiten mit Arrays*).

Bewegen durch ein Array

In PHP wird für jedes Array ein interner Zähler mitgeführt, der in den folgenden Funktionen benutzt oder gar manipuliert wird. Das vereinfacht Programmabläufe, die sich schrittweise durch Arrays be-

3.2 Variablen und Datentypen

wegen und mit den einzelnen Einträgen arbeiten. Die folgenden Beispiele benutzen das schon mehrfach verwendete Array:

```
$freunde = array("Jimmy", "Peter", "Birgit", "Tanja", "Silke");
```

- *$ergebnis = reset ($array);*
  setzt den internen Array-Zähler auf null, somit auf das erste Element, gibt den Key des ersten Elements in *$ergebnis* zurück.
- *$output_array = each ($input_array);*
  Diese Funktion gibt Key und den zugehörigen Wert des aktuellen Elements eines Arrays zurück. Dabei wird nach Ausführung der Funktion der interne Array-Zähler um eins erhöht:

```
reset($freunde);

$aktuell = each($freunde);
```

Hinweis:
Im Array *$aktuell* mit nur einem Element sind der Key des ersten Eintrags (*0*) und der zugehörige Wert (*Jimmy*) gespeichert. Rufen Sie *each()* nochmals auf, enthält *$aktuell* den Key des zweiten Eintrags (*1*) und den korrespondierenden Wert (*Peter*), da beim ersten Aufruf von *each()* der interne Arrayzähler inkrementiert wurde. Nachdem das letzte Element gelesen wurde, zeigt der interne Zähler ins Leere. Die Funktion *each()* gibt in diesem Falle FALSE zurück. Vergessen Sie nicht, dies nach dem Aufruf von *each()* zu prüfen!

- *$ergebnis = end ($array);*
  setzt den internen Array-Zähler auf das letzte Element des Arrays. In *$ergebnis* ist der Key des letzten Elements gespeichert.
- *$ergebnis = current ($array);*
  gibt den Wert des aktuellen Elements des Arrays zurück, ohne den Zähler zu manipulieren:

```
reset($freunde);

$aktuell = each($freunde);

echo $aktuell[0]."<br>\n";
```

```
echo $aktuell[1]."<br>\n";

$aktuell = current ($freunde);

echo $aktuell."<br>\n";
```

Nach dem Aufruf von *each()* steht der interne Zähler auf eins; *$aktuell[]* ist ein Array mit dem Key *0* und dem Wert *Jimmy*. Nach dem Aufruf von *current()* enthält *$aktuell* den Inhalt *Peter*, da *current()* kein Array, sondern nur den Wert des aktuellen Elements zurückgibt. Der interne Zähler steht immer noch auf *1*. Falls der interne Zähler auf ein nicht vorhandenes Element zeigte (interner Zähler übergelaufen) oder das aktuelle Element leer ist, liefert *current()* FALSE zurück. Sie können deshalb nicht sicher erkennen, ob versucht wurde, auf ein nichtexistentes oder nur auf ein leeres Element zuzugreifen!

- *$ergebnis = next ($array);*
  gibt den Wert des aktuellen Elements des Arrays zurück und erhöht den internen Arrayzähler um eins, wie *current()*, nur dass der Zähler erhöht wird.
- *$ergebnis = prev ($array);*
  gibt den Wert des aktuellen Elements zurück und vermindert den internen Arrayzähler um eins, Komplement zu *next()*.

Einfügen und Löschen

- *$ergebnis = array_pop ($array);*
  liefert den Wert des letzten Elements eines Arrays und löscht das Element danach:

```
$freunde = array("Jimmy", "Peter", "Birgit", "Tanja",
"Silke");

$letzter = array_pop ($freunde);
```

Die Variable *$letzter* hat den Inhalt *Silke*; aus dem Array *$freunde* wurde das Element vier mit dem Wert *Silke* gelöscht. War das Array leer (es enthielt kein Element) oder ist *$freunde* kein Array, liefert die Funktion NULL zurück.

3.2 Variablen und Datentypen

- *$ergebnis = array_shift ($array);*
  liefert den Wert des ersten Elements eines Arrays und löscht dieses Element danach:

  ```
  $freunde = array("Jimmy", "Peter", "Birgit", "Tanja", "Silke");
  $erster = array_pop ($freunde);
  ```

  In *$erster* steht *Jimmy*; das Array *$freunde* wurde um sein erstes Element erleichtert; die Keys der Elemente werden entsprechend neu nummeriert, so dass *Peter* jetzt den Key *0* besitzt. War das Array leer oder ist *$freunde* kein Array, liefert die Funktion NULL zurück.

- *$ergebnis = array_push ($array);*
  fügt ein oder mehrere neue Elemente an das Ende eines Arrays an:

  ```
  $freunde = array("Jimmy", "Peter", "Birgit", "Tanja");
  $anzahl = array_push ($freunde, "Silke", "Guido");
  ```

  erweitert *$freunde* um die Einträge *Silke, Guido* und liefert die neue Anzahl der Einträge zurück. In *$anzahl* steht nunmehr *6*, *$freunde* hat den Inhalt *Jimmy, Peter, Birgit, Tanja, Silke, Guido*.

- *$ergebnis = array_unshift ($array);*
  fügt ein oder mehrere Elemente am Anfang eines Arrays ein:

  ```
  $freunde = array("Jimmy", "Peter", "Birgit", "Tanja");
  $anzahl = array_unshift ($freunde, "Silke", "Guido");
  ```

  erweitert *$freunde* um die Einträge *Silke, Guido* und liefert die neue Anzahl der Einträge zurück. In *$anzahl* steht nunmehr *6*, *$freunde* hat den Inhalt *Silke, Guido, Jimmy, Peter, Birgit, Tanja*.

Sortieren

- *asort ($array);*
  sortiert ein Array alphabetisch/alphanumerisch anhand der Werte und behält die Zuordnung der Indizes bei, sinnvoll für assoziative Arrays:

```
$filme = array (
    "Thriller" => "Hitchcock",
    "Gewalt" => "Verhoeven",
    "Action" => "McTiernan"
);
asort($filme);
```

Die Einträge im Array *$filme* sind nun in folgender Reihenfolge gespeichert: *Thriller = Hitchcock, Action = McTiernan, Gewalt = Verhoeven*.

- *arsort ($array);*
  Wie *asort*, nur in umgekehrter Weise.
- *ksort ($array);*
  sortiert ein Array, indem es dessen Keys alphabetisch anordnet. Die Zuordnung zwischen Keys und den korrespondierenden Werten bleibt erhalten, sinnvoll für assoziative Arrays:

```
$filme = array (
    "Thriller" => "Hitchcock",
    "Gewalt" => "Verhoeven",
    "Action" => "McTiernan"
);
ksort($filme);
```

Die Einträge im Array *$filme* sind nun in folgender Reihenfolge gespeichert: *Action = McTiernan, Gewalt = Verhoeven, Thriller = Hitchcock*.

- *krsort ($array);*
  Wie *ksort*, nur in umgekehrter Weise.
- *sort ($array);*
  sortiert die Werte eines Arrays alphabetisch bzw. alphanumerisch. Die Zuordnung der Keys zu den Werten wird dabei verändert (siehe Programmbeispiel im Text).
- *rsort ($array);*
  Wie *sort*, nur in umgekehrter Weise.

3.2.13 Typumwandlung, Erzwingen von Typen

Die verschiedenen Datentypen wie Integer, String oder Double müssen Sie manchmal in einen der jeweils anderen Datentypen konvertieren. Eventuell möchten Sie aus einem String, in dem eine Ziffernfolge gespeichert ist, eine Integer-Zahl machen oder aus einer Integer-Zahl eine Gleitkommazahl. Teilweise erfolgt diese Typkonvertierung implizit, d.h. PHP erledigt das für Sie. So etwas passiert z.b., wenn Sie eine Integer-Zahl und eine Double-Zahl addieren. Das Ergebnis bekommt automatisch den Typ *Double*. Häufig müssen Sie die Konvertierung jedoch per Anweisung befehlen. Manchmal möchten Sie vielleicht auch nur genau wissen, welchen Typ eine Variable hat. Für Konvertierung und Typabfrage stehen folgende Funktionen zur Verfügung (sind in einer Zeile mehrere Funktionen aufgeführt, so handelt es sich um Aliases, also mehrere Namen für die gleiche Funktion):

Typabfrage

Die allgemeine Syntax ist *$bool = is_sonstwas ($variable)*. Trifft der Typ von *$variable* zu, dann wird TRUE zurückgeliefert, andernfalls FALSE.

- *is_array()*
  testet auf Array-Variablen.
- *is_bool()*
  testet auf Boolesche Variablen.
- *is_double(), is_real(), is_float()*
  testet auf Gleitkommavariablen (double).
- *is_integer, is_long, is_int()*
  testet auf Integer-Variablen.
- *is_string()*
  testet auf Stringvariablen.
- *is_null()*
  testet, ob eine Variable NULL ist. NULL heißt „kein Wert" und wird teilweise von Funktionen als Rückgabewert geliefert, wenn bei deren Abarbeitung ein Sonderfall eingetreten ist.

Hinweis:
NULL ist nicht das Gleiche wie ein Leerstring oder eine 0, die in einer Interger- oder Double-Variablen gespeichert ist!

- *is_numeric()*
  liefert TRUE, wenn die Variable entweder vom Typ *Double* oder *Integer* ist oder wenn in einer Stringvariablen eine korrekt geschriebene Integer- oder Double-Zahl gespeichert ist:

  ```
  $bool = is_numeric ("1234567"); //liefert TRUE

  $bool = is_numeric ("1.2 E4"); //liefert TRUE

  $bool = is_numeric ("12 Eintraege") // liefert FALSE
  ```

- *is_object()*
  testet, ob die Variable vom Typ *Object* ist.
- *is_resource()*
  testet, ob die Variable eine so genannte „Ressource" ist. Ressourcen sind z.B. Datei- oder Datenbank-Handles.
- *is_scalar()*
  testet, ob die Variable eine skalare Variable ist. Skalare Variablen sind „einfache" Typen: Integer, Double, String oder Boolean. Arrays, Objects und Ressourcen sind keine skalaren Variablen.
- *gettype()*
  liefert den Typ der Variablen zurück. Mögliche Rückgabewerte sind: *boolean, integer, double, string, array, object, resource* oder *null*.

Konvertierungsfunktionen

- *doubleval(), floatval()*
  liefern den Gleitkomma-Anteil der übergebenen Variablen zurück. Dabei wird nur der vordere Teil der Variablen bis zum Auftreten des ersten nicht passenden Zeichens beachtet:

  ```
  echo floatval ("12.7 Meter"); // gibt aus: "12.7"

  echo floatval ("Abstand 12.7 Meter"); // gibt aus: "0"
  ```

3.2 Variablen und Datentypen

- *intval()*

  liefert den Integer-Anteil der übergebenen Variablen zurück. Auch hier wird nur bis zum ersten Auftreten eines nicht passenden Zeichens konvertiert:

  ```
  echo intval ("12.7 Meter"); // gibt aus: "12"
  
  echo intval ("Abstand 12.7 Meter"); // gibt aus: "0"
  ```

- *strval()*

  konvertiert den Inhalt einer skalaren Variablen in eine Stringvariable:

  ```
  echo strval (12.7) // gibt aus: "12.7"
  
  echo strval (1.2E7) // gibt aus: "12000000"
  ```

- *settype()*

  setzt den Typ der übergebenen Variablen auf den angegebenen Typ und liefert TRUE, falls die Konvertierung erfolgreich war, andernfalls FALSE:

  ```
  $komma = 12.7;
  
  $bool = settype ($komma, "integer");
  
  echo $komma; // gibt aus: "12"
  ```

Bei der Konvertierung gehen teilweise naturgemäß Teile der ursprünglichen Variablen verloren, wie z.B. Nachkomma-Anteile bei der Wandlung von Double nach Integer.

Sonstige Typfunktionen

- *isset()*

  prüft, ob eine Variable bereits definiert ist. Mit dieser Funktion lässt sich sehr einfach testen, ob in diesem PHP-Skript eine Variable bereits mit einem Wert belegt oder ob sie noch nie benutzt wurde. Das ist vor allem für die Auswertung von Formularen wichtig: Angenommen, ein Skript bekommt normalerweise die Daten eines zuvor ausgefüllten Formulars übermittelt und soll mit

diesen Daten arbeiten. Es kann jedoch – ob versehentlich oder mit Absicht – vorkommen, dass dieses Skript vom Client direkt aufgerufen wird (z.B. durch manuelle Eingabe des URLs) und somit keine Werte im Querystring mitbekommt. Diesen Fall müssen Sie vor Auswertung des Skripts prüfen, z.B. mit *isset()*, um undefiniertes Verhalten oder den Anwender irritierende Fehlermeldungen zu vermeiden:

```
if (isset($eingabe) {
    echo "alles in Ordnung!";
} else {
    echo "Vorsicht!";
}
```

- *unset()*
  Mit *unset()* lässt sich eine bereits definierte Variable innerhalb eines Skripts löschen. Dabei wird die Variable selbst gelöscht – und nicht etwa nur ihr Inhalt auf *0*, einen Leerstring o.Ä. gesetzt. Nach *unset()* ist es so, als sei diese Variable noch nie benutzt worden:

  ```
  unset ($variable);
  unset ($var1, $var2, $var3) // mehrere auf einmal löschen
  ```

- *empty()*
  Ähnlich wie *isset()*, nur dass diese Funktion auch TRUE liefert, wenn die Variable zwar existiert, ihr Inhalt jedoch *0* oder ein Leerstring ist.

Typecasting

Sie können in PHP auch das aus Sprachen wie C bekannte Typecasting benutzen. Das ist immer dann sinnvoll, wenn für die implizite Typwandlung durch PHP keine eindeutigen Anhaltspunkte existieren. Für das Typecasting stellen Sie der zu konvertierenden Variablen den gewünschten Typ in Klammern voran:

```
$komma = (double)$ganzzahl;
```

oder:

```
$ganzzahl = (integer)$komma;
```

Folgende Casts sind möglich: *(integer)*, *(double)*, *(string)*, *(array)* und *(object)*.

3.3 Ausdrücke und Operatoren

Die Zuweisung von Werten zu Variablen, die Manipulation von Werten und ganz allgemein die meisten Anweisungen in Programmiersprachen bedienen sich so genannter „Operatoren". Das können einfache Rechenschritte wie Addition oder Multiplikation sein, aber auch Zuweisungen und Ähnliches. Dabei sind nicht alle Operatoren für alle Datentypen gleichermaßen verwendbar; manchmal unterscheiden sich auch die Auswirkungen eines Operators je nach dem zu manipulierenden Datentyp.

3.3.1 Ausdrücke

Ein Ausdruck ist in diesem Zusammenhang nicht etwa eine Seite Papier, die soeben aus dem Drucker kommt. In PHP (und anderen Programmiersprachen) sind Ausdrücke elementare Bausteine der Programmierung. Ein sehr einfacher Ausdruck ist z.B.:

```
42
```

Dies ist eine Integer-Konstante mit dem Wert *42*.
Ein anderer elementarer Ausdruck ist:

```
$a
```

Ein zusammengesetzter Ausdruck wäre:

```
$a = 42;
```

oder:

```
$a + $b;
```

Das erste Beispiel ist eine Zuweisung. Der Variablen *$a* wird der Wert *42* zugewiesen. Im zweiten Beispiel sind zwei elementare Ausdrücke (*$a* und *$b*) mittels eines Operators (+) zu einem zusammengesetzten Ausdruck verbunden.

Auch eine Funktion ist ein Ausdruck:

```
$a = isset ($variable);
```

Ganz allgemein ist ein Ausdruck eine Sprachkonstruktion, die einen bestimmten Wert besitzt (im letzten Beispiel TRUE oder FALSE). Dabei können einzelne Ausdrücke zu einem komplexeren Ausdruck zusammengesetzt werden.

3.3.2 Arithmetische Operatoren

Bei arithmetischen Operatoren handelt es sich um die einfachen Rechenoperationen, wie Sie sie bereits aus der Schule kennen, so z.B. die Addition. Zwei Ausdrücke werden durch das Pluszeichen verbunden und addiert:

```
$c = $a + $b;
```

In der Variablen *$c* befindet sich die Summe von *$a* und *$b*. Analog dazu funktionieren Subtraktion (*$c = $a - $b*), Multiplikation (*$c = $a * $b*), Division (*$c = $a / $b*) und Modulus (*$c = $a % $b*). Der Modulus ist eine Spezialform der Division, die nur den ganzzahligen Anteil des Ergebnisses beachtet:

```
$c = 26 % 3;
```

Das Ergebnis in *$c* ist 3, denn der Divisionsrest von 2 wird beim Bilden des Modulus nicht beachtet.

Liste der arithmetischen Operatoren

Addition	*$a + $b*
Subtraktion	*$a - $b*
Multiplikation	*$a * $b*
Division	*$a / $b*
Modulus	*$a % $b*

3.3.3 Zuweisungen

In den verschiedenen Beispielen haben Sie die Zuweisung bereits kennen gelernt:

```
$c = $a
```

Damit wird der Variablen *$c* der aktuelle Wert der Variablen *$a* zugewiesen.
Ähnlich funktioniert die Zuweisung einer Konstanten zu einer Variablen:

```
$a = 42;
```

Oder die Zuweisung eines komplexeren Ausdrucks:

```
$a = 22/7+27*83;
echo $a // Ausgabe: 2244.1428571429
```

Der zuzuweisende Ausdruck kann auch zum Wert der Variablen, der etwas zugewiesen werden soll, addiert werden:

```
$c += $a
```

Der Wert des Ausdrucks *$a* wird zum aktuellen Wert der Variablen *$c* addiert. Die Subtraktion, Multiplikation und Division erfolgen analog dazu:

```
$c -= $a;
$c *= $a;
$c /= $a
```

Bei der Division wird *$c* durch *$a* dividiert und das Ergebnis *$c* zugewiesen. Im nächsten Beispiel wird der Wert von *$c* ebenfalls durch *$a* dividiert, nur wird *$c* hier der Divisionsrest zugewiesen:

```
$c %= $a
```

Ähnliches können Sie auch mit Zeichenketten tun:

```
$c .= $a
```

Damit wird der Inhalt von *$a* an den aktuellen Inhalt von *$c* angehängt. Dies ist ein eleganter Weg, um Zeichenketten zu verbinden.

3.3.4 Inkrement und Dekrement

Die Zuweisungen können auch mit einer gleichzeitigen Erhöhung oder Verminderung der zuzuweisenden Variablen verbunden sein. Der Fachmann nennt dies Prä-Inkrement bzw. Post-Inkrement, falls hochgezählt wird und Prä-Dekrement bzw. Post-Dekrement, wenn heruntergezählt wird. Das nächste Beispiel ist ein Prä-Inkrement:

```
$a = 27;
$c = ++$a
```

Der Wert von *$a* wird zuerst um eins erhöht und dann *$c* zugewiesen. *$a* hat nun den Wert *28*, *$c* ebenso. Beim Post-Inkrement ist das etwas anders:

```
$a = 27;
$c = $a++
```

Hier wird zuerst *$c* der Wert von *$a* (*27*) zugewiesen, dann wird *$a* inkrementiert. In *$a* ist nun wie beim Prä-Inkrement der Wert *28* gespeichert, *$c* enthält jedoch jetzt den alten Wert von *$a*, da erst nach der Zuweisung hochgezählt wurde. Auf gleiche Weise funktioniert das Prä- bzw. Post-Dekrement:

```
$a = 27;
$c = --$a
```

In $c ist *26* gespeichert, in *$a* ebenfalls, da vor der Zuweisung dekrementiert wurde. Beim Post-Dekrement wird zuerst zugewiesen, dann heruntergezählt:

```
$a = 27;
$c = $a--
```

Dabei wird in *$c* der Wert *27* gespeichert, dann *$a* um eins vermindert, wonach die *26* in *$a* gespeichert ist.

3.3 Ausdrücke und Operatoren

Liste der Zuweisungsoperatoren

- *$c = $a*
  Normale Zuweisung, *$c* bekommt den Wert von *$a*.
- *$c += $a*
  Der Wert von *$a* wird zum Wert von *$c* addiert und das Ergebnis in *$c* gespeichert.
- *$c -= $a*
  Der Wert von *$a* wird vom Wert von *$c* subtrahiert und das Ergebnis in *$c* gespeichert.
- *$c *= $a*
  Der Wert von *$a* wird mit dem Wert von *$c* multipliziert und das Ergebnis in *$c* gespeichert.
- *$c /= $a*
  Der Wert von *$c* wird durch den Wert von *$a* dividiert und das Ergebnis *$c* zugewiesen.
- *$c % $a*
  Der Wert von *$c* wird durch den Wert von *$a* dividiert, und der Divisionsrest wird in *$c* gespeichert.
- *$c .= $a*
  Nur für Stringvariablen sinnvoll anwendbar. Der Inhalt von *$a* wird an den Inhalt von *$c* angehängt.
- *$c = ++$a*
  Prä-Inkrement. Der Wert von *$a* wird zuerst um eins erhöht (inkrementiert) und danach *$c* zugewiesen.
- *$c = $a++*
  Post-Inkrement. Der Wert von *$a* wird *$c* zugewiesen, danach wird *$a* inkrementiert.
- *$c = --$a*
  Prä-Dekrement. Der Wert von *$a* wird zuerst um eins heruntergezählt und danach *$c* zugewiesen.
- *$c = $a--*
  Post-Dekrement. Der Wert von *$a* wird *$c* zugewiesen, danach wird *$a* dekrementiert.

3.3.5 Bit-Operatoren

Manchmal ist es nötig, einzelne Bits einer Variablen (oder allgemein: eines Ausdrucks) zu manipulieren. Dafür stellt PHP die Bit-Operatoren bereit, die Integer-Ausdrücke zur Manipulation voraussetzen. Integer-Zahlen werden in PHP intern als (im Normalfall) 32-Bit-Zahlen gespeichert, deren einzelne Bits mit den folgenden Operatoren gezielt manipuliert werden können.

Die UND-Operation (AND) setzt im Ergebnis nur die Bits, die in beiden Operanden gesetzt sind. Der Operator für die UND-Operation ist naheliegenderweise das Und-Zeichen &, auch „Ampersand" genannt:

```
$c = 0x07 & 0x0A;
```

Das Ergebnis aus obiger Operation ist *0x02*. Wie dieses Resultat zu Stande kommt, wird deutlich, wenn Sie sich die Bitmuster der Operanden ansehen: Die Sedezimalzahl *0x07* (dezimal *7*) hat das Bitmuster *00000111*; der andere Operand, die Sedezimalzahl *0x0A* (dezimal *10*), hat das Bitmuster *00001010*. (Wir betrachten hier der Einfachheit halber nur die untersten acht Bits, da im Beispiel die höheren 24 Bits generell auf null gesetzt sind, denn die Bit-Operatoren arbeiten immer mit 32-Bit-Zahlen!) Wenn Sie die beiden Binärzahlen sowie das Ergebnis der Operation untereinander schreiben, erkennen Sie, warum das Ergebnis *0x02* lautet:

```
00000111

00001010

--------

00000010
```

Nur das zweite Bit von rechts mit der Wertigkeit *2* ist in beiden Operanden gesetzt; demzufolge ist auch nur dieses im Ergebnis gesetzt.

Die ODER-Operation (OR) setzt dagegen alle Bits, die in einem der beiden Operanden gesetzt sind:

```
$c = 0x07 | 0x0A;
```

3.3 Ausdrücke und Operatoren

Operator ist hier der senkrechte Strich, das Pipe-Symbol. Setzen Sie die Binärdarstellung der Operanden wieder untereinander:

```
00000111

00001010

- - - - - - -

00001111
```

Das Ergebnis ist demzufolge sedezimal *0F* oder dezimal *15*, da die rechten vier Bits gesetzt sind.

Die Exklusiv-Oder-Operation (XOR) bedient sich des Hütchens ^ als Operator:

```
$c = 0x07 ^ 0x0A;
```

Bei der XOR-Operation sind im Ergebnis nur diejenigen Bits gesetzt, die in nur einem der beiden Operanden gesetzt sind. Ist ein Bit in beiden Operanden gesetzt, wird es im Ergebnis gelöscht; Gleiches passiert, wenn ein Bit in keinem der beiden Operanden gesetzt ist:

```
00000111

00001010

- - - - - - - -

00001101
```

Diese Operation ergibt den sedezimalen Wert *0x0D*, was dezimal *13* entspricht.

Die Negation (NOT) verlangt nur einen Operanden und liefert ein Ergebnis, in dem jedes Bit des Operanden negiert wurde:

```
$c = ~ 0xA3
```

Hinweis:
Beachten Sie hier unbedingt, dass die Bit-Operatoren mit 32-Bit-Zahlen arbeiten. Übergeben Sie der Negation z.B. eine Zahl mit 8 Bit, sind die restlichen 24 Bit implizit auf null gesetzt. Nach der Negation jedoch sind diese Bits mit dem Wert 1 belegt, sodass Sie

nach der Übergabe von *11010010* an den Negationsoperator die Binärzahl *11111111111111111111111100101101* zurückbekommen! Zwar arbeiten prinzipiell auch die Bit-Operatoren UND, ODER und XOR mit 32-Bit-Zahlen, jedoch stören dort die führenden Nullen nicht, da sie im Ergebnis stets wieder zu null werden.

Für spezielle Zwecke können die Bits in den Integer-Variablen auch nach links und rechts verschoben werden; dies wird zwar selten benötigt, aber wer weiß – vielleicht braucht man es doch einmal. Mit der folgenden Operation:

```
$c = $a << $b;
```

werden alle Bits in *$a* um *$b* Bits nach links geschoben, und das Ergebnis wird in *$c* gespeichert. Analog dazu funktioniert das Rechtsschieben:

```
$c = $a >> $b
```

Hinweis:
Beachten Sie, dass Bits, die nach rechts oder links hinausgeschoben werden, verloren gehen. Ein Linksschieben kann ein vorangegangenes Rechtsschieben nicht ungeschehen machen, da „hereingeschobene" Bits generell auf null gesetzt werden!
Denken Sie auch daran, dass diese Operatoren ebenfalls generell mit 32-Bit-Zahlen arbeiten.

Liste der Bit-Operatoren

Bit-Operator	**Ausdruck**	**Erklärung**
Und (AND)	*$a & $b*	Im Ergebnis dieser Operation sind nur diejenigen Bits gesetzt, die in beiden Operanden gesetzt sind. Bits, die nur in einem der Operanden gesetzt sind, werden im Ergebnis der Operation auf null gesetzt, ebenso Bits, die in keinem der Operanden gesetzt sind.

3.3 Ausdrücke und Operatoren

Bit-Operator	Ausdruck	Erklärung
Oder (OR)	$a | $b	Im Ergebnis dieser Operation sind alle Bits gesetzt, die in einem oder beiden Operanden gesetzt sind. Nur Bits, die in keinem der Operanden gesetzt sind, werden im Ergebnis der Operation auf null gesetzt.
Exklusiv oder (XOR)	$a ^ $b	Im Ergebnis dieser Operation sind diejenigen Bits gesetzt, die in nur einem der Operanden gesetzt sind. Bits, die in beiden Operanden gesetzt sind, werden im Ergebnis der Operation gelöscht, Gleiches gilt für Bits, die in beiden Operanden null sind.
Negation (NOT)	~$a	Im Ergebnis sind alle Bitwerte des Operanden negiert. War ein Bit im Operanden gesetzt, ist es im Ergebnis gelöscht und umgekehrt.
Linksschieben	$a << $b	schiebt die einzelnen Bits in $a um $b Plätze nach links. Die Werte der Bits, die nach links herausgeschoben werden, gehen verloren; auf der rechten Seite werden generell Null-Bits eingefügt. Das Linksschieben um ein Bit entspricht einer Multiplikation mit 2.
Rechtsschieben	$a >> $b	schiebt die einzelnen Bits in $a um $b Plätze nach rechts. Die Werte der Bits, die nach rechts herausgeschoben werden, gehen verloren; auf der linken Seite werden generell Null-Bits eingefügt. Das Rechtsschieben um ein Bit entspricht einer Division durch 2.

3.3.6 Vergleichsoperatoren

Einen sehr großen Stellenwert haben Vergleiche. Spätestens dann, wenn eine IF-Konstruktion gebraucht wird, um anhand eines bestimmten Kriteriums eine Entscheidung zu treffen, ist eine Vergleichsoperation nötig. In PHP sind außer den üblichen Tests auf „gleich", „größer", „kleiner" usw. auch ein paar spezielle Operatoren implementiert (siehe dazu die Tabelle auf den folgenden Seiten).

Vergleichsausdrücke wie z.B. *$a* == *$b* liefern immer ein boolesches Ergebnis, sind also entweder wahr (TRUE) oder falsch (FALSE). So liefert obiger Ausdruck TRUE, wenn die Werte der Variablen *$a* und *$b* gleich sind, und FALSE, wenn sie unterschiedliche Werte besitzen. Sehr wichtig ist der Unterschied zwischen dem Test auf „gleich" und „identisch". Dazu ein Beispiel:

```
$a = 124; // Typ: Integer

$b = 124.0; // Typ: Double


if ($a == $b) {

    echo "Gleich!<br>\n";

}
```

Die Variable *$a* ist vom Typ Integer, *$b* Double. Der Wert in beiden Variablen ist offenbar gleich; das Testprogramm schreibt deshalb auch *Gleich!* aus. Setzen Sie dagegen den Vergleichsoperator === mit drei Gleichheitszeichen ein, wird nicht nur auf Gleichheit der Werte getestet, sondern auch, ob es sich um die gleichen Datentypen handelt. Das ist in obigem Beispiel nicht der Fall (*$a* ist Integer, *$b* Double), weswegen der Test auf Identität FALSE liefern würde. Der Test auf Identität ist sehr nützlich, wenn Sie den Rückgabewert einer Funktion testen müssen, um zu erkennen, ob die Funktion korrekt arbeiten konnte. Beispielsweise sucht die Funktion *strpos()* das Auftreten einer Zeichenkette in einer anderen Zeichenkette und liefert die Nummer des ersten Zeichens zurück, das auf die Suche passt. Findet sie die gesuchte Zeichenkette nicht, liefert die Funktion FALSE zurück.

3.3 Ausdrücke und Operatoren

Wie Sie sich erinnern, wird der boolesche Wert FALSE bei der Konvertierung in eine Zahl zu *0*. Das führt jedoch hier zu Problemen, denn Sie können mit dem Test auf Gleichheit nicht unterscheiden, ob die Funktion eine *0* zurückliefert, weil bereits das erste Zeichen der zu durchsuchenden Zeichenkette auf den Suchstring passt, oder ob die Funktion FALSE liefert, weil der Suchstring nicht gefunden wurde. Wenn Sie diesen Unterschied nicht beachten, haben Sie einen garstigen Fehler in Ihrem Skript, der Sie tagelang zum Narren hält, weil er nur manchmal auftritt und Sie ihn nicht finden. Im Folgenden wird das Problem an einem Beispiel erläutert. Auch wenn man so etwas nicht tun soll, wird hier zur Verdeutlichung zuerst die falsche Version angegeben:

```
//Dieses Beispiel ist falsch!
$such = "ein";
$kette = "Das ist nur ein Beispiel";
$pos = strpos($kette, "Da");
echo $pos."<br>\n";
if ($pos == false) { // Falsche Abfrage!
    echo "nicht gefunden!";
}
```

Dieses Prögrämmchen sucht im String *$kette* nach der Zeichenkette *ein* und liefert in *$pos* den Wert *8* zurück, da das *e* von *ein* der neunte Buchstabe in *$kette* ist (Sie erinnern sich: Die Zählung beginnt bei null). Ändern Sie nun *$such* in *Da*, und lassen Sie das Programm laufen: Als Ergebnis wird richtig *0* ausgegeben, weil sich die gesuchte Zeichenkette am Anfang von *$kette* befindet und bereits das nullte Zeichen trifft. Die IF-Abfrage erkennt jedoch Gleichheit (sie testet ja auch nur Gleichheit!) und gibt aus: *Nicht gefunden!* – ein fetter Programmierfehler.

Machen Sie nun aus dem absichtlich falschen Beispiel ein richtiges: Ändern Sie die Klausel in der IF-Abfrage auf drei Gleichheitszeichen, und lassen Sie das Programm nochmals laufen. Jetzt wird wieder die Null ausgegeben, aber diesmal schreibt das Programm kein *Nicht gefunden!* aus. Wenn Sie nun nach einer Zeichenkette suchen lassen, die nicht gefunden wird, bekommen Sie zwar mit *echo $pos* eine *0* ausgegeben, der Test in der IF-Klausel erkennt jedoch diesmal korrekt, dass die Funktion mit FALSE zurückkam.

Liste der Vergleichsoperatoren

Vergleichs-operator	Ausdruck	Erklärung
Gleich	$a == $b	Test auf gleiche Werte. Ist der Wert von *$a* gleich dem von *$b*, so ist der Ausdruck wahr (TRUE).
Ungleich	$a != $b	Test auf ungleiche Werte. Alternative Schreibweise: *$a <> $b*. Ist der Wert von *$a* ungleich dem von *$b*, ist der Ausdruck TRUE.
Identisch	$a === $b	Die Werte von *$a* und *$b* und deren Datentypen müssen gleich sein, damit der Ausdruck TRUE ergibt.
Nicht identisch	$a !== $b	Der Ausdruck ist TRUE, wenn die Werte von *$a* und *$b* und/oder deren Datentypen unterschiedlich sind.
Kleiner als	$a < $b	TRUE, wenn der Wert von *$a* kleiner ist als der von *$b*
Größer als	$a > $b	TRUE, wenn der Wert von *$a* größer ist als der von *$b*
Kleiner oder gleich	$a <= $b	TRUE, wenn der Wert von *$a* kleiner oder gleich dem Wert von *$b* ist
Größer oder gleich	$a >= $b	TRUE, wenn der Wert von *$a* größer oder gleich dem Wert von *$b* ist

3.3 Ausdrücke und Operatoren

Der dreifach konditionale Operator

Dieser Begriff hört sich kompliziert an, ist aber eine elegante Konstruktion, wenn es darum geht, abhängig vom Wahrheitsgehalt eines Ausdrucks entweder das eine oder das andere zu tun. Dies lohnt sich vor allem, wenn die Alternativen nur kurze Befehle beinhalten, wie z.B. eine Ausgabe mit *echo* o.Ä.

Angenommen, sie möchten testen, ob die Variable $a den Wert *42* hat. Wenn dies zutrifft, möchten Sie *keine Panik* ausgeben; wenn die Variable einen anderen Wert hat, soll dagegen *auch egal* ausgeschrieben werden. Mit dem dreifach konditionalen Operator sieht das Konstrukt so aus:

```
$a =42;

$ausschrift = ($a == 42) ? "keine Panik!" : "auch egal";

echo $ausschrift;
```

Oder in abstrakter Schreibweise: *(exp1) ? (exp2) : (exp3)*. Vor dem Fragezeichen steht der Vergleichsausdruck, hier *$a == 42*. ist der Ausdruck TRUE, wird der Ausdruck zwischen dem Fragezeichen und dem Doppelpunkt aktiv; ist der Ausdruck dagegen FALSE, wird der Ausdruck zwischen Doppelpunkt und Semikolon aktiv. Der jeweils aktive Ausdruck wird der Variablen vor dem Gleichheitszeichen zugewiesen. Noch ein Beispiel:

```
$ergebnis = ($x != $y) ? 124 : 237;
```

Ist *$x* ungleich *$y*, dann bekommt *$ergebnis* den Wert *124*. Sind *$x* und *$y* gleich, wird die Zahl *237* in *$ergebnis* gespeichert.

3.3.7 Boolesche Vergleichsoperationen

Die Booleschen Vergleichsoperatoren sehen auf den ersten Blick den Bit-Operatoren ähnlich. Allerdings geht es hier nicht um Bit-Manipulationen, sondern nur um Vergleichsausdrücke. Meist werden die Booleschen Operationen in IF-Konstrukten benutzt:

```
$a = TRUE;

$b = FALSE;
```

```
if ($a AND $b) {
    echo "beide wahr";
} else {
    echo "hoechstens eines wahr";
}
```

Hier wird getestet, ob die Ausdrücke $a und $b wahr sind; der Vergleichsausdruck ist somit *$a AND $b*. Dieser ist nur dann TRUE, wenn beide Ausdrücke (*$a* und *$b*) TRUE sind.

Testen Sie auf OR, also „oder", genügt es, wenn einer der beiden Ausdrücke wahr ist:

```
$a = 564.3;
unset($b);
if (isset($a) OR isset($b)) {
    echo "mindestens eine Variable existiert!";
} else {
    echo "keine Variable existiert!";
}
```

Im Beispiel würde der Vergleich TRUE ergeben, denn die Variable *$a* wurde bereits definiert. Wenn Sie das Beispiel so ändern, dass Sie *$a* mit *unset()* explizit löschen (Sie löschen damit die Existenz der Variablen, nicht nur deren Inhalt!), wäre der Vergleich FALSE.

Liste der Booleschen Operatoren

- *$a and $b*
  Und-Operator. Beide Ausdrücke müssen wahr sein.
- *$a or $b*
  Oder-Operator. Liefert TRUE, wenn einer oder beide Ausdrücke wahr ist.

- *$a xor $b*
  Exklusiv-Oder-Operator. Nur einer der beiden Ausdrücke darf TRUE sein, damit das Ergebnis des Vergleichs TRUE ist. Sind beide Ausdrücke wahr oder beide falsch, dann ist das Vergleichsergebnis FALSE.
- *! $a*
  Negation (NOT). Der Vergleich ist nur dann wahr, wenn der Ausdruck FALSE ist und umgekehrt.
- *$a && $b*
  funktioniert analog zum Und-Operator, besitzt allerdings eine höhere Priorität bei der Abarbeitung geschachtelter Vergleiche.
- *$a || $b*
  funktioniert analog zum Oder-Operator, besitzt allerdings eine höhere Priorität bei der Abarbeitung geschachtelter Vergleiche.

3.3.8 Rangfolge der Operatoren

Die einzelnen Operatoren besitzen eine unterschiedliche Rangfolge, sozusagen eine unterschiedliche Wichtigkeit. So ist z.B. das Ergebnis des Ausdrucks *13*56+35/5* nicht *152,6* sondern *735*, da (wie bereits erwähnt) auch in PHP gilt: „Punktrechnung geht vor Strichrechnung", wie man es noch aus der Schule kennt. Nur formuliert man heute: „Multiplikations- und Divisionsoperator haben eine höhere Priorität als der Additionsoperator". Nun gibt es in PHP ein paar mehr Operatoren als nur die für die Grundrechenarten; deshalb ist die Liste mit der Rangfolge auch etwas länger. Die Begriffe „links", „rechts" oder „nicht assoziativ" kennzeichnen dabei, ob sich der Operator auf den links von ihm oder den rechts von ihm stehenden Operanden bezieht. Operatoren, die in der gleichen Zeile stehen, sind von gleicher Priorität.

Das Verständnis der unterschiedlichen Rangfolge der Operatoren ist wichtig, um in zusammengesetzten Ausdrücken die korrekten Ergebnisse zu bekommen. Wollen Sie eine bestimmte Rangfolge der Operatoren erzwingen, bedienen Sie sich der runden Klammern, genauso wie in der Mathematik.

1	nicht assoziativ	new
2	rechts	[
3	rechts	! ~ ++ -- (int) (double) (string) (array) (object) @
4	links	* / %
5	links	+ - .
6	links	<< >>
7	nicht assoziativ	< <= > =>
8	nicht assoziativ	== != ===
9	links	&
10	links	^
11	links	|
12	links	&&
13	links	||
14	links	? :
15	links	= += -= *= /= .= %= &= |= ^= ~= <<= >>=
16	rechts	print
17	links	and
18	links	xor
19	links	or
20	links	,

3.4 Kontrollstrukturen

Jede Programmiersprache benötigt Konstrukte, die bestimmte Dinge abfragen und je nach dem Ergebnis unterschiedliche Aktionen einleiten. Häufig werden auch Schleifen benötigt, die ein Codestück mehrmals abarbeiten. Das sind die Kontrollstrukturen.

3.4.1 If und Else

In den diversen Beispielen zu Operatoren und Datentypen haben Sie die If-Konstruktion bereits kennen gelernt: Sie untersuchen damit einen Ausdruck darauf, ob er wahr oder falsch ist, und abhängig vom Ergebnis werden bestimmte Programmanweisungen ausgeführt. Für If-Konstrukte sind mehrere verschiedene Schreibweisen erlaubt. Zuerst die einfachste:

```
if ($x == $y)
    echo "beide sind gleich!";
```

Diese vereinfachte Notation bietet sich an, wenn nur eine einzige Anweisung abhängig vom Wahrheitsgehalt der If-Klausel ausgeführt werden soll – hier die Ausgabe mit *echo()*. Sind *$x* und *$y* gleich, wird der Text ausgegeben; sind die Variablen nicht gleich – der Ausdruck ist FALSE – passiert überhaupt nichts. Sollen mehrere Anweisungen innerhalb der If-Konstruktion ausgeführt werden, ist die „richtige" Schreibweise nötig:

```
if ($x == $y) {
    echo "beide sind gleich!";
    $a = 2 * $b;
}
```

Falls *$x* und *$y* gleich sind, wird alles zwischen den geschweiften Klammern ausgeführt; ist der Vergleichsausdruck unwahr, wird der Teil zwischen den geschweiften Klammern übersprungen.

Manchmal möchte man eine Reihe von Anweisungen ausführen, wenn ein Vergleichsausdruck wahr ist, und eine andere Reihe von Anweisungen, wenn der Vergleich FALSE liefert. Hierfür können Sie das If-Konstrukt mit einer Else-Klausel erweitern:

```
if ($x == $y) {
    echo "beide sind gleich!";
    $a = 2 * $b;
```

```
} else {
    echo "sind unterschiedlich!";
    $a = 3 * $b;
}
```

Falls der Vergleich ($x == y) TRUE ergibt, wird der Teil zwischen *if* und *else* ausgeführt; bei FALSE kommt der Teil zwischen *else* und der schließenden geschweiften Klammer zur Ausführung. Beachten Sie bei den Beispielen, dass die Anweisungsblöcke zwischen *if* und *else* und zwischen *else* und dem Ende der If-Konstruktion um zwei Zeichen eingerückt sind. Sie sollten sich das für Ihre Skripts ebenfalls angewöhnen, denn die Einrückungen erhöhen die Lesbarkeit und Übersichtlichkeit des Codes enorm, sehen Sie doch jederzeit, wo eine Sprachkonstruktion anfängt und aufhört. Die If-Konstruktion kann noch um eine Elseif-Klausel erweitert werden. Das ist dann notwendig, wenn Sie für den Fall, dass der Testausdruck FALSE liefert, noch einen zweiten Test auswerten möchten:

```
if ($x > $y) {
    echo "X ist groesser als Y!";
} elseif ($x == $y) {
    echo "X ist gleich Y!";
} else {
    echo "X ist kleiner als Y";
}
```

In der ersten Zeile wird getestet, ob x größer als y ist. In diesem Falle würde die Meldung *X ist groesser als Y* ausgeschrieben. Liefert der Vergleich jedoch FALSE, kommt der Vergleich in Zeile drei – die Elseif-Klausel – zur Ausführung. Je nach deren Ergebnis wird dann der Abschnitt zwischen *elseif* und *else* (TRUE) oder zwischen *else* und der schließenden geschweiften Klammer (FALSE) ausge-

3.4 Kontrollstrukturen

führt. Sie können auch mehrere Elseif-Klauseln innerhalb eines If-Konstrukts verwenden:

```
$a = 4;
if ($a == 1) {
    echo "eins";
} elseif ($a == 2) {
    echo "zwei";
} elseif ($a == 3) {
    echo "drei";
} elseif ($a == 4) {
    echo "vier";
}
```

Dieses Beispiel funktioniert zwar tadellos, ist allerdings nicht besonders elegant, denn je mehr verschiedene Fälle behandelt werden müssen, umso unübersichtlicher wird die Konstruktion. Da derartige Abfragen jedoch häufiger vorkommen, hat man auch in PHP die Switch-Konstruktion eingebaut, wie sie z.B. aus der Programmiersprache C bekannt ist.

3.4.2 Switch und Break

Das unelegante letzte Beispiel aus dem letzten Abschnitt (3.4.1) zur If-Konstruktion ist ein Paradebeispiel für ein Switch-Konstrukt. Hier die Umsetzung:

```
$a = 2;
switch ($a) {
    case 1:
        echo "eins";
        break;
```

```
    case 2:
        echo "zwei";
        break;
    case 3:
        echo "drei";
        break;
    case 4:
        echo "vier";
        break;
}
```

Eingeleitet wird das Konstrukt mit *switch* und dem in Klammern gesetzten Ausdruck. Abhängig von dessen Wert werden die einzelnen Case-Abschnitte ausgeführt. Im konkreten Beispiel wird der Ausdruck *$a* ausgewertet und mit den einzelnen Case-Klauseln verglichen. Die erste Klausel *case 1* trifft offenbar nicht zu und wird deshalb übersprungen. Die nächste passt bereits, da *$a == 2* ist, und demzufolge wird die Echo-Anweisung ausgeführt, die *zwei* ausschreibt. Wichtig ist dabei die Break-Anweisung nach dem *echo()*: Sie sorgt dafür, dass die Switch-Konstruktion abgebrochen wird. Wenn Sie einmal sämtliche Breaks entfernen und das Beispiel laufen lassen, werden Sie feststellen, dass plötzlich alle Case-Klauseln ab der zutreffenden ausgeführt werden. Als Ausschrift ist dann *zweidreivier* zu lesen. Manchmal ist das ja sogar beabsichtigt, meistens jedoch nicht. Vergessen Sie also nicht die Breaks innerhalb der Case-Klauseln!

Wie Sie sicher bereits bemerkt haben, weist das obige Programmbeispiel einen unter Umständen gefährlichen Fehler auf: Solange sich die Werte der Variablen zwischen 1 und 4 bewegen, funktioniert alles wie geplant. Andere – unerwartete – Werte jedoch werden ignoriert; es würde in diesem Falle keine der Klauseln innerhalb des Switch-Konstrukts ausgeführt. Das ist ein sehr beliebter Anfänger-

3.4 Kontrollstrukturen

fehler: Man erwartet eine bestimmte Anzahl von unterschiedlichen Werten in einer Variablen und vergisst eventuelle unerwartete Werte korrekt zu behandeln. Für solche Zwecke existiert die Default-Klausel innerhalb der Switch-Konstruktion. Sie kommt immer dann zur Ausführung, wenn keine der notierten Case-Klauseln zutrifft:

```
switch ($a){
    case "a":
        echo "Buchstabe a";
        break;
    case "b":
        echo "Buchstabe b";
        break;
    case "c":
        echo "Buchstabe c";
        break;
    case "d":
        echo "Buchstabe d";
        break;
    default:
        echo "unerwarteter Buchstabe in Variable a!";
}
```

Wie Sie sehen, können Sie nicht nur Zahlenwerte, sondern auch die Inhalte von Stringvariablen innerhalb von Switch-Konstrukten auswerten.

Hinweis:
Übrigens sollten Sie sich hüten, die If- und Switch-Konstrukte als „Schleifen" zu bezeichnen – es sind nämlich keine. Sollte Ihnen doch

einmal das Wort „If-Schleife" entfahren, dürfen Sie sich glücklich schätzen, wenn kein anderer Programmierer in Hörweite ist. Falls doch, müssen Sie sich darauf gefasst machen, dass kübelweise Spott und Häme über Sie ausgegossen wird. Echte Programmierer verzeihen nichts!

3.4.3 While und Do while

Die While-Konstruktion ist im Gegensatz zu *if* und *switch* tatsächlich ein Schleifenkonstrukt. Angenommen, Sie möchten einen Abschnitt Ihres Skripts wiederholt ausführen, so lange, bis ein bestimmter Fall eingetreten ist. Das kann z.B. so aussehen:

```
$i = 7;
while ($i <= 42) {
    $i = mache_was($i);
    echo $i."<br>\n";
}
```

Zuerst wird der Variablen *$i* der Wert *7* zugewiesen. In der zweiten Zeile wird die While-Schleife mit dem Schlüsselwort *while* und dem Abbruchkriterium eingeleitet. In den Zeilen drei und vier ist der Schleifeninhalt zu finden, also die Anweisungen, welche innerhalb der Schleife für jeden Durchlauf einmal ausgeführt werden. Im Beispiel wird somit innerhalb der Schleife zuerst getestet, ob *$i* kleiner oder gleich *42* ist. Wenn der Vergleich FALSE ergibt, wird die Schleife abgebrochen und der Programmlauf nach der schließenden Klammer der While-Schleife fortgesetzt. Doch solange der Vergleich TRUE ergibt, werden die beiden Anweisungen in Zeile drei und vier ausgeführt; danach springt der Programmlauf wieder zurück zum Vergleichsausdruck. Dieser wird erneut geprüft und je nach Ergebnis des Ausdrucks die Schleife abgebrochen oder nochmals ausgeführt usw.

Eine Abwandlung der normalen While-Schleife ist die Do-While-Schleife. Diese Schleife funktioniert ähnlich wie While, nur dass hier der Test auf das Abbruchkriterium am Ende der Schleife statt

3.4 Kontrollstrukturen

am Anfang erfolgt. Der Unterschied ist durchaus bedeutend, denn während eine normale While-Schleife nicht ein einziges Mal durchlaufen wird, wenn das Abbruchkriterium bereits beim ersten Eintritt in die Schleife zutrifft, wird die Do-While-Schleife immer wenigstens einmal durchlaufen, da der Test ja erst am Schleifenende stattfindet:

```
$i = 1;
do {
    echo $i++." ";
} while ($i < 10);
echo "<br>".$i;
```

Hier wird zuerst *$i* auf *1* gesetzt. Dann beginnt die Schleife, innerhalb derer der Inhalt der Variablen ausgegeben wird. Da im Echo-Befehl ein Postinkrement zu erkennen ist, wird die Variable nach der Ausgabe um eins hochgezählt. In der letzten Zeile schließlich wird getestet, ob *$i* kleiner als *10* ist. Ist dies nicht der Fall, wird die Schleife beendet und noch ein letztes Mal der Inhalt von *$i* ausgegeben. Das obige Beispiel liefert folgende Ausgabe:

```
1 2 3 4 5 6 7 8 9
10
```

Das folgende Beispiel tut scheinbar das Gleiche, nur mit der normalen While-Konstruktion:

```
$i = 1;
while ($i < 10) {
    echo $i++." ";
}
echo "<br>".$i;
```

Nun ändern Sie den Startwert von *$i* in der ersten Zeile auf *10* und lassen die beiden Beispiele nochmals laufen. Die While-Schleife liefert die Ausgabe:

```
(Leerzeile)

10
```

wohingegen die Do-While-Schleife Folgendes ausschreibt:

```
10

11
```

Genau da liegt der Unterschied zwischen den beiden Schleifenarten: Wenn das Abbruchkriterium erst nach mindestens einem Schleifendurchlauf erreicht wird, gibt es keinen Unterschied zwischen While und Do-While. Ist jedoch das Abbruchkriterium schon vor dem ersten Durchlauf erfüllt, läuft die Do-While-Schleife wenigstens einmal und ändert dementsprechend auch den Inhalt der Variable *$i*. Vergessen Sie bei der Programmierung nie diesen feinen, aber gemeinen Unterschied, sonst erzeugen Sie seltsame Fehler, die nur manchmal auftreten und schwer zu finden sind!

3.4.4 For und Foreach

Bei der Vorstellung der While-Schleife wird im zweiten Beispiel eine Variable *$i* mit einem Startwert versehen und dann in jedem Schleifendurchlauf inkrementiert. Dieser Fall der Schleifen ist so häufig, dass es dafür in Gestalt der For-Schleife eine spezielle Konstruktion gibt.

Mit der For-Konstruktion sieht das angeführte While-Beispiel wie folgt aus:

```php
for ($i = 1; $i < 10; $i++) {
    echo $i." ";
}
echo "<br>".$i;
```

3.4 Kontrollstrukturen

Die Ausgabe des Programms ist identisch zum While-Beispiel:

```
1 2 3 4 5 6 7 8 9
10
```

Sie sehen, dass im Grunde die komplette Definition der Schleife in der ersten Zeile geschieht. Innerhalb der Klammer nach dem Schlüsselwort *for* sind drei durch Semikola getrennte Abschnitte zu sehen: Zuerst die Definition der Variablen *$i* (der so genannte „Iterator") und der Zuweisung ihres Startwerts. Dieser Teil wird logischerweise nur beim ersten Eintritt in die Schleife ausgeführt. Nach dem ersten Semikolon folgt das Abbruchkriterium; nach einem zweiten Semikolon folgt das Inkrement. Diese zwei Teile werden bei jedem Schleifendurchgang ausgeführt.

Die Schleife startet also mit dem Startwert *1* des Iterators und prüft sofort das Abbruchkriterium. Ist dieses erfüllt, wird die Schleife abgebrochen, und das Skript wird nach der schließenden geschweiften Klammer weiter ausgeführt. In diesem Fall wird auch der Iterator nicht inkrementiert.

Ist dagegen das Abbruchkriterium beim ersten Schleifendurchlauf noch nicht erfüllt, wird der Schleifeninhalt (hier nur der Echo-Befehl) ausgeführt, wieder zum Schleifenanfang gesprungen, das Inkrement ausgeführt und das Abbruchkriterium getestet.

In einer For-Schleife können Sie natürlich auch mit anderen Startwerten als *1* arbeiten. Auch muss der Iterator nicht *$i* heißen, wenngleich sich das so eingebürgert hat, und auch das Inkrement muss nicht bei jedem Schleifendurchgang um eins hochzählen. Sie können die Schleife z.B. auch bei *10* anfangen lassen und bei jedem Durchlauf eins herunterzählen:

```
for ($i = 10; $i > 0; $i--) {
```

Das Inkrement kann auch anders aussehen:

```
for ($i = 10; $i > 0; $i = $i - 2) {
```

Hier wird in Zweierschritten heruntergezählt.

Hinweis:
Überlegen Sie bei der Schleifenprogrammierung genau, ob Sie z.B. auf *$i < 10* testen wollen oder lieber auf *$i <= 10*. Auch hier besteht ein kleiner, aber feiner Unterschied, der sich bei Nichtbeachtung gerne rächt. Sie sollten auch darauf achten, dass das Abbruchkriterium irgendwann – nach einer endlichen Anzahl Durchläufen – erreicht wird. Ansonsten bekommen Sie eine Endlosschleife, und irgendwann meldet Ihnen – bzw. dem Besucher Ihrer Website – der PHP-Interpreter einen Timeout-Fehler.

Für die Arbeit mit Arrays gibt es die spezielle Foreach-Konstruktion. Diese Schleife ist sehr nützlich, wenn Sie nacheinander alle Elemente eines Arrays manipulieren oder auch nur ausgeben möchten. Hier noch einmal das Beispiel aus dem Abschnitt 3.2.11:

```
$freunde = array(
    "Jimmy",
    "Charly",
    "Anton",
    "Detlev",
    "Tanja",
    "Birgit",
    "Peter",
    "Guido"
);
// Alle Elemente der Reihe nach ausgeben
foreach ($freunde as $namen) {
    echo "Name: ".$namen."<br>\n";
}
```

Das Beispiel gibt alle Namen des Arrays untereinander aus. Interessant ist hier die Zeile mit der Schleifendefinition:

```
foreach ($freunde as $namen) {
```

Weder ein Inkrement noch ein Abbruchkriterium ist hier notiert, da der Schleifenablauf ohnehin klar ist: „Fange beim ersten Element an, zähle bei jedem Schleifenlauf den Array-Zähler um eins hoch und beende die Schleife, wenn das letzte Element an der Reihe war. Wichtig ist jedoch die Notation innerhalb der Klammer:

```
($array_name as $variable)
```

Unter *$array_name* spezifizieren Sie das zu verwendende Array, und unter *$variable* können Sie die Werte der Array-Elemente innerhalb der Schleife referenzieren.

3.4.5 Continue

Innerhalb von Schleifen jeglicher Art kann es unter Umständen vorkommen, dass man unabhängig vom eigentlichen Abbruchkriterium die weitere Abarbeitung der Schleife und vor allem weitere Schleifendurchläufe verhindern muss. Mit dem Befehl *continue* können Sie genau dies erreichen. Sie können sogar aus mehreren verschachtelten Schleifen zugleich herausspringen, indem Sie hinter dem Befehl eine Ordnungszahl angeben, die angibt, wie viele Schleifenebenen Sie verlassen möchten.

In den allermeisten Fällen ist die Verwendung von *continue* schlechter Programmierstil. Es gibt tatsächlich nur wenige Fälle, in denen mit *continue* eine komplizierte If- oder Schleifenkonstruktion vermieden werden muss. Meistens können Sie durch geeignete Wahl der Schleifenkonstrukte (While oder Do-While) und vor allem durch geeignete Wahl der Abbruchkriterien den Einsatz des Continue-Panikknopfes vermeiden.

3.5 Funktionen

Während Sie die bisher beschriebenen Programmbeispiele ausprobierten, haben Sie die in PHP eingebauten Funktionen bereits benutzt. Außer den eingebauten Funktionen können Sie auch selbst erstellte Funktionen benutzen.

3.5.1 In PHP eingebaute Funktionen

Ganz allgemein ist eine Funktion in PHP ein Programmteil, der eine bestimmte Aufgabe löst. Dafür bekommt die Funktion einen oder mehrere Eingabewerte – Argumente oder Parameter genannt – übergeben und liefert nach der Bearbeitung der Eingaben einen Rückgabewert mit dem Ergebnis der Berechnung zurück:

```
$a = 0.7;
$ergebnis = sin ($a);
```

Die Funktion *sin()* berechnet den Sinus einer Zahl. Sie verlangt einen Eingabeparameter (hier *$a*) und liefert ein Ergebnis (in diesem Fall *$ergebnis*) zurück. Die Argumente werden dabei immer in Klammern hinter dem Funktionsnamen übergeben und – falls mehrere Argumente übergeben werden – durch Kommas voneinander getrennt. Der Rückgabewert, also das Ergebnis der Berechnung, kann als normale Zuweisung in einer Variablen gespeichert werden, denn eine Funktion ist gleichzeitig auch ein Ausdruck. Je nach Art der Funktion kann der Rückgabewert eine Integer- oder Double-Zahl sein oder auch ein komplettes Array; es kann jedoch immer nur einen Rückgabewert geben. Sie müssen also gegebenenfalls mehrere gewünschte skalare Rückgabewerte in einem Array als Rückgabewert verpacken.

3.5.2 Eigene Funktionen

Die Definition eigener Funktionen ist immer dann sinnvoll, wenn Sie ein bestimmtes Problem mehrfach lösen müssen. Sie schreiben sich eine Funktion, welche die Aufgabe löst, und rufen sie innerhalb Ihres Skripts an den gewünschten Stellen mit den jeweils aktuellen

Parametern auf. Die Definition eigener Funktionen geschieht wie folgt:

```
//Deklaration der Funktion
function addiere ($add_a, $add_b) {
    $ergebnis = $add_a + $add_b;
    return $ergebnis;
}
// Benutzung der Funktion
echo addiere (5, 7);
```

Diese nicht sehr originelle Selbstbaufunktion addiert die zwei Eingabewerte und liefert das Ergebnis der Addition zurück. Die Deklaration einer Funktion beginnt immer mit dem Schlüsselwort *function*, gefolgt vom Namen der Funktion und – in Klammern – den Eingabevariablen. Der Programmcode der Funktion wird in geschweifte Klammern eingeschlossen. Eigene Funktionen werden genauso benutzt wie die vordefinierten (siehe letzte Zeile des Beispiels).

Bis PHP-Version 3 mussten Funktionen prinzipiell vor ihrer ersten Benutzung deklariert werden; die Deklaration musste also im Quelltext möglichst weit oben stehen. Seit PHP4 dürfen Sie die Funktionsdeklaration auch an den Schluss des Quelltextes stellen. Allerdings ist es üblich und auch besserer Programmierstil, die Deklaration am Beginn des Quelltextes zu belassen.

3.5.3 Gültigkeit von Variablen in Funktionen

In obigem Programmbeispiel (Abschnitt 3.5.2) haben Sie die Variablen *$add_a* und *$add_b* für Rechenvorgänge innerhalb der Funktion benutzt. Diese Variablen sind nur innerhalb der Funktion existent, von „außen" sind sie nicht zu sehen, wie das folgende schlechte Beispiel illustriert. Schlecht ist das Beispiel deshalb, weil Sie für Variablen innerhalb von Funktionen der Übersichtlichkeit halber eindeutige Variablennamen verwenden sollten, die außerhalb der Funktion ganz sicher nicht vorkommen. Es bietet sich an, den Namen der Funktion im Variablennamen mitzubenutzen, z.B. durch einen Unterstrich vom eigentlichen Namen getrennt – ähnlich wie innerhalb der Funktion im folgenden schlechten Beispiel:

```
// schlechtes Beispiel!
function addiere ($add_a, $add_b) {
    $ergebnis = $add_a + $add_b;
    return $ergebnis;
}
$add_a = 27;
echo $add_a." ";
echo addiere (5, 7)." ";
echo $add_a;
```

Hier ist eine Variable mit gleichem Namen sowohl innerhalb als auch außerhalb der Funktion benutzt worden. Trotz gleichen Namens sind dies zwei verschiedene Variablen, wie die Kontrollausgaben des Programmbeispiels zeigen:

```
27 12 27
```

Die Variable *$add_a* hat vor der Benutzung der Funktion den Wert 27 und nach Aufruf der Funktion immer noch den gleichen Wert, obwohl innerhalb der Funktion eine Variable mit gleichem Namen den Wert 5 zugewiesen bekam! Sollte es aus irgend einem Grund nötig sein, innerhalb einer Funktion auf Variablen von außerhalb zuzugreifen, können Sie dies mit der Deklaration als *globale* Variable erreichen:

```
function addiere ($add_b) {
    global $add_a;
    $ergebnis = $add_a + $add_b;
```

```
    return $ergebnis;
}
$add_a = 27;
echo $add_a."<br>\n";
echo addiere (7)."<br>\n";
echo $add_a;
```

Die Funktion hat jetzt nur noch ein Argument und arbeitet mit der als global deklarierten Variablen als zweitem Argument. Die Kontrollausgaben des Beispiels sehen deshalb jetzt so aus:

```
27 34 27
```

Mit der Deklaration als global können Sie Variablen, die außerhalb von Funktionen verwendet wurden, auch innerhalb sichtbar machen. Den umgekehrten Weg gehen Sie mit der Deklaration einer Variable als *statisch*: Die innerhalb einer Funktion benutzte Variable ist dann auch über mehrere Aufrufe der Funktion definiert und mit dem gleichen Wert versehen wie beim Verlassen des vorherigen Funktionsaufrufs. Die Variable kann also innerhalb der Funktion weiter benutzt werden und wird nicht jedes Mal beim Eintritt in die Funktion neu initialisiert:

```
function staticdemo () {
    static $stdemo_b= 0;
    $ergebnis = $stdemo_b++;
    return $ergebnis;
}
echo staticdemo ()." ";
echo staticdemo ()." ";
echo staticdemo ()." ";
```

Bei jedem Aufruf der Funktion wird die Variable *$stdemo_b* inkrementiert. Da sie als statisch deklariert wurde, liefert das Programm diese Ausgabe:

```
0 1 2
```

Hinweis:
Die Arbeit mit globalen und statischen Variablen ist eine gefährliche Sache. Zumindest in längeren Skripts kann es passieren, dass Sie den Überblick verlieren und merkwürdige Fehler bekommen, weil Sie eine Variable geändert haben, die auch dort zu sehen ist, wo sie eigentlich nicht zu sehen sein sollte: innerhalb von Funktionen oder über mehrere Funktionsaufrufe hinweg. Benutzen Sie also die globalen und statischen Variablen nur dann, wenn es gar nicht anders geht, und achten Sie ansonsten auf eine möglichst eindeutige Benennung der Variablen, wie weiter oben bereits angemerkt.

3.5.4 Liste der wichtigsten mathematischen Funktionen

Winkelfunktionen

- *$ergebnis = acos ($x);*
  Arcus Cosinus
- *$ergebnis = asin ($x);*
  Arcus Sinus
- *$ergebnis = atan ($x);*
  Arcus Tangens
- *$ergebnis = atan2 ($x, $y);*
  Arcus Tangens Hyperbolicus
- *$ergebnis = cos ($x);*
  Cosinus
- *$ergebnis = sin ($x);*
  Sinus
- *$ergebnis = tan ($x);*
  Tangens

3.5 Funktionen

Konvertierungen

- *$ergebnis = bindec ($x);*
  konvertiert Binärzahlen in Dezimalzahlen:

  ```
  echo bindec (101100111);
  ```

  Ausgabe: *359*

- *$ergebnis = decbin ($x);*
  konvertiert Dezimalzahlen in Binärzahlen:

  ```
  echo decbin (743);
  ```

  Ausgabe: *101110 0111*

- *$ergebnis = dechex ($x);*
  konvertiert Dezimalzahlen in Sedezimalzahlen:

  ```
  echo dechex (586);
  ```

  Ausgabe: *24a*

- *$ergebnis = decoct ($x);*
  konvertiert Dezimalzahlen in Oktalzahlen:

  ```
  echo decokt (29);
  ```

  Ausgabe: *35*

- *$ergebnis = deg2rad ($x);*
  konvertiert Gradangaben in Radianten.

- *$ergebnis = hexdec ($x);*
  konvertiert Sedezimalzahlen in Dezimalzahlen:

  ```
  echo (0xFC2A);
  ```

  Ausgabe: *410964*

- *$ergebnis = octdec ($x);*
  konvertiert Oktalzahlen in Dezimalzahlen.

- *$ergebnis = rad2deg ($x);*
  konvertiert Radianten in Gradangaben.

Rundung und Ähnliches

- *$ergebnis = abs ($x);*
  Absoluter Betrag
- *$ergebnis = ceil ($x);*
  rundet auf zur nächsthöheren Ganzzahl.
- *$ergebnis = floor ($x);*
  rundet ab zur nächstniedrigeren Ganzzahl.
- *$ergebnis = max ($a, $b, $c, ...);*
  liefert den höchsten Wert einer übergebenen Argumentenliste.
- *$ergebnis = min ($a, $b, $c, ...);*
  liefert den niedrigsten Wert einer übergebenen Argumentenliste.
- *$ergebnis = round ($x);*
  rundet eine Gleitkommazahl nach den üblichen Rundungsregeln.

Sonstige

- *$ergebnis = exp ($x);*
  Potenz zur Basis e
- *$ergebnis = log ($x);*
  Natürlicher Logarithmus
- *$ergebnis = log10 ($x);*
  Logarithmus zur Basis 10
- *$ergebnis = pi ($x);*
  liefert den Wert von Pi.
- *$ergebnis = pow ($x, $y);*
  Potenz y zur Basis x, x^y
- *$ergebnis = sqrt ($x);*
  bildet die Quadratwurzel.

Zufallszahlen

- *$ergebnis = getrandmax;*
  liefert die größtmögliche von der Funktion *rand()* erzeugbare Zufallszahl:

```
echo getrandmax();
```

Ausgabe: *2147483647*. Die Ausgabe gilt für Maschinen, deren Integer-Zahlen 32 Bit breit sind.

3.5 Funktionen

- *$zufall = rand ();*
  gibt eine Zufallszahl zwischen *0* und dem mit *getrandmax()* ermittelten maschinenabhängigen Maximum.
- *$zufall = rand ($minimal, $maximal);*
  gibt eine Zufallszahl zurück, deren Wert zwischen *$minimal* und *$maximal* liegt.
- *srand ($seed);*
  initialisiert den Zufallszahlengenerator.
- *$ergebnis = mt_getrandmax,*
  $zufall = mt_rand
  mt_srand ();
  Analog zu *rand()*, *srand()* und *getrandmax()*. Allerdings werden hier statt der Zufallszahlenfunktionen des Betriebssystems eigene PHP-Routinen verwendet, die sich des so genannten „Mersenne-Twisters" bedienen. Das Ergebnis dieser Zufallsroutinen ist „zufälliger" als die Ergebnisse der Betriebssystemroutinen.

Anmerkung zu Zufallszahlen

Vor der Verwendung von *rand()* zur Erzeugung einer Zufallszahl müssen Sie unbedingt den Zufallszahlengenerator mit *srand()* initialisieren. Die an *srand()* übergebene Zahl sollte so gewählt werden, dass die Wahrscheinlichkeit möglichst gering ist, dass bei einem erneuten Initialisieren die gleiche Zahl benutzt wird. Hierfür bietet sich der systemeigene Zeitstempel an, da es unwahrscheinlich ist, dass bei zwei aufeinander folgenden Skriptläufen exakt die gleiche Systemzeit aktuell ist. Hintergrund ist, dass die per Software realisierten Zufallszahlengeneratoren nur Pseudozufallszahlen mittels mathematischer Formeln generieren. Die Zufälligkeit dieser Zahlen hängt von der Initialisierung des Generators ab. Verwenden Sie eine konstante Zahl für die Initialisierung, werden Sie von *rand()* ständig die gleichen Zahlen bekommen. Damit ist die Bezeichnung „Zufall" nicht mehr zutreffend:

```
srand(1234);
echo rand(3,9);
```

Sie können dieses Skript noch so oft laufen lassen – Sie bekommen immer die gleiche „Zufallszahl". Deshalb ist die Verwendung der Systemzeit zur Initialisierung eine gute Idee:

```
srand ((double)microtime()*1000000);
$zufall = rand (3, 9);
```

Dieses Skript liefert Ihnen tatsächlich Zahlen, die für die meisten Anwendungen zufällig genug sind. Verwenden Sie zum Initialisieren am besten exakt die obige Formel. Beachten Sie auch, dass Sie den Generator nur einmal pro Skript initialisieren dürfen!

4. Wie man an ein Projekt herangeht

Während Sie in vielen einsteigertauglichen Büchern zu den diversen Programmiersprachen die Sprache selbst erschöpfend erklärt finden, werden Sie als Programmier-Einsteiger nur selten auf Hinweise zum „richtigen" Programmieren stoßen. Dazu zählen Aspekte wie die Herangehensweise an ein Projekt, aber auch Schritte, die man beim oder vor dem Programmieren nicht vergessen darf, und auch solche, die man auf keinen Fall tun sollte. In diesem Kapitel will ich versuchen, Ihnen einen kleinen Einblick in dieses Thema zu vermitteln.

4.1 Software-Design

Software-Design hat nichts mit bunten Bildern zu tun. Die grafische Gestaltung einer Website ist zwar auch ein Aspekt des Designs, soll uns an dieser Stelle aber nicht interessieren. Stattdessen geht es hier um die Dinge, von denen der Besucher Ihrer Website hoffentlich nichts sieht und auch nichts sehen darf: die Art und Weise, wie Sie die Funktionalität der Website programmtechnisch umsetzen.

4.1.1 Planung ist das halbe Leben

... Fehler machen ist die andere Hälfte. Fehler können Sie schon vor dem Projektbeginn machen. Besonders, wenn Sie ein Projekt „nur für sich selbst" realisieren möchten, sind Sie versucht, einfach drauflos zu programmieren. Falls Sie dieser Verlockung bereits einmal erlegen sind, werden Sie mit einiger Wahrscheinlichkeit festgestellt haben, dass das Ergebnis ganz anders aussah als beabsichtigt. Mitten in der Arbeit durften Sie vielleicht feststellen, dass Sie die Hälfte des bereits Programmierten wegwerfen mussten, da Sie irgendeine wichtige Sache vergessen hatten einzuplanen. Widerstehen Sie unbedingt dem Drang, gleich loszuhacken. Überlegen Sie stattdessen vor dem Beginn der Programmierung genau, was das Projekt tatsächlich leisten soll, und sinnen Sie über die Mittel und Wege nach, mit denen Sie diese Features erreichen können. Am besten, Sie schreiben sich diese Gedankengänge auf. Dies ist auf jeden Fall notwendig, wenn Sie Projekte für Kunden umsetzen wollen. Dann sollten Sie unbedingt mit dem Kunden zusammen ein Pflichtenheft erstellen, das genau festhält, was das Projekt wirklich leisten soll, welche Features gewünscht sind und welche definitiv nicht. Ein solches Pflichtenheft ist nicht nur für Sie nützlich, damit Sie wissen, was der Kunde will, sondern auch für den Kunden, da er bei Vergabe des Auftrags (oder der Anforderung eines Angebots) zumeist selbst noch gar nicht genau weiß, was er eigentlich will. Dies in Zusammenarbeit mit dem Kunden zu klären, ist Ihre Pflicht als Projektleiter und in beiderseitigem Interesse: Sie wissen genau, was der Kunde will, der Kunde weiß auch, was er will und dass er das bekommt, was er haben möchte. Eine solche Vereinbarung vermeidet den gar nicht so seltenen Fall, dass der Kunde während der Programmierarbeiten ständig Änderungswünsche hat und Sie etliche Teile des Projekts doppelt und dreifach umsetzen müssen – natürlich ohne dass der Kunde einen Euro extra zahlen will.

Bei Software-Projekten ist es keine Seltenheit, dass 70% der Arbeitszeit für Planung und Spezifikation „verbraucht" werden und nur 20% für die eigentliche Programmierung. Die restlichen 10% sollten Sie für Tests und Fehlerbehebung – den Betatest – veranschlagen, den am besten jemand macht, der am Projekt nicht beteiligt ist. Je nach Projekt können sich die Verhältnisse auch verschieben, aber was Sie bei der Planung scheinbar einsparen, zahlen Sie bei Implementation und Fehlersuche doppelt und dreifach wieder drauf.

4.1.2 Teile und herrsche

Nachdem Sie wissen, welche Funktionen das Projekt beinhalten muss, versuchen Sie, diese Funktionen in einzelne logische Module aufzuteilen. So besteht eine Website häufig aus einem Teil statischer Webseiten, die sich nur selten ändern. Diesen Abschnitt können Sie eventuell auf herkömmliche Weise – ohne PHP – implementieren.

Ein anderes logisches Modul könnte z.b. das Administrations-Frontend des Redaktionssystems sein; das dritte Modul ist dann wahrscheinlich der Teil des Redaktionssystems, den der Besucher Ihrer Website zu sehen bekommt. Für das Redaktionssystem müssen Sie somit festlegen, welche dynamischen Elemente es enthält und welche Funktionen die einzelnen dynamischen Elemente enthalten. Bei einem Newsletter z.B. müsste jeder Artikel eine laufende Nummer (am besten mit dem Datum verbunden), eine Überschrift, einen Vorspanntext, den eigentlichen Artikeltext und eventuell ein Autorenkürzel bekommen.

Ähnliche Überlegungen stellen Sie für das Frontend an. Dort kommt es auch darauf an, welche Elemente eines Artikels manuell eingegeben werden müssen und welche automatisch vergeben werden. Die laufende Nummer beispielsweise muss bei der Eingabe eines neuen Artikels unbedingt automatisch ermittelt werden; sie darf nicht manuell veränderbar sein. Dabei ist es besonders wichtig, die Schnittstellen zwischen den einzelnen Modulen sorgfältig festzulegen. Auch die zu verwendenden Daten(bank)strukturen wollen gut überlegt sein, denn z.B. im Redaktionssystem müssen mehrere logische Module mit den gleichen Datenbanktabellen arbeiten, in denen die Artikel gespeichert werden. Bei all diesen Überlegungen skizzieren Sie zweckmäßigerweise auch den logischen Ablauf der Seitenfolgen, die ein späterer Benutzer auf Ihrer Website per Mausklick durchwandern wird. Dann fällt nämlich auch auf, wo Sie Fehleingaben und Sonderfälle berücksichtigen müssen. Legen Sie dafür entsprechende Seiten (oder Funktionen innerhalb von Seiten) an, die dem Anwender bei falschen Eingaben Meldung und Hilfestellung geben. Dies ist vor allem für Eingabeformulare wichtig.

Stichpunkte zur Planung

- Durchdenken Sie die zu lösende Aufgabe gründlich, und hacken Sie nicht einfach „drauflos".
- Erarbeiten Sie bei Kundenprojekten unbedingt mit dem Kunden zusammen ein Pflichtenheft, und lassen Sie es von ihm absegnen.
- Bei der Planung „gesparte" Zeit müssen Sie später doppelt und dreifach „ausgeben".

- Teilen Sie das Projekt in logische Module auf, und definieren Sie die Schnittstellen zwischen diesen Modulen.
- Definieren Sie die zu verwendenden Daten(bank)strukturen.
- Berücksichtigen Sie mögliche Fehler von Anfang an, und fangen Sie diese ab.

4.1.3 Die technischen Details

Sind das Pflichtenheft und die logische Struktur der geplanten Website durchdacht und zu Papier gebracht, können Sie sich der technischen Realisierung zuwenden. Hier geht es um die Dinge hinter den Kulissen, um diejenigen Aspekte, die der Besucher Ihrer Website nur zu sehen bekommt, wenn Sie einen Fehler gemacht haben.

Funktionen und Includes

Suchen Sie die Arbeitsabläufe, die auf verschiedenen oder gar allen Seiten ständig wieder benötigt werden, und lagern Sie diese Abläufe in selbst definierte Funktionen aus. Die Funktionen speichern Sie in separaten Dateien, den so genannten „Includes", und importieren diese am Anfang jedes Skripts, innerhalb dessen Gebrauch von den Funktionen gemacht wird. Das spart Ihnen nicht nur eine Menge Tipparbeit, sondern Sie haben außerdem noch den Vorteil, dass Sie die immer gleiche Aufgabe nur in einem einzigen Exemplar speichern. Ist dieses eine Exemplar – diese eine Funktion – fehlerfrei, so ist sie es überall. Wollen Sie eine Änderung vornehmen, müssen Sie nur eine einzige Funktion editieren – bequemer geht es nicht.

Eine andere überaus sinnvolle Anwendung von Includes ist die zentrale Speicherung von Website-weiten Variablen, wie z.B. diversen Dateipfaden, Datenbankzugriffsinfos und dergleichen mehr. Wenn Sie das HTML-Gerüst Ihrer Webseiten entsprechend gestaltet haben, können Sie auch das komplette optische Erscheinungsbild in zwei oder drei Include-Dateien speichern und in jeder einzelnen Seite einbinden. Falls Sie irgendwann ein Redesign online bringen wollen, müssen Sie nur diese zwei oder drei Includes austauschen und die gesamte Website erscheint in neuem Glanz. Hier ein einfaches Beispiel zur Arbeit mit Includes, das eine Funktion bereitstellt, die einen String mit einer Anzahl Punkten ausgibt:

```php
<?
//Include-Datei
function my_function($zaehler) {
    for ($i = 1; $i <= $zaehler; $i++) {
        $string = $string.". ";
    }
    return $string;
}
?>
```

Beispiel einer Datei, in der das Include verwendet wird:

```php
<html><head>
    <title>Include-Demo</title>
</head><body>
<?
include ("./beispiel.inc");
echo "Hallo!<br>\n";
echo my_function(15)."<br>\n";
?>
</body></html>
```

Der Ablauf des Skripts funktioniert genau so, als hätten Sie die Include-Datei an der Position des Include-Befehls manuell in das Skript hineinkopiert – mit einem Unterschied: Am Anfang einer Include-Datei springt der PHP-Parser aus dem PHP-Modus heraus und interpretiert die folgenden Zeichen als normales HTML, das heißt, er schickt sie einfach weiter an den Webserver, ohne sie zu bearbeiten. Deshalb sind am Anfang und Ende der Include-Datei die öffnenden bzw. schließenden PHP-Tags gesetzt.

Bei der Arbeit mit Include-Dateien müssen die jeweiligen Include-Pfade beachtet werden. Im Include-Befehl in obigem Beispielprogramm ist *./beispiel.inc* als Dateiname angegeben. Punkt und Schrägstrich bedeuten „aktuelles Verzeichnis", wobei sich „aktuell" auf das Verzeichnis bezieht, in dem sich die Datei mit dem Include-Befehl befindet. Lassen Sie probehalber den Punkt und den Schrägstrich weg, und starten Sie das Beispiel neu. Sie bekommen dann eine Fehlermeldung ähnlich dieser:

```
Warning: Failed opening 'beispiel.inc' for inclusion
(include_path='/usr/local/apache/htdocs/inc') in
/usr/local/apache/htdocs/php-buch/include-bsp.php on line 7
```

Der Grund dafür ist, dass in der PHP-Voreinstellungsdatei ein Standard-Dateipfad für Include-Dateien definiert ist. Geben Sie kein Verzeichnis im Include-Befehl an, wird im Standardverzeichnis gesucht.

Fehlermeldungen

Versuchen Sie auf jeden Fall, alle möglichen Fehlermeldungen in Ihren Skripts abzufangen. Der Besucher Ihrer Website darf nie eine der PHP-eigenen Fehlermeldungen zu sehen bekommen (siehe Abb. 4.1). So etwas würde Ihre Reputation als Programmierer zerstören, Ihr Hund würde sich von Ihnen abwenden, Ihre Freundin Ihnen den Laufpass geben und die Leute auf der Straße mit den Fingern auf Sie zeigen.

Überlegen Sie sich deshalb bei jeder verwendeten PHP-Funktion, welche Eingabeparameter diese benötigt und welche Eingaben tatsächlich auftreten können. Ein String statt einer Integer-Zahl, ein ungültiger Wertebereich eines Parameters oder ein Eingabestring mit Steuerzeichen, der die Abarbeitung durcheinander bringt, sind häufige Probleme. Vor allem die möglichen Fehlschläge beim Öffnen von Dateien oder Datenbankverbindungen müssen Sie abfangen. Im einfachsten Fall können Sie sich dabei der Konstruktion

4.1 Software-Design

„Friss oder stirb" bedienen. Hier wird dies am Beispiel des Verschiebens einer Datei nach dem Upload per CGI verdeutlicht (siehe auch Abschnitt 4.5, *Formulare und deren Handhabung*):

```
$erfolg = @move_uploaded_file($datei,
    "$_SERVER[DOCUMENT_ROOT]/pfad/$file_name")
        or die ("Das Kopieren ist schiefgegangen!");
```

Beachten Sie dabei den Klammeraffen vor dem Funktionsaufruf. Dieser unterdrückt alle PHP-eigenen Fehlermeldungen. In der Variablen *$erfolg* bekommen Sie den Status der Dateiaktion als Rückgabewert (TRUE bei Erfolg oder FALSE, wenn etwas schief ging). Werten Sie diesen Status unbedingt aus, und informieren Sie den Anwender über Erfolg oder Misserfolg. Dafür wurde im Beispiel die Funktion nicht einfach mit einem Semikolon abgeschlossen, sondern mit der Klausel *or die*. Sie erreichen damit, dass im Falle des Misslingens des Funktionsaufrufs die innerhalb der Klammern notierte Meldung an die Standardausgabe geschrieben wird und sich das Skript sofort danach beendet. Somit bekommt der Benutzer wenigstens eine vom Programmierer generierte Nachricht statt der peinlichen PHP-Fehlermeldung. Allerdings kann es passieren, dass diese Meldung gar nicht im Browser des Anwenders auftaucht, wenn z.B. durch den vorzeitigen Abbruch des Skripts etwaige schließende HTML-Tabellen-Tags nicht ausgegeben wurden und der Browser deshalb durcheinander kommt. Der beschriebene Weg ist deshalb nur eine Notlösung.

Die bessere und korrekte Vorgehensweise ist die wirkliche Auswertung der Rückgabe-Codes, denn dazu sind sie da. Vergessen Sie also die Konstruktion mit *or die*, und belassen Sie nur den Klammeraffen vor dem Funktionsaufruf, denn Sie wollen ja selbst die Kontrolle über die Fehlerbehandlung behalten. Stattdessen lassen Sie das Skript bei erfolgreichem Funktionsaufruf wie geplant reagieren. Falls die Funktion jedoch FALSE zurückgibt, müssen Sie versuchen, die Fehlerursache zu ermitteln: Ist der Fehler auf dem Server zu suchen, etwa weil ein Verzeichnis für den Webserver nicht schreibbar ist? Ist die Datei nicht zu finden? Warum? Oder hat der Benutzer etwas

Falsches eingegeben? Zumindest Letzteres hätten Sie dann auch eher testen können, nämlich bereits vor dem Aufruf der Funktion.

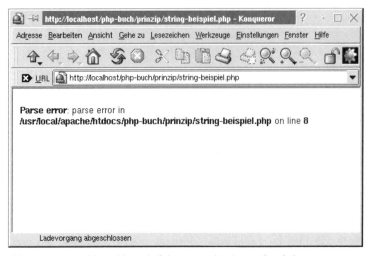

Abb. 4.1: Diese Fehlermeldung darf der Anwender nie zu sehen bekommen.

Bei einem Fehler gehen Sie so vor: Versuchen Sie, die Ursache möglichst genau zu ermitteln, informieren Sie den Anwender darüber, was er besser machen kann, oder – falls der Fehler von ihm nicht behoben werden kann – vertrösten Sie ihn. Falls der Fehler auf dem Server liegt, stellen Sie gleichzeitig zur Fehlerausschrift innerhalb Ihres Skripts eine E-Mail zusammen, die Sie an den Server-Administrator oder Programmierer (also an sich selbst) schicken und die die wahrscheinliche Fehlerursache enthält, mitsamt der Seite, auf der der Fehler aufgetreten ist. So werden Sie informiert, wenn sich irgendwo auf Ihren Seiten von Ihnen noch unentdeckte Fehler verstecken. Andernfalls werden Sie nur dann davon in Kenntnis gesetzt, wenn sich Besucher bei Ihnen beschweren – und das machen nur wenige.

Das Skript mit vollständiger Fehlerprüfung könnte in etwa wie folgt aussehen:

4.1 Software-Design

```
$erfolg = @move_uploaded_file($datei,
    "$_SERVER[DOCUMENT_ROOT]/verzeichnis/$file_name");

if (!$erfolg) {
    echo "Himmiherrgottsakranoamoi!";
    mail ("webmaster@taggesell.de",
        "PHP-Fehler", "in Seite $_SERVER[PHP_SELF]");
    //Hier den Code fuer die Suche nach
    //dem tatsaechlichen Fehler einsetzen!
} else {
    // hochgeladenes Bild anzeigen
    echo "<img src=\"bilduploads/$file_name\">\n";
}
```

Eine etwaige Fehler-Mail beinhaltet dann den folgenden Text:

```
Betrifft: PHP-Fehler
Datum: Fri, 9 Nov 2001 18:48:36 +0100
Von:    apache@taggesell.de (Daemon user for apache)
An:     webmaster@taggesell.de
Fehler in Seite /php-buch/prinzip/ausgabe-datei.php
```

Hinweis:
Ich habe in diesem Beispiel darauf verzichtet, die möglichen Ursachen des Fehlers näher zu untersuchen. Aber generell gilt: Wenn Benutzereingaben verarbeitet werden sollen oder Funktionen aufgerufen werden, die mit externer Software (Filesystem, Datenbanken) arbeiten, müssen Sie selbst auf Fehler testen. Dann haben Sie die Kontrolle über das, was der Anwender zu sehen

bekommt, und können es im schlimmsten Fall immer noch so darstellen, als würden gerade Wartungsarbeiten am Server durchgeführt.

Beim Programmieren

Während des Programmierens empfiehlt es sich, innerhalb der Skripts die Inhalte verschiedener interessanter Variablen zu Debugging-Zwecken mittels *echo* auszugeben. Besonders, wenn etwas nicht nach Wunsch funktioniert, ist es sehr nützlich, die Veränderung des Wertes diverser Variablen beobachten zu können. Wenn dann alles glatt läuft, können Sie ja die Debugging-Ausgaben wieder entfernen oder auskommentieren. Die PHP-eigenen Fehlermeldungen sind ebenfalls eine gute Hilfe beim Programmieren. Allerdings ist, wenn PHP einen Fehler *on line 9* meldet, der Fehler nicht unbedingt in Zeile 9 zu suchen. Dort ist er zwar aufgefallen, aber die wahre Ursache kann sich weiter oben befinden. Häufig ist ein vergessenes Semikolon in der darüber liegenden Zeile die Ursache. Falls Ihre Webseiten HTML-Tabellen benutzen, kann es auch sein, dass Sie die PHP-Fehlermeldung im Browser nicht zu sehen bekommen, da das Skript nach der Fehlermeldung abbricht und eventuelle schließende Tabellen-Tags nicht geschrieben werden konnten. Im Browser ist dann eine scheinbar leere, weiße Seite zu sehen. In solchen Fällen lohnt es sich, im Browser den HTML-Quelltext anzuschauen. Diese Darstellung können Sie über das entsprechende Menü des Browsers aktivieren.

Da die HTML-Tabellen eines der wenigen tauglichen Instrumente zur optischen Gestaltung von Webseiten sind, werden sie häufig auch in PHP-Skripts verwendet, die z.B. das Ergebnis einer Suchanfrage in einer Liste mit dynamisch generierter Zahl von Tabellenzeilen ausgeben. Dann passiert es nicht selten, dass die Darstellung im Browser völlig durcheinander gerät. Ihnen als Programmierer ist dann schnell klar, dass irgendwo ein paar Tabellen-Tags falsch platziert sind oder gar fehlen. Aber der PHP-Code in Ihrem Skript ist zu undurchsichtig, als dass Sie sofort den Fehler finden. Hier bietet es sich an, die Quelltextansicht des Browsers in einer HTML-Datei zu speichern und diese im Editor anzusehen. Oft ist dann leicht zu erkennen, wo das Problem liegt. Im Notfall können Sie diese Datei mit einem HTML-Checker prüfen.

Sie können es sich beim Programmieren auf einfache Weise leicht oder schwer machen. Es soll beispielsweise Leute geben, die tippfaul sind. Dann ist die Verlockung groß, in PHP-Skripts möglichst kurze Namen für Variablen und Funktionen zu verwenden. Das rächt sich jedoch meist ziemlich schnell, wenn Sie sich nach ein oder zwei Wochen Urlaub das Skript ansehen und nicht mehr wissen, wozu die Variable *$g* eigentlich gut war und was die selbst gebaute Funktion *fskt()* bewirkt. Haben Sie auch noch die Kommentare im Quelltext eingespart, dann wissen Sie jetzt überhaupt nicht mehr, was Sie da zusammengehackt haben – so weit das schlechte Beispiel. Verwenden Sie also unbedingt aussagekräftige Bezeichnungen für Variablen und eigene Funktionen. Ein *$zeilen_zaehler* sagt zweifellos mehr aus als ein *$zezl*, und bei der Funktion *lies_db_tabelle()* wissen Sie sofort, worum es geht. Als echter Programmierer benutzen Sie übrigens ausschließlich englische Bezeichner; es könnte ja passieren, dass ein indischer Greencard-Inhaber Ihr Projekt zu Ende führt ... Nicht weniger wichtig als die selbsterklärenden Bezeichner ist die korrekte Einrückung des Quellcodes. Wenn Sie sich strikt daran halten, sehen Sie immer sofort, wo eine Schleife, ein If- oder ein Switch-Konstrukt beginnt und wo es endet. Wenn Sie konsequent sind, werden Sie diese Vorgehensweise auch für normalen HTML-Quelltext beibehalten – sogar dann, wenn Sie HTML-Code mit *echo* ausgeben. Sie sehen in den Beispielen in diesem Buch, dass Ausgaben nicht nur mit *
* enden, damit der Browser einen Zeilenvorschub veranlasst; nach dem *
* ist vielmehr noch ein \n angefügt, das auch im Quelltext, den der Browser bekommt, einen Zeilenvorschub darstellt. Das ist nicht völlig unnütz, denn bei der Fehlersuche werden Sie sich freuen, dass Sie in der Quelltextansicht des Browsers eine übersichtliche HTML-Struktur erkennen, statt eines üblen Codeklumpens, der selbst ein Frontpage vor Neid erblassen ließe.

Portabilität

Oft werden Sie Ihre Projekte auf dem heimischen Entwicklungs-Server programmieren und testen. Die fertigen Seiten übertragen

Sie dann auf den Produktions-Server bei Ihrem Provider. Dagegen ist nichts zu sagen; Features und Performance virtueller Server genügen für viele Anwendungen ohne weiteres. Allerdings haben Sie dort meistens keine Kontrolle über etliche Voreinstellungen, Standard-Dateipfade und anderes. Deshalb ist es wichtig, bereits während der Erarbeitung des Software-Designs an die Portabilität Ihrer Seiten zu denken. Andernfalls müssen Sie u.U. jedes Mal nach dem Hochladen der neuesten Version in allen Seiten diverse Dateipfade und -namen ändern, nur weil der Apache sein Document-Root beim Provider in */home/www* liegen hat, statt wie auf Ihrem Entwicklungsrechner und wie es sich gehört in */usr/local/apache/htdocs*.

Verwenden Sie deshalb unbedingt relative Pfadnamen und widerstehen Sie der Versuchung, etwa bei Includes den kompletten Dateipfad anzugeben. Benutzen Sie stattdessen die Environment-Variablen von Apache und PHP (s. auch Abschnitt *Umgebungsvariablen* im Anhang). So liefert Ihnen *$_SERVER[DOCUMENT_ROOT]* den kompletten Pfad zum Web-Root. Sie können somit in Ihren PHP-Skripts in den Include-Befehlen Folgendes schreiben:

```
include("$_SERVER[DOCUMENT_ROOT]/inc/header.inc");
```

Falls Ihr Include-Verzeichnis außerhalb des Document-Roots liegt (aus Sicherheitsgründen empfehlenswert), können Sie den Pfadnamen so angeben:

```
include("$_SERVER[DOCUMENT_ROOT]/../inc/header.inc");
```

Angenommen, das Document-Root liegt unter */usr/local/apache/htdocs*, dann würde im ersten Beispiel Ihre Include-Datei in */usr/local/apache/htdocs/inc* gesucht, im zweiten Beispiel dagegen in */usr/local/apache/inc*, denn die zwei Punkte bedeuten „übergeordnetes Verzeichnis".

Ebenfalls mit Hinblick auf die Portabilität sollten Sie jegliche Angaben über Host-Namen, Datenbanknamen, Usernamen und Passwörter für den Datenbankzugriff u.Ä. ebenfalls in Variablen und diese in Include-Dateien speichern. So müssen Sie diese Angaben erforderlichenfalls nur an einer einzigen Stelle anpassen.

4.2 Dateien oder Datenbanken?

Denkt man an PHP, so denkt man meistens auch an ein Datenbanksystem, sei es nun MySQL, Postgres oder ORACLE. Aber es gibt durchaus Aufgaben für dynamisch generierten Inhalt, die ohne eine Datenbank auskommen. Im ersten konkreten Programmbeispiel des nächsten Kapitels (Abschnitt 5.1) wird dies noch genau gezeigt. Immer dann, wenn Sie sicher sein können, dass die dynamischen Inhalte von höchstens einem Prozess geschrieben und ansonsten nur gelesen werden, kann der Einsatz von simplen Textdateien (oder automatisch vorgefertigten HTML-Dateien) statt Datenbanken sinnvoll sein.

Der Vorteil liegt dabei – außer in der einfacheren Programmierung – in der Performance, was sich vor allem bei gut besuchten Sites bemerkbar macht. Jeder Zugriff auf eine Datenbank ist für das Betriebssystem ungeheuer aufwendig. Und sobald dutzende oder sogar hunderte Anwender fast zugleich auf Ihre Website zugreifen wollen, macht sich das in sinkender Performance und hohen Wartezeiten für die Anwender bemerkbar.

Angenommen, Sie haben einen Webshop, der CDs verkauft, und eine Datenbanktabelle mit Verkaufsrängen, deren Inhalt sich nur zu bestimmten, im Voraus bekannten Zeitpunkten (z.B. allnächtlich um 01:00 Uhr) ändert, wenn per automatisch gestartetem Skript die Charts des Vortages anhand der Verkaufszahlen berechnet werden. Statt auf der Seite zur Anzeige der Charts die Datenbank zu fragen und die jeweiligen Inhalte in den Code einzubauen, ist es viel sinnvoller, direkt nach dem Datenbank-Update die Inhalte der Chart-Tabelle einmal auszulesen und daraus eine statische Webseite zu erzeugen, die in der nächsten Nacht wieder automatisch durch die dann aktuelle Version überschrieben wird. Das spart Datenbankzugriffe, und wenn Sie über ähnliche Fälle genauer nachdenken, können Sie einen gut besuchten Server erheblich entlasten.

4.3 Trennung von Layout und Inhalt

Wenn Sie einfach überall dort, wo es nötig erscheint, PHP-Code in die Webseiten einbauen, wird die Website zwar funktionieren, aber wehe, Sie wollen Ihren Seiten ein optisches Redesign verpassen! Dann gibt es richtig viel Arbeit: Der alte Inhalt jeder einzelnen Webseite muss mit einem neuen Design versehen werden. Dabei wird auch der Fall eintreten, dass ein Webdesigner ohne Programmierkenntnisse an Seiten mit eingebautem PHP-Code arbeiten muss – genügend Fehlerquellen also.

Um solche Probleme bereits von vornherein möglichst zu vemeiden, ist es sinnvoll, den Inhalt der Seiten möglichst vollständig von der optischen Gestaltung – vom HTML-Gerüst – zu trennen. Wenn die HTML-Gestaltung des Erscheinungsbildes mit diesem Hintergrund entwickelt wurde, lässt sich die Trennung recht brauchbar mit Includes realisieren, die jeweils ein Stück des HTML-Codes an der richtigen Stelle importieren. Wenn man dieses Konzept konsequent durchzieht, kann man ein optisches Redesign einer kompletten, beliebig großen Website durch das Austauschen weniger Include-Dateien erreichen, ohne die einzelnen Seiten editieren zu müssen. Das muss jedoch beim Software-Design von Anfang an beachtet werden. Für Fortgeschrittene bietet sich in diesem Zusammenhang auch die Verwendung der Template-Klassen aus der PHPLib an (zu finden unter *http://phplib.sourceforge.net/*). Im HTML-Quelltext sind dann nur kurze Schlüsselwörter in geschweiften Klammern enthalten. Der Webdesigner muss so keine Angst mehr haben, eingebauten PHP-Code kaputtzumachen, denn der eigentliche Code ist in separaten Dateien enthalten, die er nicht bearbeiten muss.

Stichpunkte zur Programmierung

- Speichern Sie häufig benötigte Funktionen in separaten Include-Dateien.
- Lagern Sie global benötigte Parameter in Variablen und diese in Include-Dateien aus.
- Trennen Sie Layout und Inhalt möglichst vollständig voneinander.

- Überlegen Sie sich, ob Sie eine Datenbank brauchen oder ob auch eine Datei genügt.
- Debugging-Ausgaben von Variableninhalten helfen bei der Programmierung.
- HTML-Tabellenfehler sind sehr häufig. Deshalb hilft Ihnen bei offensichtlichen Programmierfehlern auch die Quelltextansicht des Browsers.
- Verwenden Sie selbsterklärende Variablen- und Funktionsnamen.
- Sparen Sie nicht mit Kommentaren im Quelltext.
- Rücken Sie im Quellcode Schleifen, Funktionen sowie If- und Switch-Konstrukte korrekt ein.
- Programmieren Sie portabel, damit Sie Ihre Seiten mit möglichst wenig Aufwand auf anderen Servern laufen lassen können.

4.4 Sicherheitsvorkehrungen

Ein Webserver soll üblicherweise öffentlich erreichbar sein. Damit hat der Betreiber des Servers das Problem, dass er seinen Rechner auch den potenziellen Hackversuchen von Skript-Kiddies und anderen destruktiven Personen aussetzt. Die generelle Server-Sicherheit ist Aufgabe Ihres Providers, bei dem Sie einen virtuellen Server gemietet haben. Allerdings können Sie Ihre Website durch schlechtes Software-Design für Hacker und Datendiebe anfällig machen. Wahrscheinlich werden Sie innerhalb Ihrer Skripts Benutzereingaben verarbeiten, wie z.B Cookies oder Formulareingaben. All diesen Daten müssen Sie prinzipiell misstrauen! Anwender können unbewusst oder absichtlich falsche Eingaben gemacht haben: eine Zahl statt einer Zeichenkette, Steuerzeichen mit HTML-Code in Text-Areas, was auch immer – aber das ist noch harmlos. Die wirklich „Bösen" versuchen Ihren Server zu hacken, indem Sie SQL-Befehle, PHP-Code oder Aufrufe von Systemkommandos in Eingabedaten unterbringen und ausprobieren, wie der Server darauf reagiert. Nachfolgend erhalten Sie deshalb einige Hinweise, worauf Sie achten sollten:

- Prüfen Sie jede Eingabe eines jeden Formulars, ob sie plausiblen Inhalt enthält, bevor Sie diese Eingaben verarbeiten.
- Maskieren Sie HTML-Code, Steuerzeichen und alles, was in Benutzereingaben nicht koscher aussieht, mit *htmlentities()* und ähnlichen Funktionen, damit nicht an ungewollter Stelle innerhalb Ihrer Skripts PHP-Code, SQL-Befehle oder gar Systemkommandos ausgeführt werden.
- Stellen Sie sich darauf ein, dass die Skripts zur Auswertung der Benutzereingaben ohne diese CGI-Daten aufgerufen werden, und benutzen Sie deshalb die so genannten „Integrierten Formulare" (siehe Abschnitt 4.5.6).
- Auch Cookie-Inhalte können manipuliert sein. Selbst „Otto Normal-Surfer" kann seine *cookies.txt* mit einem Texteditor ändern.
- Die Inhalte von Hidden-Feldern, die evtl. der Bequemlichkeit halber bestimmte Parameter an den Server übermitteln sollen, sind ebenfalls nicht vertrauenswürdig – auch sie können böswillig verändert sein. Hidden-Felder sind ohnehin meist schlechter Stil!
- Schalten Sie in der Apache-Konfiguration den Directory-Index ab. Normalerweise zeigt der Apache eine Liste aller Dateien im jeweiligen Verzeichnis, falls Sie einen URL ohne Dateiangabe abrufen; dadurch bekommt ein potenzieller Angreifer eventuell Informationen, die ihm sein böses Werk erleichtern. Beim Abrufen eines URL ohne Dateinamen muss eine definierte Aktion stattfinden. Entweder der Server meldet dem Anwender einen Fehler oder er zeigt eine bestimmte Seite, etwa mit einem Suchformular.
- Wenn Sie richtig paranoid sein wollen, konfigurieren Sie Ihren Apache so, dass er auch Dateien mit Endung *.html* durch den PHP-Parser schickt. Dann sieht ein möglicher Angreifer nicht auf den ersten Blick, dass es sich überhaupt um PHP-Seiten handelt. Zusätzlich können Sie noch die Option *PHP_EXPOSE* und die so genannte „Server-Signatur" des Apache abschalten. Dann meldet er nicht mehr, dass er ein Apache ist, und auch nicht, dass er mit PHP ausgerüstet wurde.
- Setzen Sie für alle Dateien die richtigen Zugriffsrechte. Sie sollten nur für diejenigen User schreibbar sein, die tatsächlich schreiben müssen.

- Legen Sie den Pfad für Ihre Include-Dateien außerhalb des Document-Root an. Damit kann niemand per HTTP an die Includes gelangen; sie können nur noch lokal vom PHP-Parser gelesen werden.
- Sichern Sie Datenbanken sorgfältig gegen Missbrauch. Legen Sie für den Zugriff der PHP-Skripts einen Account mit minimalen Rechten an, und setzen Sie die Zugriffsrechte der Datenbanken und ihrer Tabellen sehr restriktiv.
- Benutzen Sie den *safe_mode* von PHP, auch wenn er die Server-Wartung etwas umständlicher macht.

Die Server-Sicherheit ist ein komplexes Thema und kann hier nur ansatzweise behandelt werden. Für Sie als Programmierer ist es auf jeden Fall nützlich, all diese Missbrauchs- und Angriffsszenarien zu durchdenken und die entsprechenden Schlüsse daraus zu ziehen. Und denken Sie auch daran, dass ein einziger erfolgreicher Angreifer Ihren Server und Sie vor Ihren Kunden bzw. in der Presse sehr, sehr schlecht dastehen lässt. Sie erinnern sich doch noch: Hund, Freundin, Laufpass?

4.5 Formulare und deren Handhabung

Im Gegensatz zu einer „normalen" Programmiersprache wie BASIC oder C gibt es bei der Programmierung mit PHP einige Besonderheiten. Vor allem bei der Konzeption der Ablaufstruktur des Programmflusses müssen Sie etliche Aspekte beachten, die in der Einbettung des PHP-Codes in HTML und vor allem in der Aufspaltung des Programmflusses über mehrere einzelne HTML/PHP-Seiten zu suchen sind. In vielen Aufgaben, die durch Programme gelöst werden sollen, wird zuerst die Eingabe eines oder mehrerer Parameter verlangt, danach werden anhand dieser Eingaben bestimmte Verarbeitungsschritte ausgelöst, und zuletzt wird das Ergebnis der Verarbeitung ausgegeben.

4.5.1 Die Datenübergabe: POST und GET

Ein einfaches Beispiel: Ein Programm soll anhand eines einzugebenden Begriffes in einer Datenbank suchen und die auf den Begriff passenden Datensätze ausgeben. Normalerweise würden Sie dazu ein einziges kleines Programm schreiben, das die Eingabe abfragt, danach die Datenbank kontaktiert und zuletzt die gefundenen Datensätze in angemessener Form auf dem Bildschirm auflistet. Vor einer solchen Aufgabe werden Sie auch als PHP-Programmierer recht oft stehen. Aber da Sie sich in einer Web-basierten Umgebung bewegen, liegen einige Dinge etwas anders. So wird Ihr Programm nicht aus einem einzigen Stück bestehen, sondern – zumindest aus logischer Sicht – aus wenigstens zwei PHP-Seiten: Die erste Seite fragt über entsprechende Eingabefelder die Benutzereingaben ab; klickt der Anwender auf den Submit-Knopf, wird die zweite Seite geladen, in welcher – für den Benutzer unsichtbar – die Datenbank gefragt wird und – für den Benutzer sichtbar – die Treffer aufgelistet werden.

Aufgrund der Arbeitsweise eines Webservers (und des verbindungslosen HTTP-Protokolls) besteht jedoch aus Sicht des PHP-Parsers im Webserver keinerlei Verbindung zwischen der ersten Seite (Eingabe) und der zweiten Seite (Verarbeitung und Ausgabe). Das bedeutet, ohne spezielle Vorkehrungen Ihrerseits würde die Ausgabeseite keine Kenntnis des auf der Eingabeseite definierten Suchbegriffs haben. Die für die meisten Aufgaben einzig praktikable Möglichkeit, Benutzereingaben an die nächste aufgerufene PHP-Seite weiterzugeben, ist die CGI-Schnittstelle. Sie müssen somit jede Benutzereingabe, jede noch benötigte Variable usw. per POST oder GET an diejenige PHP-Seite weiterreichen, die den nächsten Verarbeitungsschritt in Ihrem Programmablauf ausführen soll. Sie müssen also dafür sorgen, sämtliche benötigten Variablen so lange von einer Seite zur nächsten mitzuschleppen, solange Sie diese für die weitere Verarbeitung benötigen. Es folgt ein Beispiel:

```
<html><head>
    <title>GET-Demo</title>
```

4.5 Formulare und deren Handhabung

```
</head><body>
<form action="ausgabe.php" method=get>
<p>Bitte geben Sie Ihren Namen ein:</p>
Vorname: <input type=text name="vorname"
    size="60" maxlength="60"><br>
Nachname: <input type=text name="nachname"
    size=60 maxlength=60><br>
<input type=submit value="Absenden">
</body></html>
```

Speichern Sie dies in der Datei *eingabe.html* (wie Sie sehen, ist hier kein PHP-Code vorhanden); wenn Sie möchten, können Sie die Datei auch *eingabe.php* nennen, das stört nicht. Hier wird ein Formular erzeugt sowie die beiden Werte für Vornamen und Nachnamen eingetragen. Sodann klickt der Anwender auf den Submit-Knopf, und die Eingaben werden per GET an die Auswertungsseite namens *ausgabe.php* gesandt. Diese Datei sieht so aus:

```
<html><head>
    <title>Ausgabe-Demo</title>
</head>
<body>
Sie heißen:
<?
echo $_GET['vorname']." ".$_GET['nachname']."<br>\n";
?>
Vielen Dank für Ihre Mitarbeit!
</body></html>
```

4. Wie man an ein Projekt herangeht

Sie sehen, dass die zuvor eingegebenen Werte im Array *$_GET[]* gespeichert wurden und über die Elemente *vorname* und *nachname* abgerufen werden können. Die Namen der Array-Elemente definieren Sie in der Eingabeseite durch die Parameter *name="vorname"* bzw. *name="nachname"* in den entsprechenden Tags für die Eingabefelder.

Wenn Sie das Beispiel nachvollziehen (und als Namen *Fritz Lehmann* verwenden), werden Sie erkennen, dass die Eingaben an das Ausgabeskript innerhalb des URLs übergeben werden. Dieser sieht dann etwa so aus:

```
/ausgabe.php?vorname=Fritz&nachname=Lehmann
```

Editieren Sie dagegen in der HTML-Seite für die Eingabe die Zeile *<form action ...* wie folgt:

```
<form action="ausgabe.php" method=post>
```

indem Sie den Parameter *method* auf *post* ändern, so werden Sie bei Betätigen des Submit-Knopfes keine Parameter im URL des Ausgabeskripts sehen. Die Werte sind trotzdem übertragen worden, allerdings diesmal nicht im URL. Im Ausgabeskript müssen Sie statt des Arrays *$_GET[]* das Array *$_POST[]* benutzen:

```
<html><head>
<title>Ausgabe-Demo</title>
</head>
<body>
Sie heißen:
<?echo $_POST['vorname']." ".$_POST['nachname']."<br>\n";?>
Vielen Dank für Ihre Mitarbeit!
</body></html>
```

4.5.2 Früher war alles besser

Nicht wirklich besser, es war allerdings bequem und unsicher zugleich: In älteren PHP-Versionen war es egal, ob die im Formular an das auswertende Skript übergebenen Variableninhalte per GET oder per POST übermittelt wurden. Sie waren einfach über ihre Namen erreichbar; die entsprechenden Variablen wurden automatisch angelegt. Die betreffende Zeile in obigem Skript hätte also früher so ausgesehen:

```
Sie heißen: <?echo $vorname." ".$nachname."<br>\n";?>
```

Diese Vereinfachung wirft jedoch einige Sicherheitsprobleme auf. So könnte es sein, dass böswillige Hacker Ihren Skripts Variablen mit unerwarteten Inhalten unterschieben. Es genügte dann z.B., einfach an einen URL ein paar GET-Parameter anzuhängen, um das aufzurufende Skript zu sabotieren. Sie als Programmierer möchten die Möglichkeiten zu solcher Manipulation möglichst gering halten. Gänzlich vermeiden können Sie solche Angriffsversuche nicht, da Sie ja gezwungen sind, Userdaten von Formularen auszuwerten. Aber Sie können es Angreifern so schwer wie möglich machen, indem Sie zum einen möglichst wenige Schlupflöcher lassen und zum anderen innerhalb Ihrer Skripts alle Daten peinlich genau prüfen, die Sie von „außen" bekommen, also z.B. per GET, POST oder Cookies. Mit dem neuen Mechanismus können Sie explizit bestimmen, über welchen Weg (GET, POST, Cookie) Sie die zu verarbeitenden Werte erwarten, und außerdem landen sie automatisch in einem Array, das für nichts anderes benutzt wird.

Ab der PHP-Version 4.2.0 ist dieses Verhalten als Standard eingestellt: In der Datei *php.ini* wurde die Option *register_globals* auf *off* gesetzt. Die alte, bequeme, aber unsichere Methode können Sie reaktivieren, indem Sie die Option auf *on* setzen. Ich rate jedoch davon ab, auch wenn bei vermutlich fast allen Webspace-Providern *register_globals* wahrscheinlich noch lange Zeit auf *on* stehen wird, da sonst die meisten Skripts der Kunden-Websites nicht mehr funktionieren.

4.5.3 GET oder POST – was ist besser?

Beide Varianten aus dem vorigen Beispiel in Abschnitt 4.5.1 haben ihre Daseinsberechtigung. Welche davon im konkreten Fall sinnvoller ist, hängt von der Anwendung ab. So ist es bei Formularen zum Suchen – beispielsweise in einer Datenbank – sinnvoller, die GET-Methode zu benutzen. Dadurch erscheint der Suchbegriff im URL, und Sie können den URL der Ausgabeseite in Ihrem Browser als Lesezeichen samt Suchbegriff speichern oder ihn einem Bekannten per Mail senden; er wird die gleiche Ergebnisliste bekommen. Obendrein können Sie per GET einem Skript einen Parameter im URL codiert mitgeben.

In anderen Fällen kann es sehr von Nachteil sein, wenn die Eingaben im URL aufscheinen: Wenn Sie beispielsweise längere Texte mit *<textarea>* an ein Skript übergeben, kann der URL die zulässige Länge des Browsers oder des Webservers überschreiten (wie lang der URL sein darf, ist nicht festgelegt und hängt vom Browser bzw. Webserver ab). Auch wenn Sie einen Teil Ihrer Website Anwendern nur per Anmeldung mit Username und Passwort zugänglich machen wollen, dürfen die Eingaben auf keinen Fall im URL sichtbar sein; also verwenden Sie dafür die POST-Methode. Werden die Daten per normalem HTTP übertragen, wandern sie zwar auf den ersten Blick unsichtbar, aber doch unverschlüsselt übers Netz. Doch dies können Sie durch den Einsatz eines SSL-Servers umgehen. Dann werden die per POST verschickten Daten automatisch per SSL verschlüsselt, und niemand kann die Eingaben auf dem Weg vom Browser zum Server in lesbarer Form abgreifen.

Hier fällt gleich noch ein weiterer Sicherheitsaspekt ins Auge: Es gibt im Apache-Webserver eine eingebaute Authentifizierungsmethode (per *.htaccess*). Sie haben sicher schon verschiedentlich von Ihrem Browser ein kleines Fénster mit der Bitte um Eingabe von Usernamen und Passwort präsentiert bekommen.

Natürlich könnten Sie auch diese bequeme Methode verwenden. Aber der Nachteil dabei besteht darin, dass sich der Browser Usernamen und Passwort merkt, bis Sie das Browser-Programm beenden. Sollte nun z.B. ein Benutzer an einem Rechner sitzen, der auch von anderen Personen benutzt wird – etwa in einem Internetcafé –

und vergessen, den Browser zu schließen (oder dies ist ihm nicht möglich, weil der Betreiber des Cafés diese Funktion gesperrt hat), dann können beliebige andere Anwender auf die vermeintlich geschützten Seiten zugreifen (ob SSL oder nicht) – ein großes Sicherheitsloch! Hier wäre eine manuelle Authentifizierung per POST-Eingabeformular und SSL wesentlich sicherer.

Abb. 4.2:
Authentifizierung:
Der Browser merkt sich Usernamen und Passwort.

4.5.4 Einzeilige und mehrzeilige Texteingaben

Die in HTML üblichen Formulare besitzen eine Reihe verschiedene Elemente, die für die PHP-Programmierung eine jeweils unterschiedliche Behandlung verlangen. Die einfache Variante, einzeilige Eingabefelder mit *input type=text*, haben Sie bereits kennen gelernt. Hier spezifizieren Sie mit *name="variablenname"*, unter welcher Stringvariable die Eingabe im Auswertungsskript erreichbar ist. Bei den mehrzeiligen Eingabefeldern ist die Handhabung sehr ähnlich:

```
<textarea name="anmerkung"
rows="10" cols="50" wrap="virtual"></textarea>
```

Auch hier legen Sie den Namen der Stringvariablen mit *name="variablenname"* fest. Der Parameter *wrap="virtual"* sorgt dafür, dass der Text im Fenster während der Eingabe automatisch umbrochen wird, ohne dass die Umbrüche an den Server geschickt werden. Das erleichtert dem Anwender das Editieren. Mit *wrap="physical"* würden die Umbrüche so, wie sie in der Eingabebox zu sehen sind, an den Server übertragen, was allerdings kaum sinnvoll ist.

4.5.5 Menüs und Auswahlboxen

Bei den Auswahllisten, die als Klappmenüs oder mehrzeilige Auswahlboxen erscheinen können, gibt es ein paar Unterschiede. Ein Beispiel:

```
<html><head>

<title>Menue-Demo</title>

</head><body>

<form action="ausgabe-menue.php" method=get>

<p>Ihr Favorit:</p>

<select name="betriebssystem" size=1>

<option>Windows 98

<option>Windows NT

<option>Windows 2000

<option>Linux

<option>Amiga-OS

</select>

<input type=submit value="Absenden">

</body></html>
```

Speichern Sie die Datei als *eingabe-menue.php*. Da Sie bei *<select name ..* den Parameter *size=1* angegeben haben, zeigt Ihr Browser ein Menü an, aus dem Sie einen – und nur einen – Eintrag wählen können, der in der Array-Variablen *$_GET['betriebssystem']* an das auswertende Skript gesandt wird:

```
<html><head>

<title>Menue-Ausgabe</title>

</head>
```

4.5 Formulare und deren Handhabung

```
<body>

Sie arbeiten unter: <?echo
$_GET['betriebssystem'].'<br>\n";?>

Vielen Dank für Ihre Mitarbeit!

</body></html>
```

Bis hierhin war es einfach. Aber eventuell möchten Sie eine Auswahlbox anzeigen lassen, in der man mehr als nur einen Eintrag auswählen kann. Dann kommt Folgendes zur Anwendung (speichern als *eingabe-multiple.php*):

```
<html><head>

<title>Multiple-Demo</title>

</head><body>

<form action="ausgabe-multiple.php" method=get>

<p>Ihr Betriebssystem:</p>

<select name="betriebssystem[]" size=5 multiple>

<option>Windows

<option>Linux

<option>Solaris

<option>MacOS

<option>Amiga-OS

</select>

<br>

<input type=submit value="Absenden">

</body></html>
```

Sie sehen, dass die bei *name*= vergebene Variable diesmal mit eckigen Klammern versehen ist. Damit erzeugen Sie im Auswertungsskript eine Array-Variable, die in jedem Element einen der ausgewählten Einträge enthält. Das Ausgabeskript sieht dann so aus (als *ausgabe-multiple.php* speichern):

```
<html><head>
<title>Ausgabe-Multiple</title>
</head><body>
<?
echo "Sie arbeiten unter: <br>\n";

foreach($_GET['betriebssystem'] as $os) {
 echo $os."<br>\n";
}
?>
Vielen Dank für Ihre Mitarbeit!<br>
</body></html>
```

Da mehrere Elemente ausgewählt werden können, müssen wir das Element *betriebssystem* des Arrays *$_GET[]* selbst als Array betrachten. Und um dessen einzelner Einträge habhaft zu werden, dient die Schleife *foreach()*. Diese wird für jedes Element des Arrays *betriebssystem[]* einmal durchlaufen und stellt das jeweilige Element innerhalb der Schleife in der Variablen *$os* zur Verfügung. Mit der Zeile *echo $os ...* werden dann die zuvor gewählten Betriebssysteme ausgeschrieben.

Wenn es um die Auswahl nur einer von mehreren Alternativen geht, können Sie auch die so genannten „Radiobuttons" verwenden (als *eingabe-radio.php*):

```
<html><head>
<title>Radio-Demo</title>
```

4.5 Formulare und deren Handhabung

```
</head><body>
<form action="ausgabe-radio.php" method=get>
<p>Ihr Betriebssystem:</p>
<input type=radio name=betriebssystem
    value="Windows">Windows<br>
<input type=radio name=betriebssystem
    value="Linux">Linux<br>
<input type=radio name=betriebssystem
    value="Solaris">Solaris<br>
<input type=radio name=betriebssystem
    value="MacOS">MacOS<br>
<input type=radio name=betriebssystem
    value="Amiga-OS">Amiga-OS<br>
<input type=submit value="Absenden">
</body></html>
```

Für die Auswertung (*ausgabe-radio.php*) können Sie ohne große Änderungen das Skript benutzen, das bereits für das Menü zum Einsatz kam:

```
<html><head>
<title>Radio-Ausgabe</title>
</head><body>
<?
echo "Sie arbeiten unter: ".$_GET['betriebssystem']."<br>\n";
?>
Vielen Dank für Ihre Mitarbeit!<br>
</body></html>
```

Falls Sie eine Mehrfachauswahl benötigen, benutzen Sie statt der Radiobuttons die Checkboxen (*eingabe-check.php*):

```
<html><head>
<title>Checkbox-Demo</title>
</head><body>
<form action="ausgabe-check.php" method=get>
<p>Ihr Betriebssystem:</p>
<input type=checkbox name=betriebssystem[]
    value="Windows">Windows<br>
<input type=checkbox name=betriebssystem[]
    value="Linux">Linux<br>
<input type=checkbox name=betriebssystem[]
    value="Solaris">Solaris<br>
<input type=checkbox name=betriebssystem[]
    value="MacOS">MacOS<br>
<input type=checkbox name=betriebssystem[]
    value="Amiga-OS">Amiga-OS<br>
<input type=submit value="Absenden">
</body></html>
```

Als Ausgabeseite (*ausgabe-check.php*) können Sie das gleiche Skript benutzen, das Sie bereits für die Mehrfachauswahl benutzt haben:

```
<html><head>
<title>Checkbox-Ausgabe</title>
</head><body>
```

```
<?
echo "Sie arbeiten unter: <br>\n";

foreach($_GET['betriebssystem'] as $os) {
 echo $os."<br>\n";
}
?>
Vielen Dank für Ihre Mitarbeit!<br>
</body></html>
```

Ein weiteres nützliches Werkzeug sind versteckte „Eingabefelder", die zwar in der Quelltextansicht des Browsers zu sehen sind, nicht aber in seiner normalen Darstellung:

```
<input type=hidden name=variablenname value=wert>
```

Diese versteckten Felder – auch mehrere davon – können Sie innerhalb von Formularen platzieren. Natürlich kann der Benutzer den fest eingetragenen Wert nicht ohne weiteres verändern (beachten Sie hierzu bitte Abschnitt 4.4 über Sicherheitsaspekte). Die Auswertung geschieht genauso wie bei einzeiligen Texteingabefeldern. Die Hidden-Felder sind ein beliebtes Mittel, um schlechte PHP-Software zu schreiben, denn die Möglichkeit, einfach ein paar Parameter versteckt von Seite zu Seite mitzuschleifen, ist scheinbar gar zu attraktiv. Verwenden Sie diese jedoch nur im äußersten Notfall, denn Hidden-Felder sind böse und schlechter Programmierstil! Denken Sie deshalb darüber nach, ob Sie diese Krücke wirklich benötigen, und suchen Sie – wenn irgend möglich – eine andere Lösung.

4.5.6 Datei-Upload per PHP

Sie können über standardisierte Web-Formulare auch Dateien beliebiger Art und – theoretisch – beliebiger Größe an den Webserver senden. Dies ist z.B. sehr attraktiv für Web-basierte Redaktionssysteme, mit denen Sie eine auf einer Webseite verlinkte Auswahl an Download-Dateien, zu Artikeln gehörende Bilddateien, Videos oder MP3-Dateien anbieten wollen. Der Benutzer des Redaktionssystems benötigt lediglich seinen Browser und die zuvor in Ruhe vorbereiteten Dateien auf seiner Festplatte. Mit entsprechenden Bildmanipulationen, die ebenfalls in PHP realisierbar sind, kann man sogar für jedes hochgeladene Bild automatisch ein kleineres Vorschaubild erzeugen oder mit separater Software auf dem Server verschiedene Versionen der Audiodateien für unterschiedliche Verbindungsgeschwindigkeiten berechnen lassen. Aber lassen Sie uns einfach beginnen: Über ein Eingabeformular sollen zwei JPEG-Bilder auf den Server geladen, in ein bestimmtes Verzeichnis kopiert und sofort angezeigt werden:

```
<html><head>
<title>Bildupload-Demo</title>
</head><body>
<form action="ausgabe-multidatei.php"
    method=post enctype="multipart/form-data">
<input type="hidden"
    name="MAX_FILE_SIZE" value="1000000">
<p>Bitte wählen Sie eine JPEG-Datei:</p>
<input type=file name="bilddatei1"
    size=60 maxlength=1000000><br>
<p>Bitte wählen Sie eine zweite JPEG-Datei:</p>
<input type=file name="bilddatei2"
    size=60 maxlength=1000000><br>
<input type=submit value="Absenden">
```

```
</form>

</body></html>
```

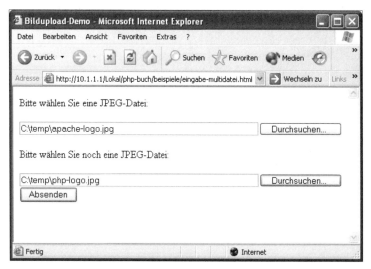

Abb. 4.3: Das Upload-Formular für zwei Bilddateien

Sie sehen, dass in der Zeile <form action=... im Unterschied zu den vorigen Beispielen eine Angabe zum Encoding hinzugekommen ist. Da hier Binärdateien übertragen werden, ist dieser Parameter notwendig. Er sorgt dafür, dass am Server alles richtig ankommt.

Die Zeilen <input type=file ... verdienen eine nähere Betrachtung. Der erste Teil erzeugt im Browser des Anwenders ein Eingabefeld mit einem Knopf, der ein Dateiauswahlfenster öffnet. Der Parameter name=variablenname definiert, unter welchem Array-Namen die Parameter der Datei im auswertenden Skript abgefragt werden können. Die Länge des Eingabefeldes (in Zeichen, hier: 60) bestimmen Sie mit size=60, und der Parameter maxlength=1000000 legt die Maximalgröße der hochzuladenden Datei auf eine Million Bytes fest. Diese Maximalgröße ist allerdings nichts, worauf Sie sich verlassen können, denn die eventuelle Ablehnung einer Datei, die den angegebenen Maximalwert überschreitet, ist Sache des Browsers.

Und ob dieser den Parameter tatsächlich prüft, wissen Sie als Server-Betreiber nicht. Die tatsächlich maximal übertragbare Dateigröße ist stattdessen in der PHP-Voreinstellungsdatei *php.ini* festgelegt (dazu weiter unten Genaueres). Das auswertende Skript bearbeitet die hochgeladenen Dateien:

```
<html><head>
<title>Bildausgabe!</title>
</head><body>
<?
$uploaddir = $_SERVER[DOCUMENT_ROOT];
$uploaddir .= "/Lokal/php-buch/beispiele/bilduploads/";
$tempname1 = $_FILES['bilddatei1']['tmp_name'];
$tempname2 = $_FILES['bilddatei2']['tmp_name'];
$orig_name1 = $_FILES['bilddatei1']['name'];
$orig_name2 = $_FILES['bilddatei2']['name'];
$erfolg = move_uploaded_file($tempname1,
    $uploaddir.$orig_name1)
    or die ("Das Kopieren ist schiefgegangen!");
$erfolg = move_uploaded_file($tempname2,
    $uploaddir.$orig_name2)
    or die ("Das Kopieren ist schiefgegangen!");
echo "<img src=\"./bilduploads/".$orig_name1."\">\n";
echo "<img src=\"./bilduploads/".$orig_name2."\">\n";
?>
</body></html>
```

4.5 Formulare und deren Handhabung

Die Informationen über die soeben an den Server übertragenen Dateien sind im mehrdimensionalen Array *$_FILES[]* gespeichert (Näheres siehe unten).

Zuerst bestimmen wir in der Variablen *$uploaddir* das Verzeichnis, in das die Bilddateien kopiert werden sollen. Dabei steht die Umgebungsvariable *$_SERVER[DOCUMENT_ROOT]* für das Web-Root-Verzeichnis, also das Wurzelverzeichnis der HTML- und PHP-Dateien. Die Benutzung dieser Umgebungsvariablen hat den Vorteil, dass Sie Ihre Skripts zu Hause auf Ihrem Entwicklungs-Server erstellen und ausprobieren und ohne Änderungen auf dem Produktions-Server bei Ihrem Provider betreiben können, obwohl die Verzeichnispfade für den Web-Root auf beiden Servern unterschiedlich sind. Beachten Sie hier bitte, dass dieses Verzeichnis auf Ihrem Server garantiert anders lauten wird. Auch müssen Sie dafür sorgen, dass der Webserver Schreibrechte in diesem Verzeichnis hat. In den Variablen *$tempname1* und *$tempname2* werden die (per „Zufall" vom Webserver bestimmten) temporären Dateinamen (inklusive Pfad) gespeichert. Die Funktionsaufrufe *move_uploaded_file()* sorgen dafür, dass die soeben übertragenen Dateien in dem von Ihnen gewünschten Verzeichnis unter den ursprünglichen Dateinamen abgelegt werden. Ging das Verschieben glatt, enthält *$erfolg* TRUE, falls etwas schief ging, FALSE.

Die zwei Echo-Befehle erzeugen je einen Image-Link auf die Bilddateien. Denken Sie daran, die hochgeladenen Dateien innerhalb des auswertenden Skripts an ihren endgültigen Platz zu kopieren, denn PHP löscht die temporären Dateien bei Beendigung des Skripts automatisch.

Die Elemente des Arrays *$_FILES[]* hängen sowohl von der Anzahl der hochgeladenen Dateien ab als auch von den Bezeichnungen im Upload-Formular. Im obigen Beispiel wird im ersten Datei-Upload-Feld mit *<input type=file name="bilddatei1">* der Name *bilddatei1* verwendet. Damit können Sie den Originalnamen der Datei in *$_FILES['bilddatei1']['name']* finden, deren temporären Dateinamen über *$_FILES['bilddatei1']['tmp_name']*.

Folgende Informationen stellt das Array *$_FILES[]* zur Verfügung (beachten Sie, dass *dateiname* mit dem Namen im Feld *<input type=file ...* korrespondiert):

- *$_FILES['dateiname']['name']* enthält den ursprünglichen Dateinamen auf der Festplatte des Anwenders.
- *$_FILES['dateiname']['type']* liefert den Mime-Type der Datei (z.B. *image/jpeg*), jedoch nur, wenn der Browser des Anwenders diesen mitgeliefert hat. Sie können sich darauf also nicht verlassen.
- *$_FILES['dateiname']['size']* beinhaltet die Größe der hochgeladenen Datei in Bytes.
- *$_FILES['dateiname']['tmp_name']* enthält den temporären Dateinamen (samt Pfad, z.B. */tmp/kxzFb*), unter dem die hochgeladene Datei auf dem Server gespeichert wurde.
- *$_FILES['dateiname']['error']* speichert den Fehlercode, der beim Hochladen der Datei aufgetreten ist:
    - *0*: zeigt an, dass die Datei korrekt empfangen wurde.
    - *1*: Die Datei war größer als zulässig.
      (Parameter *upload_max_filesize* in *php.ini*)
    - *2*: Die Datei war größer als im Formular als Maximalwert bestimmt.
    - *3*: Die Datei wurde nur teilweise hochgeladen.
    - *4*: Es wurde keine Datei hochgeladen.

In der PHP-Voreinstellungsdatei *php.ini* sind etliche Parameter definiert, die das Verhalten bei Datei-Uploads entschieden beeinflussen:

- *memory_limit = 8M* (M = MByte) begrenzt den für ein PHP-Skript maximal verfügbaren Speicher auf 8 MByte. Ist die hochzuladende Datei größer, geht der Upload fehl.
- *post_max_size = 8M* legt die maximale Menge der Daten fest, die über einen POST-Upload an ein PHP-Skript übertragen werden können. Ist die hochzuladende Menge größer, geht der Upload fehl.
- *upload_max_filesize = 2M* (Voreinstellung) hat fast die gleichen Auswirkungen. Größere Dateien wird PHP nicht akzeptieren.

- *file_uploads = on* wird die Möglichkeit des Datei-Uploads überhaupt erst aktivieren.
- *upload_tmp_dir* = legt das Verzeichnis fest, in dem die soeben übertragene Datei landet. Falls dieser Parameter keinen Eintrag besitzt, wird das systemweite temporäre Verzeichnis benutzt. Auf jeden Fall muss der User, unter dem der Webserver (und damit auch PHP) läuft, Schreibrechte auf das temporäre Verzeichnis haben!

Wenn Sie die Werte für die maximale Speicher- und Dateigröße verändern, denken Sie bitte daran, dass es nicht sinnvoll ist, unnötig große Werte einzutragen! Passen Sie die Einträge an die tatsächlichen Anforderungen an. Für ein Redaktionssystem, das zu Artikeln gehörende Bilder verwalten soll, genügt eine Dateigröße von 1 MByte ohne weiteres. Mit möglichst geringen Werten verhindern Sie die Gefahr einer Überlastung Ihres Servers, ob nun aus Versehen oder mit Absicht.

Erfahrungsgemäß macht die Programmierung von Datei-Uploads anfangs eine Menge Frust, weil es oft nicht zu funktionieren scheint. Deshalb hier noch ein paar wichtige Hinweise: In welchem Verzeichnis die Datei nach dem Hochladen landet, ist in *php.ini* (Parameter: *upload_tmp_dir*) festgelegt. Falls Probleme auftreten, bestimmen Sie hier ein Verzeichnis, und starten Sie den Server neu. Der Webserver muss auch auf dieses Verzeichnis Schreibrechte besitzen. Der temporäre Dateiname wird von PHP automatisch generiert. Ein weiteres Problem beim Datei-Upload kann dessen Dauer sein, besonders wenn der Anwender noch ein langsames Modem benutzt. Nachdem er auf Absenden geklickt hat, passiert im Browser eine ganze Weile scheinbar nichts; tatsächlich werden natürlich die Bilddateien an den Server geschickt. Hier ist es sinnvoll, den Anwender zuvor darüber zu informieren, dass er Geduld aufbringen soll, statt im Browser umherzuklicken.

4.5.7 Vorbelegen von Eingabefeldern

Die ein- und mehrzeiligen Textfelder in Formularen können Sie mit Einträgen vorbelegen, etwa, wenn es darum geht, in einem Redaktionssystem bestehende Artikel zu aktualisieren und den bisherigen Inhalt zum Editieren in die Eingabefelder zu schreiben. Für einzeilige Eingabefelder könnte das so aussehen:

```
<input type=text name="vorname"
    value="<?echo $bestehender_text;?>" >
```

Bei mehrzeiligen Eingabefeldern:

```
<textarea name="anmerkung" rows="10" cols="50">
<?echo $bestehender_text;?>
</textarea>
```

Ähnliches können Sie bei Radiobuttons, Checkboxen und Select-Menüs erreichen und damit dem Anwender die Arbeit erleichtern. Vor allem die dynamische Festlegung der vorgewählten Alternativen per PHP kann die Benutzerfreundlichkeit Ihrer Website stark verbessern. Schauen Sie bitte für die entsprechenden HTML-Tags in der verfügbaren Literatur nach. *Selfhtml* (*http://www.teamone.de/selfhtml/*) ist dabei eine sehr gute Adresse.

4.5.8 Integrierte Formulare

In den bisherigen Beispielen zu den Formularen hat eine HTML-Datei mit den Eingabefeldern per *<form action=<url>* ... ein PHP-Skript aufgerufen, welches die Formulardaten wunschgemäß verarbeitet. Es ist jedoch möglich und verschiedentlich auch sinnvoll, Formular und Verarbeitung in der gleichen PHP-Datei zu erledigen und das Skript als *form action* sich selbst aufrufen zu lassen:

```
<html><head>
<title>Alles-in-einem</title>
</head><body>
<?
if (($_GET['vorname']=="") or ($_GET['nachname']=="")) {
```

4.5 Formulare und deren Handhabung

```
?>
<form action="<?echo $_SERVER['PHP_SELF']?>" method=get>
<p>Bitte geben Sie Ihren Namen ein:</p>
Vorname: <input name="vorname" size="60"
    value="<?echo $_GET['vorname']?>" maxlength="60"><br>
Nachname: <input name="nachname" size=60"
    value="<?echo $_GET['nachname']?>" maxlength=60><br>
<input type=submit value="Absenden">
<? } else { ?>
Sie heißen:
<?echo $_GET['vorname']." ".$_GET['nachname']."<br>\n";?>
Vielen Dank für Ihre Mitarbeit!
<? } ?>
</body></html>
```

Wird die Datei aufgerufen, ohne dass Vor- und Nachname übergeben wurden, erscheinen die Eingabefelder. Andernfalls werden die übergebenen Parameter verarbeitet, im obigen Beispiel nur angezeigt. Der Name des Skripts ist dabei völlig egal; den erfragt das Skript selbst über *$_SERVER['PHP_SELF']* und sendet die Eingabedaten auch wieder an sich selbst. Auf diese Weise können Sie bequem sehr benutzerfreundliche Eingabeskripts programmieren, die dem Anwender die Eingabefelder so lange wieder präsentieren, bis alle (Pflicht-)Felder ausgefüllt sind. Ein Anwendungsfall wäre die Abfrage der vollständigen Adressdaten in einem Bestellsystem. Jedes nicht oder nicht richtig ausgefüllte Feld präsentieren Sie dem Anwender noch einmal, oder Sie markieren nicht richtig ausgefüllte Felder mit einer speziellen Farbe. Dieses Spiel können Sie so lange wiederholen, bis alles richtig ausgefüllt ist, um erst dann zur Verarbeitung der Eingaben zu schreiten.

4.5.9 Alternativen zu GET und POST

Für bestimmte – aufwendigere – Aufgaben gibt es auch noch andere Möglichkeiten der Variablenübergabe. So könnten Variablen und Benutzereingaben, die über etliche (oder alle) Seiten hinweg ständig wieder benötigt werden, in einer Datenbanktabelle auf dem Webserver gespeichert werden, und nur ein einziger Parameter wird zur Wiedererkennung des Anwenders benutzt. Ein Beispiel dafür wäre z.b. die Kundennummer des Besuchers eines Web-Shops, die immer dann benötigt wird, wenn der Besucher Artikel in seinen Warenkorb legt, aus diesem herausnimmt oder kaufen will. Hier wäre es wenig sinnvoll, ständig den gesamten Warenkorbinhalt samt Kundennummer per CGI zwischen Server und Client hin und her spazieren zu schicken. Aber in diesem Fall müssen Sie darauf achten, dass der Webserver den Besucher auch eindeutig wiedererkennen kann. Eine Möglichkeit dafür sind Cookies, in denen z.B. eine eindeutige (Kunden-)Nummer gespeichert ist, anhand derer die PHP-Skripts in der Datenbank nachschauen können, um die unter dieser Nummer abgelegten Artikel zu finden. Doch hier bekommen Sie als Programmierer des Shop-Systems ein Problem, wenn der Browser des Benutzers keine Cookies akzeptiert. Deshalb ist es auch sinnvoll, zusätzlich ein so genanntes „Session-Management" einzusetzen, das z.B. auf der ersten vom Benutzer abgerufenen Seite Ihres Servers einen zufällig generierten Session-Key (eine zufällig gewählte Zahlen-/Buchstabenfolge) generiert und diesen – solange der Besucher auf Ihrem Server herumsurft – von einer Seite zur nächsten im URL mitschleppt. Sobald der Benutzer eine Aktion veranlasst, die seine Identifikation verlangt, muss er sich – wenn sein Browser keine Cookies akzeptiert – mit Usernamen und Passwort anmelden. Solange er auf der Website bleibt, kann der Webserver ihn anhand seines momentanen Session-Handles identifizieren. Das wird vor allem auf größeren Sites häufig angewendet.

Aber die detaillierte Behandlung des Session-Managements würde den Rahmen dieses Buches sprengen (wenngleich PHP Funktionen zur Vereinfachung des Session-Managements mitbringt), weshalb nur die direkte Weitergabe von Variableninhalten per GET bzw. POST und die Arbeit mit Cookies Inhalt dieses Buches sein sollen.

5. Programmieren mit PHP

Nachdem Sie sich lange genug mit Theorie und Sprachbeschreibung begnügen mussten, soll es jetzt an's „Eingemachte" gehen. In diesem Kapitel lernen Sie, ein einfaches Redaktionssystem zu programmieren, das nach und nach erweitert wird. Dabei werden Sie im Laufe der Arbeit einige Feinheiten der PHP-Programmierung kennen lernen.

5.1 Das erste Projekt – ein einfaches Redaktionssystem

Angenommen, auf der Website einer kleinen Firma soll es eine Seite geben, auf der Neuigkeiten zu lesen sind. Da es eine kleine Website ist, wird der Inhalt dieser Seite nur in größeren Abständen – z.b. jeden Monat einmal – aktualisiert. Die Aktualisierung soll ein Mitarbeiter der Firma vornehmen können, ohne dass er dazu HTML-Kenntnisse besitzen muss. Auch muss der Inhalt älterer News-Beiträge nicht archiviert werden; es ist in Ordnung, wenn der alte Inhalt durch den neuen überschrieben wird. Dafür bietet sich ein Webbasiertes Redaktionssystem an, das aus zwei Teilen besteht:

- zum einen die Seite mit den Neuigkeiten, die der Besucher der Website zu sehen bekommt
- zum anderen die Seite zum Warten des Inhalts der News-Seite, auch „Redaktions-Frontend" genannt

Letzteres soll nur für den Administrator zugänglich sein und muss deshalb über die Authentifizierungsmechanismen des Apache geschützt werden. Für diese einfache Anwendung wäre die Benutzung einer Datenbank absoluter Overkill; eine Textdatei mit dem wechselnden Inhalt genügt hier völlig. Die einzelnen Elemente der Textdatei werden auf der Besucherseite gelesen und mittels PHP in den HTML-Code eingebaut. Als Elemente des News-Beitrags genügen die Überschrift, ein Vorspanntext, der eigentliche Artikeltext und der Name des Autors. Da es nur einen „Redakteur" gibt, wird es nicht vorkommen, dass mehrere Prozesse – mehrere Redakteure – zugleich versuchen, auf das Redaktions-Frontend zuzugreifen.

5.1.1 Die News-Seite

In diesem ersten Projekt nutzen Sie die Funktion *file()*, um den in der Textdatei gespeicherten Artikel zu lesen. Die Funktion bekommt einen Dateinamen übergeben und liefert ein Array zurück, in dem jede Zeile der (Text-)Datei in einem Array-Element gespeichert ist. Sie müssen also sicherstellen, dass im Frontend tatsächlich nur eine Zeile für jedes Element des Artikels angelegt und gespeichert wird. Hier der mögliche Inhalt der Textdatei:

```
Neues Redaktionssystem Online

Das erste Beispiel funktioniert bereits

Heute wurde zum ersten Mal das neue \

Redaktionssystem in Betrieb genommen. \

Es funktioniert hervorragend.

Dirk Taggesell
```

Sie sehen in der ersten Zeile die Überschrift, darunter den Vorspanntext.

Hinweis:
Beachten Sie, dass die dritte Zeile der Textdatei (der eigentliche Text des Artikels) aufgrund der begrenzten Seitenbreite im Buch umbrochen werden musste. Diese Umbrüche sind mit Backslashes markiert. In der Datei selbst besteht der Artikeltext nur aus einer Zeile, sonst funktionierte das Redaktionssystem nicht.

5.1 Das erste Projekt – ein einfaches Redaktionssystem

In der vierten Zeile ist der Autor des Artikels vermerkt. Die Abbildung 5.1 zeigt Ihnen, wie der Artikel auf der dem Besucher zugänglichen Webseite aussieht.

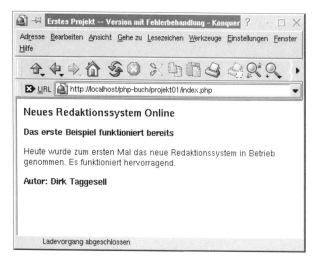

Abb. 5.1:
So sieht der Besucher den Inhalt des News-Artikels.

Die Seite zur Anzeige des News-Artikels ist recht einfach. Es gilt lediglich, die Existenz und Lesbarkeit der Textdatei zu prüfen sowie im Fehlerfall dem Besucher eine Meldung zu generieren. Ist die Datei lesbar, wird deren Inhalt aufbereitet und wunschgemäß formatiert in den HTML-Code integriert. Hier der Quelltext des Skripts:

```
01 <html><head>

02     <title>Erstes Projekt - Newsseite</title>

03 </head><body>

04 <?

05 //existiert die zu lesende Datei?

06 $ergebnis = is_readable ("artikel.txt");

07 if ($ergebnis) {

08     $artikel_array = file ("artikel.txt");
```

5. Programmieren mit PHP

```
09    // Ausgeben der einzelnen Elemente
10    echo "<font size=\"4\"><b>".$artikel_array[0]."
      </b></font><p>\n";
11    echo "<font size=\"3\"><b>".$artikel_array[1]."
      </b></font><p>\n";
12    echo "<font size=\"2\">".$artikel_array[2]."
      </font><p>\n";
13    echo "<font size=\"2\"><b>Autor:
      ".$artikel_array[3]."</b></font><p>\n";
14 } else {
15    echo "Sehr geehrter Besucher,<br>\n";
16    echo "Momentan ist leider kein Newsartikel
      verf&uuml;gbar!\n";
17    mail ("webmaster@example.com",
18         "Fehler in der Newsseite",
19         "Der Artikel konnte nicht gelesen werden!"
20         );
21 }
22 ?>
23 </body></html>
```

Legen Sie im Verzeichnisbaum Ihres Webservers ein beliebiges Verzeichnis an (z.B. *projekt01*), und speichern Sie dorthinein die obige Datei unter dem Namen *index.php*. Was passiert nun im Einzelnen? Zuerst wird in der Zeile 06 nachgeschaut, ob die Textdatei mit dem Artikelinhalt für den Webserver (und damit für den PHP-Parser) lesbar ist. Falls die Datei nicht existiert oder der Apache keine Leseberechtigung für diese Datei besitzt, liefert die Funktion *is_readable()* FALSE zurück. In der nachfolgenden If-Else-Konstruktion wird je nach Ergebnis dieses Tests reagiert: Bei FALSE wird der Zweig nach *else* (Zeilen 15-20) ausgeführt. Der Besucher bekommt eine Meldung präsentiert, und gleichzeitig wird an den Verantwortlichen eine E-Mail mit der Fehlernachricht gesandt, denn der Fall, dass die Textdatei nicht existiert oder nicht lesbar ist, darf nicht vorkommen.

Falls die Datei existiert und gelesen werden darf, wird der Zweig zwischen *if* und *else* (Zeilen 08-13) ausgeführt: Die Datei wird mittels der Funktion *file()* gelesen und damit automatisch jede Zeile der Datei in einem Element des Arrays *$artikel_array* gespeichert. In den Zeilen 10 bis 13 werden dann die einzelnen Elemente in der gewünschten Formatierung ausgegeben – fertig.

Hier wurde bewusst eine etwas anschaulichere Notation verwendet. Erfahrene Programmierer würden beispielsweise die Zeilen 06 und 07 so zusammenfassen:

```
if (is_readable ("artikel.txt")) {
```

Das Ergebnis des Funktionsaufrufes wird direkt und ohne Zwischenspeicherung als Entscheidungskriterium für die If-Konstruktion verwendet. Aber das Ergebnis ist in beiden Fällen das gleiche, und darauf kommt es an.

Sie können den öffentlichen Teil des Redaktionssystems schon ausprobieren, wenn Sie die Textdatei manuell erstellen. Beachten Sie dabei, dass Sie keine zusätzlichen Zeilenumbrüche generieren und dass die Datei für den User, unter dem der Apache läuft, lesbar und schreibbar sein muss. Denn während obiges Skript die Datei nur liest, muss das Redaktions-Frontend, das ebenfalls ein PHP-Skript ist, später den aktualisierten Inhalt in die Datei schreiben können.

5.1.2 Das Redaktions-Frontend

Für das Frontend legen Sie am besten im Verzeichnis mit dem News-Skript ein neues Verzeichnis namens *admin/* an. Dieses schützen Sie später per Apache-Konfiguration vor unbefugtem Zugriff. Aber zuerst sollten Sie sich noch einmal überlegen, was das Frontend alles berücksichtigen und ausführen und wie es prinzipiell aussehen soll. Es bietet sich an, hier eines der integrierten Formulare zu benutzen, die sich mit <*form action*> selbst aufrufen. Denn das Frontend muss zwei verschiedene Fälle berücksichtigen, die in Form eines integrierten Formulars bequem mit *if* und *else* behandelt werden können:

- Entweder das Skript wird direkt per URL aufgerufen, z.B. wenn der zuständige Redakteur den Artikel aktualisieren möchte und den URL in seinem Browser eingibt. In diesem Fall wurden keinerlei Daten per CGI übergeben.
- Der andere Fall tritt ein, wenn der Redakteur auf den Submit-Knopf geklickt hat und das Skript erneut aufgerufen wird, diesmal mit den aktualisierten Elementen des Artikels.

Zwischen den beiden Fällen lässt sich recht bequem per *isset()* unterscheiden.

Abb. 5.2:
Das Frontend aus Sicht des Redakteurs

5.1 Das erste Projekt – ein einfaches Redaktionssystem

Im Fall des direkten Aufrufs muss die existierende Textdatei geladen werden, damit deren momentane Elemente als Vorbelegung in die Eingabefelder eingetragen werden können. Wurden Daten an das Skript übermittelt, muss die existierende Textdatei mit diesen neuen Daten überschrieben werden. Im Groben sind das bereits alle Aufgaben, die das Skript übernehmen muss. Was dabei im Detail tatsächlich berücksichtigt werden muss, wird anhand des Quelltextes erklärt:

```
01 <html><head>
02 <title>Erstes Projekt - Redaktionsfrontend</title>
03 </head><body>
04 <?
05 if (!isset ($HTTP_POST_VARS[artikel_array])) {
06   if (file_exists ("../artikel.txt")) {
07     $artikel_array = file ("../artikel.txt");
08   }
09 } else {
10   @$filehandle = fopen ("../artikel.txt", "w");
11   if (!$filehandle) {
12     echo "<font color=\"#ff0000\">";
13     echo "<b>ACHTUNG Fehler!</b><br>\n";
14     echo "Datei ließ sich nicht zum Schreiben öffnen!<br></font>\n";
15     mail ("webmaster@example.com",
16       "Fehler im Redaktionsfrontend",
17       "Die Datei konnte nicht geschrieben werden!"
18     );
```

5. Programmieren mit PHP

```
19   } else {
20     $translation = get_html_translation_table
       (HTML_ENTITIES);
21     $anzahl = count($HTTP_POST_VARS['artikel_array']);
22     for ($i = 0; $i < $anzahl; $i++) {
23       $artikel_array[$i] = strtr($HTTP_POST_VARS
         ['artikel_array'][$i],
24         $translation);
25       $artikel_array[$i] = str_replace
         ("\r","",$artikel_array[$i]);
26       $artikel_array[$i] = str_replace
         ("\n","<br>",$artikel_array[$i]);
27     } // Ende der For-Schleife

28     $artikel_string = implode("\n",$artikel_array);
29     $erfolg = fwrite ($filehandle, $artikel_string);
30     $erfolg = fclose($filehandle);
31     echo "<h4>Der Artikel wurde aktualisiert</h4><p>\n";
32   } // Ende if (!$filehandle)
33 } // Ende if (!isset...

34 $translation = get_html_translation_table(HTML_ENTITIES);
35 $translation = array_flip ($translation);
36 $anzahl = count($artikel_array);
37 for ($i = 0; $i < $anzahl; $i++) {
```

5.1 Das erste Projekt – ein einfaches Redaktionssystem

```
38    $artikel_array[$i] = strtr ($artikel_array[$i],
      $translation);
39    $artikel_array[$i] = str_replace
      ("<br>","\n",$artikel_array[$i]);
40 } ?>


41 <h3>Redaktionssystem - Eingabe</h3>
42 <form action="<?echo $PHP_SELF?>" method=post>
43 <b>&Uuml;berschrift: </b><br>
44 <input name="artikel_array[0]" size=60 maxlength=60
45      value="<?echo $artikel_array[0]?>"><p>
46 <b>Vorspann: </b><br>
47 <input name="artikel_array[1]" size=60 maxlength=60
48      value="<?echo $artikel_array[1]?>"><p>
49 <b>Artikeltext: </b><br>
50 <textarea name="artikel_array[2]" rows=8 cols=50>
51      <?echo $artikel_array[2]?></textarea><p>
52 <b>Autor: </b><br>
53 <input name="artikel_array[3]" size=30 maxlength=30
54      value="<?echo $artikel_array[3]?>"><br>
55 <input type=submit value="Absenden">
56 </form>
57 </body></html>
```

In Zeile 05 wird geprüft, ob CGI-Daten übergeben wurden. In diesem Fall wäre das Array *$artikel_array* in der Umgebungs-Variablen

$HTTP_POST_VARS[] definiert und *isset()* würde TRUE liefern. Beachten Sie jedoch das Ausrufezeichen vor dem Funktionsaufruf, womit die Zeile heißt: „wenn *$artikel_array* nicht definiert ist". Demzufolge wird der Zweig zwischen *if* und *else* dann ausgeführt, wenn keine Daten übergeben wurden. Im anderen Fall wird der Zweig zwischen *else* und dem Ende der If-Konstruktion (in Zeile 33) aktiv. Der „umgekehrte" Test mit der Negation hat einen konkreten Grund: So befindet sich der – nach Programmzeilen gerechnet – kurze Zweig (Zeilen 6-8) am Anfang der If-Else-Konstruktion, was den Quelltext wesentlich übersichtlicher macht.

Sind keine Daten übermittelt worden, prüft Zeile 06, ob die Datei *artikel.txt* (mit den Elementen des News-Artikels) existiert. Ist das der Fall, wird deren Inhalt in Zeile 07 in die Array-Variable *$artikel_array* geladen. Wenn die Datei nicht existiert – z.B. weil das Frontend das allererste Mal aufgerufen wurde –, versucht das Skript erst gar nicht, diese zu öffnen.

Ab Zeile 10 kommt der Teil des Skripts zur Ausführung, der die Daten aktualisiert. Dazu wird als Erstes geprüft, ob die Textdatei für den Server-Prozess schreibbar ist. Sie wundern sich vielleicht, dass dafür gleich die Funktion *fopen()* herhalten muss, statt dass erst einmal z.B. mit *is_writable()* die Schreibberechtigung geprüft wird. Aber schließlich ist der Fall denkbar, dass die Datei nicht nur aktualisiert wird, sondern noch gar nicht existiert und neu angelegt werden muss, weil das Frontend zum ersten Mal aufgerufen wurde. Ein Test mit *file_exists()* oder *is_writable()* setzt jedoch eine existierende Datei voraus und ist deshalb an dieser Stelle untauglich. Die Funktion *fopen()* versucht mit dem Parameter „w" (für *write*), die angegebene Datei zum Schreiben zu öffnen. Existiert die Datei nicht, wird versucht, sie anzulegen; ansonsten wird ihr bisheriger Inhalt durch den neuen Inhalt überschrieben. Der Klammeraffe vor dem Funktionsaufruf verhindert eine PHP-Fehlermeldung für den Fall, dass das Öffnen missglückt ist, und das Skript kann in den Zeilen 12 bis 17 selbst die nötigen Maßnahmen ergreifen: Der Redakteur wird mit roter Schrift über den Fehler informiert, und an den Verantwortlichen wird die übliche Fehler-Mail geschickt.

5.1 Das erste Projekt – ein einfaches Redaktionssystem

Lässt sich die Datei ohne Probleme öffnen, wird ab Zeile 20 weitergearbeitet. Nun gilt es, die Eingaben von unerwünschten Zeichen zu befreien. Wenngleich hier die Eingaben eigentlich nur von befugten Personen stammen können (denn der Zugang wird nur nach Authentifizierung erlaubt), werden trotzdem alle potenziell gefährlichen Zeichenkombinationen entfernt. Sie könnten – auch unabsichtlich eingegeben – die Darstellung der News-Seite zerstören und darüber hinaus ein Angriffspunkt für Sabotage sein. Zur Maskierung der unerlaubten Zeichen bietet sich die Verwendung der in PHP eingebauten Übersetzungstabelle und der Funktion *strtr()* an. Die Tabelle wird ausgelesen, in der Variablen *$translation* gespeichert (Zeile 20) und danach jedes Element des Arrays *$artikel_array* mit der Funktion *strtr()* bearbeitet (For-Schleife ab Zeile 22). Dazu wird zuerst in Zeile 21 die Anzahl der Elemente des Arrays ermittelt, so dass die For-Schleife für jedes dieser Elemente einmal durchlaufen wird. Damit sind alle HTML- und PHP-Codes unschädlich gemacht. Aus einem <b> wird z.B. ein <b>. Als angenehmer Nebeneffekt werden die Umlaute gleich in ihre HTML-Entities konvertiert.

In der Überschrift und im Vorspanntext braucht man kaum explizite Zeilenvorschübe, im Eingabefeld für den Artikeltext schon eher. Da jedes Element nur eine Zeile in der Textdatei belegen darf und die Newlines \n sowieso in die HTML-Entsprechungen umgewandelt werden müssen, tauscht die Funktion *str_replace()* in Zeile 26 die Newlines gegen <br> aus. Viele Browser fügen in den per CGI übermittelten Daten vor oder nach den Newlines (ASCII-Code 10) noch so genannte „Carriage-Returns" (ASCII-Code 13) ein, die vor der weiteren Verarbeitung entfernt werden müssen. In Zeile 25 wird das erledigt. Nachdem die For-Schleife alle Elemente des Artikels wunschgemäß bearbeitet hat, werden die einzelnen Elemente des Arrays mit *implode()* zu einem Ganzen zusammengefügt, wobei als „Bindeglieder" Linefeeds benutzt werden. Das Ganze wird sodann in die zuvor geöffnete Textdatei geschrieben, diese danach geschlossen und dem Benutzer die Aktualisierung mitgeteilt (Zeilen 28-31). Der Rückgabestatus von *fwrite()* und *fclose()* wird jeweils in *$erfolg* gespeichert.

Hinweis:
Im obigen Beispiel wurde vereinfachend davon ausgegangen, dass in die Datei geschrieben werden kann, wenn sie ohne Probleme zum Schreiben geöffnet werden konnte. Das ist jedoch nicht automatisch richtig: Sollte die Festplatte voll sein, könnte man die Datei zwar zum Schreiben öffnen, jedoch nichts hineinschreiben. Ein solcher Fehler würde von obigem Skript nicht abgefangen. Auch ein unter seltenen Bedingungen auftretender Fehler beim Schließen der Datei wird hier nicht ausgewertet. Diese Vereinfachung folgt zwar nicht ganz der „reinen Lehre", aber um das Beispiel nicht zu sehr aufzublähen, habe ich mir diese Abkürzung gestattet.

Die eigentliche Verarbeitung ist somit abgeschlossen, die If-Konstrukte sind fertig abgearbeitet. Was noch fehlt, ist das Benutzer-Interface – die Eingabefelder. Diese machen eigentlich wenig Arbeit, doch um Ihrem Kunden ein benutzerfreundliches Interface anbieten zu können, sind noch ein paar Vorbereitungen nötig. Um beim Editieren eines News-Artikels nicht ständig wieder alles neu eintragen zu müssen, bietet es sich an, die Eingabefelder des HTML-Formulars mit den bestehenden Inhalten vorzubelegen. Doch für die Anzeige innerhalb der Eingabefelder müssen die Elemente des Artikels wieder zurückkonvertiert werden. Sie erinnern sich: Sämtliche Umlaute wurden durch ihre Entities ersetzt, die Zeilenvorschübe durch <br> und dergleichen mehr. Das muss jetzt rückgängig gemacht werden, was in den Zeilen 34 bis 39 geschieht. Zuerst wird sicherheitshalber noch einmal die Übersetzungstabelle eingelesen. Danach werden mit *array_flip()* deren Key-/Value-Paare ausgetauscht; die Tabelle ist nun für die Rückübersetzung geeignet. Diese geschieht in der For-Schleife für jedes einzelne Element des Arrays.

Nach Beendigung der Schleife ist es Zeit, das Formular zu generieren. Als *<form action=...* wird wieder der URL des Skripts in Form der PHP-Variable *$PHP_SELF* benutzt. Die einzelnen Eingabefelder bekommen mit eingestreuten PHP-Schnipseln den aktuellen Inhalt als Vorbelegung, und in Zeile 55 wird der Submit-Knopf generiert. Damit ist das komplette Redaktionssystem fast fertig; es fehlt nur noch der Schutz des Admin-Verzeichnisses vor Unbefugten.

5.1.3 Verzeichnisse mit Passwortschutz

Im Apache-Webserver sind Mechanismen eingebaut, die den Zugriff auf einzelne Verzeichnisse und Dateien steuern. (Wer in der Apache-Doku nachschlagen will, suche nach *mod_auth*.) Wenn Sie Webspace bei einem Provider gemietet haben, bietet dieser vielleicht ein Web-Frontend zur Zugriffssteuerung an. Falls Sie jedoch Ihren eigenen Server betreiben, schauen Sie zuerst nach, ob diese Zugriffsmechanismen aktiviert sind. Editieren Sie – als *root* – die Konfigurationsdatei *httpd.conf*. Falls Sie ein SuSE-Linux und den mitgelieferten Apache benutzen, liegt die Konfiguration in */etc/httpd/* (der Document-Root meist in */usr/local/httpd/htdocs*); bei einem selbst kompilierten Webserver findet sich die *httpd.conf* normalerweise in */usr/local/apache/conf* und unter Windows in *C:\Programme\Apache Group\Apache\conf* – es sei denn, Sie haben während der Installation bewusst ein anderes Verzeichnis gewählt. In dieser Datei suchen Sie den folgenden Abschnitt:

```
<Directory "/usr/local/apache/htdocs">
    Options Indexes FollowSymLinks MultiViews
    AllowOverride AuthConfig
    Order allow,deny
    Allow from all
</Directory>
```

In der ersten Zeile des obigen Abschnitts ist das Wurzelverzeichnis des Apache vermerkt. In diesem Beispiel ist es dasjenige des selbst kompilierten Linux-Apache. Beim SuSE- und Windows-Server lautet dieses Verzeichnis anders; schlagen Sie nötigenfalls in Kapitel 2.8 nach. Interessant ist hier die Zeile *AllowOverride*: Falls dort *none* eingetragen ist, ändern Sie das – wie oben zu sehen – auf *AuthConfig*. Zusätzlich muss in der Konfigurationsdatei (außerhalb des obigen Abschnitts) noch der Eintrag *AccessFileName .htaccess* zu finden sein. Nötigenfalls tragen Sie diesen zusätzlich ein. Speichern Sie danach die Datei, und starten Sie den Apache neu. Der Server ist jetzt so konfiguriert, dass er in jedem Verzeichnis nach einer Datei namens *.htaccess* sucht. Falls Sie Ihren Webspace bei einem Provider gemietet haben, sollte diese Konfiguration bereits vom Provider vorgenommen worden sein.

Nun benötigen Sie noch eine Datei mit den User-Namen und Passwörtern, mit denen man Zugriff auf die geschützten Verzeichnisse erlangt. Dafür ist das Kommando *htpasswd* zuständig. Bei einem SuSE-Apache befindet es sich im Suchpfad der Shell, so dass Sie es ohne Pfadangaben aufrufen können. Bei einem selbst kompilierten Server liegt es normalerweise in */usr/local/apache/bin*, und der Windows-Apache legt es innerhalb des Apache-Installationspfades in das Verzeichnis *usr/bin* oder *usr/sbin*.

1. Legen Sie nun mit *htpasswd* eine Passwortdatei an, die sich möglichst außerhalb des Document-Roots befindet, damit man mit dem Browser nicht darauf zugreifen kann. Auf Ihrem eigenen Server wäre z.B. das Verzeichnis */usr/local/apache/conf* ein geeigneter Platz. Bewegen Sie sich in dieses Verzeichnis, und rufen Sie das Kommando auf:

```
/pfad/zum/kommando/htpasswd -c rs_access redaktion
```

2. Die obige Befehlszeile legt eine Datei namens *rs_access* im aktuellen Verzeichnis und in dieser Datei den User *redaktion* an. Sie werden sogleich nach einem zu vergebenden Passwort gefragt, das Sie zur Sicherheit zweimal eingeben müssen. Die Datei sieht dann z.B. so aus:

```
redaktion:pxIjQCwbGRSEs
```

3. Das Passwort ist verschlüsselt gespeichert. Sie dürfen in die Datei auch noch zusätzliche User aufnehmen:

```
htpasswd rs_access dirk
```

Denken Sie daran, dass Sie Schreibrechte für das Verzeichnis haben müssen, in das Sie die Passwortdatei speichern; nötigenfalls müssen Sie die Datei als User *root* erzeugen.

5.1 Das erste Projekt – ein einfaches Redaktionssystem

Sie haben nun den Apache vorbereitet und eine Passwortdatei angelegt. Falls Sie keinen Shell-Zugang zu Ihrem Provider-Webspace haben, der Provider jedoch den *.htaccess*-Mechanismus anbietet, können Sie versuchen, die Passwortdatei auf Ihrem eigenen Rechner zu erstellen und z.B. per FTP auf den Server zu kopieren. Im Zweifel fragen Sie Ihren Provider nach den Modalitäten für die Zugriffssteuerung. Wechseln Sie nun in das zu schützende Verzeichnis, und erzeugen Sie unter Ihrem normalen User-Account eine Datei namens *.htaccess*:

```
AuthName "RS-Frontend"
AuthType Basic
AuthUserFile /usr/local/apache/conf/rs_access
require valid-user
```

Vergessen Sie nicht den Punkt zu Beginn des Dateinamens! Bei *AuthName* können Sie eine Bezeichnung angeben, die im Dialogfenster des Browsers erscheint. Damit weiß der Anwender z.B., dass er im Begriff ist, sich am Redaktionssystem anzumelden. Den Pfad- und Dateinamen in der Zeile *AuthUserFile* müssen Sie an Ihre Verzeichnisstruktur anpassen; er muss auf die vorhin angelegte Passwortdatei zeigen. Nach *require* können Sie entweder das im Beispiel genannte *valid-user* angeben, das allen in der Passwortdatei vermerkten Usern den Zugriff gewährt, oder Sie schränken den Zugriff auf bestimmte der in der Passwortdatei vermerkten User ein:

```
require user redaktion dirk
```

Diese Zcile erlaubt nur den Usern *redaktion* und *dirk* den Zugriff auf das Verzeichnis des Redaktions-Frontends, auch wenn die Passwortdatei noch andere User enthält.

Nachdem Sie die Datei *.htaccess* gespeichert haben, ist der Passwortschutz für das Redaktionssystem fertig installiert. Sie können es gleich einmal ausprobieren.

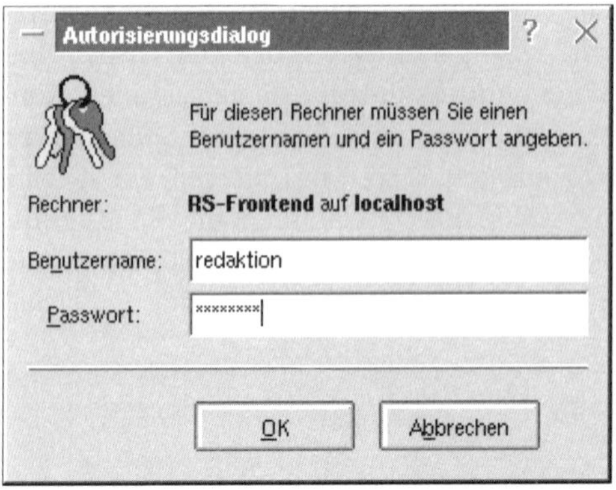

Abb. 5.3:
Authentifizierungsdialog
des Browsers

Hinweis:
Beachten Sie jedoch, dass die User-Namen und Passwörter unverschlüsselt über das Internet wandern und von gelangweilten und moralisch fragwürdigen Administratoren mitgelesen werden könnten. Verwenden Sie deshalb keine User-Passwort-Kombinationen, die Sie anderswo bereits in Gebrauch haben! Dieses Problem könnten Sie mit einer SSL-Verbindung vermeiden. Der Webserver müsste dementsprechend konfiguriert werden, und das Frontend müssten Sie mit *https://...* aufrufen. Eine genaue Vorgehensbeschreibung würde jedoch den Rahmen dieses Buches sprengen.

5.1.4 Anmerkungen zum RS

Wenn es um die Schreibberechtigungen für Dateien unter Unix (und damit auch unter Linux) geht, müssen Sie beachten, dass Sie zwar eine bereits existierende Datei in einem beliebigen Verzeichnis mit entsprechenden Besitzer- und Schreibrechten versehen können, doch wenn Ihr PHP-Skript die Datei neu anlegen möchte, muss der User, unter dem der Apache – und damit auch PHP – läuft, Schreibrechte auf dieses Verzeichnis haben. Auch in dem zuvor gezeigten Beispiel könnte man mehrere Zeilen zu einer zusammenfassen, indem man Funktionen ineinander schachtelt. Der Übersichtlichkeit halber wurde darauf verzichtet. Sie können das jedoch selbst nach-

5.1 Das erste Projekt – ein einfaches Redaktionssystem

holen. Da sämtliche PHP- und HTML-Codes in den Eingaben in die entsprechenden Entities übersetzt werden, ist es im Übrigen nicht möglich, innerhalb der Eingaben mit HTML-Tags – etwa für fette (<*b*>) oder kursive Schrift (<*i*>) – zu arbeiten. In obigem Fall ist dies jedoch auch nicht unbedingt nötig.

5.1.5 Liste der neuen Funktionen

- *$bool = is_readable ("/pfad/zur/datei");*
  schaut nach, ob der Webserver-Prozess die zum Lesen der angegebenen Datei nötigen Dateiberechtigungen besitzt. Liefert als Ergebnis TRUE, wenn schreibbar, andernfalls FALSE.

- *$bool = is_writable ("/pfad/zur/datei");*
  schaut nach, ob der Webserver-Prozess die zum Schreiben der angegebenen Datei nötigen Dateiberechtigungen besitzt. Liefert als Ergebnis TRUE, wenn schreibbar, andernfalls FALSE.

- *$bool = file_exists ("/pfad/zur/datei");*
  prüft, ob die angegebene Datei existiert und liefert im Erfolgsfall TRUE zurück. Existiert die Datei nicht, wird FALSE zurückgegeben.

- *$array = file ("/pfad/zur/datei");*
  öffnet und liest die angegebene Textdatei und speichert jede Zeile der Datei in einem Element des Arrays *$array*.

- *$filehandle = fopen ("/pfad/zur/datei","modus");*
  versucht, die spezifizierte Datei zu öffnen. Bei Erfolg liefert die Funktion ein so genanntes *Filehandle* (Typ: Integer) zurück, eine Art Zeiger, den Sie für alle nachfolgenden Operationen auf diese Datei (schreiben, lesen usw.) benötigen. Konnte die Datei nicht geöffnet werden, wird FALSE zurückgegeben. Folgende Modi sind verfügbar:

  - *r* öffnet die Datei zum Lesen und setzt den Dateizeiger an den Anfang der Datei.
  - *r+* öffnet die Datei zum Schreiben und Lesen, setzt den Dateizeiger an den Anfang.
  - *w* öffnet die Datei nur zum Schreiben. Existiert die Datei bereits, wird ihr bestehender Inhalt beim Öffnen gelöscht und

kann durch den neu zu schreibenden Inhalt ersetzt werden. Falls sie noch nicht existiert, wird versucht, sie anzulegen.
- *w+* öffnet die Datei zum Schreiben und Lesen. Bestehender Inhalt wird nicht gelöscht; der Dateizeiger wird auf den Anfang der Datei gesetzt. Falls die Datei noch nicht existiert, wird versucht, sie anzulegen.
- *a* öffnet die Datei nur zum Schreiben, der Dateizeiger wird jedoch an das Ende der Datei gesetzt; neu geschriebene Daten werden somit an den bestehenden Inhalt angehängt. Falls die Datei noch nicht existiert, wird versucht, sie anzulegen.
- *a+* öffnet die Datei zum Schreiben und Lesen, der Dateizeiger wird jedoch an das Ende der Datei gesetzt. Neu geschriebene Daten werden somit an den bestehenden Inhalt angehängt. Falls die Datei noch nicht existiert, wird versucht, sie anzulegen.

- *$anzahl = filesize ("/pfad/zur/datei");*
  liefert die Anzahl der in der Datei gespeicherten Bytes zurück. Falls ein Fehler auftrat, z.B. weil die Datei nicht existiert, wird FALSE in *$anzahl* zurückgegeben.

- *$string = fread ($filehandle, $anzahl_zeichen);*
  liest die angegebene Anzahl Zeichen aus der Datei und speichert sie in *$string*. Sie müssen die Datei zuvor mit *fopen()* öffnen und *fread()* das Dateihandle übergeben. Das Lesen bricht generell am Dateiende ab; es kann deshalb sein, dass Sie weniger als die angegebene Anzahl Zeichen bekommen. Die Länge der Datei können Sie mit *filesize()* ermitteln.

- *$anzahl = $fwrite ($filehandle, $string [, $laenge]);*
  schreibt den Inhalt von *$string* in die zuvor geöffnete Datei und liefert die Anzahl der geschriebenen Bytes zurück. Falls Sie den Parameter *$laenge* übergeben, wird nur die entsprechende Anzahl Zeichen aus *$string* geschrieben, auf keinen Fall jedoch mehr Zeichen als in *$string* enthalten sind. Falls das Schreiben misslang, liefert die Funktion *-1* zurück.

- *$bool = fclose ($filehandle);*
  schließt die durch *$filehandle* spezifizierte Datei und liefert Erfolg oder Misserfolg als TRUE oder FALSE in *$bool* zurück. Falls Sie

innerhalb eines Skripts vergessen, eine Datei zu schließen, wird sie bei Beendigung des Skripts automatisch geschlossen.

- *$bool = mail ($adressat, $betreff, $text [, $header]);*
sendet eine E-Mail an *$adressat* mit *$betreff* und dem Inhalt *$text*. Ging das Senden der Mail schief, liefert die Funktion FALSE zurück; konnte die Mail ordnungsgemäß zugestellt werden, wird TRUE zurückgegeben. Das Versenden von E-Mails bedingt ein korrekt konfiguriertes Betriebssystem; „ordnungsgemäß zugestellt" bedeutet hier, dass die Mail von dem in der Systemkonfiguration eingetragenen SMTP-Server ohne Beschwerden angenommen wurde, es bedeutet jedoch nicht, dass sie beim Empfänger angekommen ist. Auf Windows-Systemen ist es wichtig, dass bei der Installation von PHP der korrekte SMTP-Server angegeben wurde, sonst können keine Mails versendet werden. Tragen Sie im Zweifelsfall den korrekten Server in die Datei *php.ini* ein. Sie können zusätzliche Mailheader-Informationen im vierten Parameter übergeben. Allerdings sollten Sie dann genau wissen, wie diese aussehen müssen.

5.2 Ausflug nach SQL

Für das zweite Projekt ist eine Datenbankanbindung vorgesehen. Dafür soll MySQL zur Anwendung kommen, das Sie im Kapitel 2 bereits installiert haben. Die Datenbank ist also bereits funktionsbereit. Ebenfalls in Kapitel 2 wurde die prinzipielle Struktur eines modernen relationalen Datenbankmanagementsystems wie MySQL erklärt: Der Datenbank-Server arbeitet mit einzelnen Datenbanken, in denen Sie die Daten in Form von Tabellen verwalten. Die Datenbank namens *php_db*, den User *apache* und dessen Zugriffsrechte auf die Datenbank haben Sie während des Nachvollziehens der MySQL-Installation ebenfalls bereits angelegt, so dass Sie direkt mit dem Anlegen der Tabelle des Redaktionssystems beginnen können. Melden Sie sich mit der MySQL-Shell an der Datenbank an, und wählen Sie gleich die gewünschte Datenbank aus:

5. Programmieren mit PHP

```
mysql -u apache -p php_db
```

Falls Sie eine Fehlermeldung ähnlich dieser bekommen:

```
ERROR 2002: Can't connect to local MySQL server ...
```

ist wahrscheinlich MySQL noch nicht gestartet. Holen Sie dies nach (beschrieben in Kapitel 2), und verbinden Sie sich mit der Datenbank *php_db*.

Die Arbeit mit modernen Datenbanksystemen geschieht in der Sprache SQL (*Standard Query Language*). Deren „normale" Befehle sind standardisiert und funktionieren unter den meisten der heutigen SQL-Datenbanken. Kleine Abweichungen sind allerdings immer möglich, vor allem in den etwas fortgeschritteneren Befehlen zum Verwalten der Strukturen und bei den verfügbaren Datentypen. In dieser kurzen Einführung in SQL werden nur recht einfache Befehle und Datentypen verwendet. In SQL nennt man die Befehle auch *Query* (Mehrzahl *Queries*). Für einen umfassenderen Einblick in (My)SQL sollten Sie spezielle Literatur zu Rate ziehen (siehe Anhang). Auf der MySQL-Website (*www.mysql.com*) ist ebenfalls eine umfassende englische Dokumentation verfügbar. Die einzelnen Datenfelder in den Tabellen besitzen bestimmte Datentypen. Je nach Art der im Feld zu speichernden Informationen kommen unterschiedliche Typen zur Anwendung.

5.2.1 Die wichtigsten MySQL-Datentypen

- INT (UNSIGNED)
  Integer-Datentyp. Wird UNSIGNED angegeben, kann der doppelte Wertebereich gespeichert werden, dann natürlich nur positive Zahlen. Der Integer-Datentyp ist 32 Bit breit, kann dementsprechend Zahlen von -2.147.483.648 bis 2.147.483.647 bzw. ohne Vorzeichen von 0 bis 4.294.967.295 speichern. Es existieren auch noch die Typen
  - TINYINT (-128 bis +127, unsigned 0 bis 255),
  - SMALLINT (-32.768 bis +32.767, unsigned 0 bis 65.535),
  - MEDIUMINT (-8.388.608 bis 8.388.607, unsigned 0 bis 16.777.215) und

- BIGINT
  (-9.223.372.036.854.775.808 bis 9.223.372.036.854.775.807)
  Für BIGINT sollte kein UNSIGNED benutzt werden, dabei etliche Probleme auftreten.
- FLOAT
  dient zur Speicherung von Gleitkommazahlen. Auch hier tritt das Problem der Rundungsfehler auf, das in Abschnitt 3.2.2 bereits angesprochen wurde. Der Wertebereich bewegt sich zwischen -3.402.823.466E+38 und -1.175.494.351E-38, der Null sowie zwischen 1.175.494.351E-38 und 3.402.823.466E+38.
- DOUBLE
  Gleitkommatyp mit einem größeren Wertebereich von -17.976.931.348.623.157E+308 bis -22.250.738.585.072.014E-308, der Null sowie
  22.250.738.585.072.014E-308 bis 17.976.931.348.623.157E+308.
- DATE
  speichert Datumsinformationen der Form YYYY-MM-DD.
- DATETIME
  speichert zum Datum auch die Uhrzeit im Format
  YYYY-MM-DD HH:MM:SS.
- TIME
  speichert eine Uhrzeit in der Form HH:MM:SS.
- CHAR()
  Dieser Typ nimmt Zeichenketten definierbarer Maximallänge auf. Ein CHAR(12) bietet Platz für einen maximal 12 Zeichen langen String. Wird versucht, eine längere Zeichenkette zu speichern, schneidet MySQL die überzähligen Zeichen ab. Falls Sie den CHAR-Typ verwenden, überlegen Sie sich genau, wie viele Zeichen Sie maximal speichern müssen. Auch wenn Sie nur ein Zeichen speichern, wird immer der Platz für die Maximallänge reserviert.
- TEXT()
  Für längere Texte, wie z.B. die Artikeltexte im Redaktionssystem, ist dieser Datentyp geeignet. Die maximale Textlänge beträgt für MySQL 65.535 Zeichen. Der tatsächliche Speicherverbrauch entspricht der jeweiligen gespeicherten Textmenge zuzüglich ein paar

Bytes zur internen Verwaltung. Eine in Klammern angegebene Zahl ist nur ein Anhaltspunkt für die zu speichernde Textmenge. Es passen trotzdem 64 KByte Text in das Feld. Für sehr lange Texte existieren noch die Typen MEDIUMTEXT (16 MByte) und LONGTEXT (ca. 4 GByte).

- BLOB
Abkürzung für *Binary Large OBject*. Dieser Typ dient zum Speichern von Binärdaten. Die maximal speicherbaren Datenmengen entsprechen denen für TEXT; es sind auch die Typen TINYBLOB, MEDIUMBLOB und LONGBLOB verfügbar.

5.2.2 Die Arbeit mit MySQL

Wenn Sie Daten speichern wollen, legen Sie zuerst eine Tabelle an, die mit den einzelnen Feldern mit den jeweils gewünschten Datentypen versehen wird:

```
CREATE TABLE adressen (

    vorname TEXT,

    nachname TEXT,

    jahre TINYINT UNSIGNED,

    telefon TEXT,

    mailadresse TEXT,

    geburtstag DATE

);
```

Dieser Befehl legt eine Tabelle namens *adressen* an, welche die definierten Datenfelder enthält. Die allgemeine Struktur des Befehls lautet:

```
CREATE TABLE tabellenname (

    feldname DATENTYP [, feldname DATENTYP ...]

);
```

Beachten Sie, dass jeder in der MySQL-Shell eingegebene SQL-Befehl mit einem Semikolon abgeschlossen werden muss. Wenn Sie jedoch von PHP aus Queries absetzen, erhalten diese kein Semikolon. Es spielt auch keine Rolle, ob Sie SQL-Befehle groß oder klein schreiben. Im Interesse der Anschaulichkeit hat es sich jedoch eingebürgert, die Befehle groß zu schreiben, was die Queries besser lesbar macht. Auch können Sie jeden Befehl sowohl in eine einzige Zeile schreiben als auch über mehrere Zeilen verteilen wie im obigen Beispiel. Ausgeführt wird die Query erst mit dem abschließenden Semikolon.

Mit folgendem Befehl könnten Sie die Tabelle wieder löschen:

```
DROP adressen;
```

Wollen Sie sich die Struktur der soeben erzeugten Tabelle noch einmal ansehen, können Sie das folgendermaßen tun:

```
DESCRIBE adressen;
```

Sie bekommen eine tabellarische Darstellung mit den einzelnen Feldern, deren Typen und einigen Zusatzdarstellungen angezeigt. Das Feld *jahre* soll zum Eintragen des Alters der jeweiligen Person dienen. Vielleicht wundern Sie sich, warum es dann nicht einfach *alter* heißt. Wenn Sie aber einmal probieren, die Tabelle mit einem Feld namens *alter* anzulegen, bekommen Sie einen Fehler, da das Wort *alter* reserviert ist. Es dient dazu, die Struktur von bestehenden Tabellen zu ändern. Falls Sie z.B. ein Datenfeld an eine Tabelle anfügen wollen, realisieren Sie das mit folgendem Befehl:

```
ALTER TABLE adressen ADD COLUMN strasse TEXT;
```

Mit DESCRIBE ... können Sie sich von der Änderung überzeugen. Wenn Sie die Straße doch nicht benötigen, entfernen Sie das Feld wieder wie folgt:

```
ALTER TABLE adressen DROP COLUMN strasse;
```

Jetzt ist es Zeit, einen Datensatz in die Tabelle einzutragen:

```
INSERT INTO adressen VALUES (
```

```
'Paul', 'Mueller',
33, '089/1234567-202',
'pm@provider.de', '1968-06-15'
);
```

Beachten Sie, dass Inhalte für Zeichenkettentypen in Hochkommas eingeschlossen werden müssen, numerische Datentypen dagegen ohne die begrenzenden Hochkommas auskommen. Datumsangaben müssen in der Form YYYY-MM-DD notiert werden. Nach Eingabe der Query bekommen Sie eine Bestätigung:

```
Query OK, 1 row affected (0.01 sec)
```

Die Daten wurden eingetragen, die Query betraf eine Zeile (einen Datensatz), und die Ausführung des Befehls dauerte eine Hundertstelsekunde. Tragen Sie noch ein paar Datensätze zusätzlich ein, indem Sie die obige Query mit unterschiedlichen Werten versehen. Nun können Sie sich die eingetragenen Daten auch einmal ansehen:

```
SELECT * FROM adressen;
```

listet Ihnen alle Datensätze mit allen Feldern auf. Sie können die Ausgabe jedoch auch auf einzelne Felder beschränken:

```
SELECT vorname, nachname FROM adressen;
```

Vielleicht wollen Sie auch nur bestimmte Datensätze aufgelistet haben:

```
SELECT vorname, nachname
    FROM adressen WHERE vorname='Paul';
```

Diese Query gibt Ihnen alle Datensätze, in denen *Paul* als Vorname eingetragen ist. Sie können auch mit Jokerzeichen suchen:

```
SELECT vorname, nachname
    FROM adressen WHERE vorname like '%a%';
```

5.2 Ausflug nach SQL

findet alle Datensätze, in denen im Vornamen an beliebiger Stelle ein *a* enthalten ist. Das Prozentzeichen dient hier als Joker. Lassen Sie das erste Prozentzeichen weg, bekommen Sie nur Datensätze, in denen der erste Buchstabe des Vornamens ein kleines *a* ist. Wenn Sie dagegen das zweite Prozentzeichen entfernen, listet Ihnen MySQL alle auf *a* endenden Vornamen auf.

Die Ausgabe der gefundenen Datensätze können Sie auch sortieren lassen:

```
SELECT vorname, nachname
    FROM adressen ORDER BY vorname;
```

sortiert die Ausgabe alphabetisch aufsteigend anhand der Vornamen. Umgekehrt geht es auch:

```
SELECT vorname, nachname
    FROM adressen ORDER BY vorname DESC;
```

liefert eine absteigend alphabetisch nach Vornamen sortierte Liste. Wenn sich viele Datensätze in einer Tabelle befinden, können Sie z.B. nur die ersten drei auswählen:

```
SELECT vorname, nachname
    FROM adressen ORDER BY vorname LIMIT 0,3;
```

Nun bekommen Sie Vorname und Nachname der – nach dem Sortieren – ersten drei Datensätze zu sehen. Der erste Parameter nach LIMIT gibt den Start an, die zweite Zahl die Anzahl der folgenden Datensätze. Wie so oft, beginnt die Zählung auch hier bei null. Oft müssen auch Inhalte von bestehenden Datensätzen aktualisiert werden. Wenn Herr Mueller nicht Paul heißt, sondern Peter und Sie dies nachträglich ändern möchten, benutzen Sie eine Update-Query:

```
UPDATE adressen SET vorname='Peter'
    WHERE (vorname='Paul' AND nachname='Mueller');
```

Sie bekommen in der Statusmeldung die Mitteilung, wie viele Datensätze (*rows affected*) geändert wurden. Allerdings müssen Sie aufpassen, dass Ihr Auswahlkriterium nur diejenigen Datensätze erwischt, die tatsächlich geändert werden sollen. Bei obiger Query bekommen Sie ein Problem, falls mehrere Personen mit Namen Paul Mueller eingetragen sind. Deshalb ist es wichtig, in jeder Tabelle ein Feld zu haben, das für jeden Datensatz einen garantiert unterschiedlichen Wert besitzt. Man benutzt für solche Fälle eine so genannte „ID", die man über die SQL-Sequences automatisch mit einem aufsteigenden Wert belegen kann. Damit ist gesichert, dass jedes Feld eindeutig per Suchkriterium greifbar ist. Im Redaktionssystem kommt eine andere Variante zum Einsatz, in der die eindeutige Nummer manuell bestimmt wird. Für das Löschen von Datensätzen ist der DELETE-Befehl gedacht:

```
DELETE FROM adressen
    WHERE jahre<32;
```

Dieser Befehl löscht alle Datensätze, in denen im Feld *jahre* ein Wert kleiner 32 eingetragen ist. Das Suchen bestimmter Einträge innerhalb einer Tabelle ist die weitaus häufigste Anwendung. Um die Suche zu beschleunigen, ist es sinnvoll, Indizes über alle Felder anlegen zu lassen, die als Suchkriterium benutzt werden:

```
CREATE INDEX vorname_index
    ON adressen (vorname(8));
```

erzeugt einen Index namens *vorname_index* über die ersten acht Zeichen des Feldes *vorname*. Möchten Sie Felder vom Typ TEXT indizieren, müssen Sie diese immer mit einer Angabe über die zu indizierende Anzahl Zeichen versehen. Die begrenzte Anzahl indizierter Zeichen ist kein großer Nachteil, da der Index ohnehin nur verwendet werden kann, wenn in *Where*-Klauseln mit *like* kein Prozentzeichen am Anfang steht. Bei *like 'Pa%'* wird der Index verwendet, bei *like '%aul'* nicht.

5.2.3 Autoinkrement und Sequenzen

Für die möglichst bequeme Arbeit mit eindeutigen IDs innerhalb einer Tabelle bietet es sich an, eine automatisch mitzählende ID bereits beim Anlegen der Tabelle zu generieren:

```
CREATE TABLE staedte (
    id INT NOT NULL PRIMARY KEY AUTO_INCREMENT,
    stadt TEXT, land TEXT);
```

Tragen Sie nun ein paar Datensätze ein:

```
INSERT INTO staedte VALUES (
    NULL, 'Berlin', 'Berlin'
);
INSERT INTO staedte VALUES (
    NULL, 'Dresden', 'Sachsen'
);
INSERT INTO staedte VALUES (
    NULL, 'Muenchen', 'Bayern'
);
```

Da Sie für das Feld *id* jeweils NULL eintragen, der Inhalt jedoch nicht NULL sein darf (bei der Erzeugung der Tabelle wurde das so bestimmt), setzt MySQL eine 1 ein, falls noch keine Werte in dieser Tabelle vorhanden sind. Falls dagegen bereits Datensätze existieren, inkrementiert MySQL den jeweils höchsten Wert und trägt ihn im Feld *id* ein. Damit haben Sie automatisch zu jedem Datensatz einen eindeutigen Bezeichner gespeichert.

Ein anderer Weg, eindeutige IDs zu erzeugen, sind die Sequenzen. Dabei werden in der Datenbank spezielle Zähler angelegt, deren Inhalt bei jedem Auslesen um einen bestimmten Wert erhöht wird.

Um von SQL mehr kennen zu lernen, als in diesem Crash-Kurs vermittelt werden kann, sollten Sie sich mit der entsprechenden Literatur ausrüsten. SQL benötigen Sie bei der Programmierung dynamischer Websites so gut wie immer. Ein sehr wichtiger Aspekt ist dabei das Datenbank-Design, das über Erfolg oder Misserfolg eines Projekts maßgeblich entscheidet. Da dieses Buch sich jedoch den ersten Schritten in PHP und SQL gewidmet hat, muss dieser kurze Abstecher in die Datenbankwelt genügen, und wir wenden uns nun endlich wieder dem Redaktionssystem zu.

5.3 Ein Redaktionssystem mit Datenbank

Meistens soll mehr als nur ein News-Artikel auf einer Website vorgehalten werden, auch sollen ältere Ausgaben dauerhaft zugänglich sein, wofür eine Datenbankanbindung nützlich ist. Legen Sie für dieses Beispielprojekt ein neues Verzeichnis in Ihrem Document-Root an (z.B. *projekt02*). Sie müssen die Beispielskripts nicht abtippen. Laden Sie sie stattdessen von meiner Website herunter; die Adresse finden Sie im Anhang.

5.3.1 Überlegungen – ein Software-Design

Zuerst sollten Sie sich Gedanken über die Elemente der zu benutzenden Datenbanktabelle machen, letztlich also die einzelnen Elemente eines jeden Artikels festlegen. Die Artikel sollen genauso aussehen wie die im ersten Beispiel (Abschnitt 5.1) verwendeten, also eine Überschrift, einen kurzen Vorspanntext, den eigentlichen Inhalt und eine Autorenzeile besitzen. Allerdings benötigen Sie nun noch ein eindeutiges Unterscheidungsmerkmal, damit Sie jeden einzelnen Artikel gezielt auswählen können. Hierfür bietet sich eine Art laufende Nummer an, die beim Eintragen eines neuen Artikels automatisch vergeben wird. Außerdem muss natürlich das Erstellungsdatum eines Artikels gespeichert werden, denn die Besucher Ihrer Website möchten schließlich wissen, ob die News auch wirklich neu sind.

5.3 Ein Redaktionssystem mit Datenbank

Eine kleine Trickserei

Die laufende Nummer könnten Sie von der Datenbank beim Eintragen eines neuen Artikels automatisch vergeben lassen. Hierfür wären die Autoinkrements oder auch eine Sequenz denkbar. Dieser Mechanismus soll hier jedoch nicht benutzt werden, sondern es wird ein kleiner Trick angewendet, der die laufenden Nummern mit dem Datum verknüpft. Damit sind eine Reihe Vorteile verbunden, wie Sie gleich sehen werden. Die laufende Nummer eines Artikels besteht aus zehn Ziffern und ist folgendermaßen aufgebaut: *2001082701*. Die ersten vier Ziffern stehen für das Jahr (*2001*), die nächsten zwei für den Monat (*08*), danach folgt der Tag des Monats (*27*), gefolgt von der laufenden Nummer eines Artikels innerhalb eines Tages (*01*). Der erste am 19.11.2001 eingetragene Artikel bekommt also die Nummer *2001111901*, der nächste am gleichen Tag geschriebene Artikel bekommt die *2001111902*. Nach diesem Schema können Sie jeden Tag maximal 99 Artikel anlegen, was bequem reichen sollte.

Sie müssen diese Nummer zwar beim Eintragen eines neuen Artikels innerhalb Ihres Skripts selbst erzeugen, aber dafür haben Sie zum einen ein Sortierkriterium, mit dem Sie die Artikel der Reihenfolge ihrer Erstellung nach sortieren und anzeigen können. Das ist wichtig z.B. in der Liste der Artikel, wenn der neueste Artikel ganz oben erscheinen soll und die restlichen absteigend nach Erstellungszeitpunkt. Zum anderen haben Sie damit auch einen eindeutigen Bezeichner für jeden Artikel, mittels dessen Sie einzelne Artikel referenzieren und aus der Datenbank heraussuchen können. Obendrein haben Sie damit eine Möglichkeit, im URL einen Link auf einen bestimmten Artikel zu setzen.

Das Format der Datenbanktabelle steht damit fest: Für die zehnstellige laufende Nummer kann ein Unsigned-Integer-Feld zur Anwendung kommen; der Wertebereich von Null bis 4.294.967.295 reicht bis ins Jahr 4294. (Falls Ihr Redaktionssystem dann immer noch laufen sollte, können Sie dem Betreiber ein kostenpflichtiges Update anbieten, was auch ein geeigneter Zeitpunkt wäre, um gleich die neueste MySQL-Version aufzuspielen. Vielleicht steht ja ohnehin gerade ein Relaunch an.) Für alle restlichen Felder können Sie ohne weiteres den Typ TEXT benutzen. Sie verwenden somit folgende Datentypen:

```
nummer INT UNSIGNED,
ueberschrift TEXT,
vorspann TEXT,
inhalt TEXT,
autor TEXT;
```

Melden Sie sich mit dem User *apache* und dem vergebenen Passwort mit der DB-Shell an der Datenbank *php_db* an:

```
mysql -u apache -p php_db
```

Windows-Anwender dürfen nicht vergessen, zuerst in das Verzeichnis *c:\programme\mysql\bin* zu wechseln oder den kompletten Pfad an der Kommandozeile mit anzugeben. Alternativ können Sie auch *phpMyAdmin* zum Erzeugen der Tabelle benutzen.

Sie erinnern sich: In Kapitel 2 hatten Sie den User *apache* angelegt, ihm ein Passwort gegeben und auch die Datenbank *php_db* erzeugt, die Sie nun benutzen wollen. Der SQL-Befehl zum Anlegen der Tabelle lautet damit:

```
create table artikel(
    nummer INT UNSIGNED,
    ueberschrift TEXT,
    vorspann TEXT,
    inhalt TEXT,
    autor TEXT
);
```

Nach der Anmeldung geben Sie den obigen SQL-Befehl ein und erhalten eine Meldung:

```
Query OK, 0 rows affected (0.00 sec)
```

Die Tabelle *artikel* ist damit vorbereitet und betriebsbereit; die Datenbank-Shell benötigen Sie vorerst nicht mehr.

Die Besucherseiten

Das Datenformat liegt nun fest. Jetzt sollten Sie sich überlegen, welche Funktionen die Beispiel-Website bieten soll. Beginnen Sie mit dem Teil, der allen Besuchern der Website zugänglich ist: Da mehrere Artikel gespeichert sind, ist es eine gute Idee, ein Skript mit einer Liste der Artikel zu haben. Außerdem brauchen Sie natürlich ein Skript, das Ihnen jeweils einen bestimmten Artikel mit all seinen Elementen anzeigt. Auf der User-Seite benötigen Sie nicht mehr. Das Skript mit der Liste soll den Dateinamen *index.php* bekommen; für die Anzeige des Artikels bietet sich der Name *artikelanzeige.php* an.

Das Redaktionssystem

Im Redaktionssystem ist ebenfalls eine Liste der vorhandenen Artikel nötig, zusätzlich noch Skripts zum Eintragen von neuen Artikeln, zum Editieren bestehender Artikel und zum Löschen von Artikeln. Die Liste bekommt auch hier wieder den Namen *index.php*; das Skript zum Löschen heißt *delete.php*. Sowohl das Eintragen neuer als auch das Editieren bestehender Artikel übernimmt das Skript *edit.php*. Damit stehen nun auch die benötigten PHP-Skripts fest. Die Skripts des Redaktionssystems speichern Sie wieder im Verzeichnis *admin* innerhalb des Verzeichnisses *projekt02* und schützen dieses per *.htaccess*.

5.3.2 Die Include-Datei

Nun ist es an der Zeit, sich die benötigte PHP-interne Funktionalität zu überlegen. Welche Arbeitsschritte werden benötigt und in welchen Funktionen können diese zusammengefasst werden? Dazu kann eine erste Liste notwendiger Funktionen aufgestellt werden:

- Vorhalten von ständig benötigten Variablen
- Öffnen der Datenbank

- Artikel eintragen
- Artikel lesen
- Artikel ändern
- Artikel löschen
- Neue Artikelnummern generieren
- Eine Liste der Artikel ausgeben

Diese Funktionen lagern Sie am besten in eine gesonderte Include-Datei aus, die Sie *newssystem.inc* nennen und in Ihrem Standard-Include-Verzeichnis speichern, das in der *php.ini* definiert ist (Sie erinnern sich: möglichst außerhalb des Document-Root!).

Die Variablen

Einige Parameter, wie z.B. den Namen der Datenbank, die Zugangsinfos und dergleichen, benötigen Sie beim Zugriff auf MySQL ständig. Es liegt daher nahe, diese Informationen als Variablen in der Include-Datei zu speichern und innerhalb der Funktionen nur die Variablen zu benutzen. Sollten sich diese Informationen ändern, passen Sie nur an einer Stelle den Inhalt der Variablen an – fertig.

```
<?
$db_host = "localhost";
$db_name = "php_db";
$db_newstabelle = "artikel";
$db_user = "apache";
$db_password = "geheim";
```

Mehr als diese fünf Variablen benötigen Sie für die Beispielskripts nicht. Denken Sie jedoch daran, dass hier das Datenbankpasswort unverschlüsselt zu finden ist. Die Include-Datei darf also nicht innerhalb des Document-Root des Webservers gespeichert werden, sonst kann sie u.U. von einem Angreifer per HTTP gelesen werden. Liegt sie außerhalb des HTML-Verzeichnisbaums, ist der unbefugte Zugriff schon wesentlich schwieriger. Legen Sie die Include-Datei also in ein Verzeichnis außerhalb des Web-Verzeichnisbaums, und

5.3 Ein Redaktionssystem mit Datenbank

geben Sie dieses Verzeichnis als Standard-Include-Verzeichnis in der PHP-Voreinstellungsdatei *php.ini* an

Öffnen der Verbindung zur Datenbank

Diese Funktion wird in jedem Skript gebraucht, das Datenbankoperationen durchführen will. Zuerst werden die nötigen Zugangsinformationen zu globalen Variablen erklärt. In diesem Fall sind globale Variablen ausnahmsweise sinnvoll, denn andernfalls müsste man die Informationen der Funktion jeweils als Parameter mitgeben. Das würde die Arbeit mit diesen Funktionen ziemlich umständlich machen, und das Abstraktionslevel würde sinken. Da alle Informationen als globale Variablen verfügbar sind, müssen der Funktion keine Parameter übergeben werden.

Mit *mysql_pconnect()* wird eine Verbindung zur Datenbank geöffnet. Als Rückgabe bekommt man ein Handle, eine Art interner Zeiger auf die Verbindung. Diesen Zeiger benötigen Sie immer, wenn Sie auf die Datenbank zugreifen wollen. Falls die Verbindung nicht geöffnet werden konnte, liefert die Funktion FALSE zurück. Mit der ersten If-Klausel wird dieser Fall berücksichtigt: Liefert der Verbindungsversuch FALSE, wird die Funktion *opendb()* beendet und FALSE zurückgegeben. Die aufrufende Ebene kann dann auf diesen Rückgabecode reagieren und ihrerseits eine Fehlerbehandlung durchführen. Falls *mysql_pconnect()* ein korrektes Handle zurückgibt, ist der Verbindungsaufbau geglückt, und mit *mysql_select_db()* wird die gewünschte Datenbank innerhalb des MySQL-Servers ausgewählt. Alle folgenden Operationen beziehen sich auf diese Datenbank. Die Funktion liefert entweder TRUE zurück, wenn die Datenbank existiert und angewählt werden konnte, oder FALSE, wenn etwas schief ging. In letzterem Fall wird innerhalb der inneren If-Konstruktion das Handle wieder auf FALSE gesetzt, damit *opendb()* an die aufrufende Ebene einen Fehler melden kann.

```
function opendb() {
    global $db_host;
    global $db_user;
```

```
        global $db_password;

        global $db_name;

        $handle = @mysql_pconnect
                ($db_host, $db_user, $db_password);

        if ($handle) {

                if (!(mysql_select_db ($db_name, $handle))) {

                        $handle = FALSE;

                }

        }

        return $handle;

} //end function opendb
```

Formatieren des Datumstrings

Die zehnstellige laufende Nummer eines Artikels muss an verschiedenen Stellen in den einzelnen Skripts in eine normale Datumsdarstellung konvertiert werden. Das wird z.B. in den Artikellisten benötigt, wenn das Erstellungsdatum des Artikels ausgeschrieben werden soll. Die Funktion *format_datum()* bekommt die zehnstellige Zeichenkette übergeben und liefert die einzelnen Elemente des Datums als assoziatives Array von Zeichenketten zurück.

```
function format_datum ($datumsstring) {

  if (strlen ($datumsstring) != 10) {

    $formatted_datum = FALSE;

  } else {

  $formatted_datum['jahr']  = substr ($datumsstring, 0, 4);

  $formatted_datum['monat'] = substr ($datumsstring, 4, 2);

  $formatted_datum['tag']   = substr ($datumsstring, 6, 2);
```

5.3 Ein Redaktionssystem mit Datenbank

```
    $formatted_datum['nr']    = substr ($datumsstring, 8, 2);
  }
  return $formatted_datum;
} //end function format_datum
```

Ist die übergebene Zeichenkette nicht genau zehn Zeichen lang, hat es einen Fehler vor dem Aufruf der Funktion gegeben, und FALSE wird zurückgegeben. In diesem besonderen Fall ist die Variable *$formatted_datum* vom Typ *bool*, während sie normalerweise vom Typ *array* ist.

Generieren neuer Artikelnummern

Wenn Sie neue Artikel in die Datenbank schreiben möchten, muss zuvor eine neue laufende Nummer errechnet werden. Der Algorithmus hierfür ist recht einfach: Die ersten acht Zeichen sind das Datum des Tages in der Form YYYYMMDD. Gibt es für dieses Datum noch keinen Artikel in der Datenbank, lautet die laufende Nummer YYYYMMDD01. Sollten bereits Artikel mit dem aktuellen Datum in der Datenbank gespeichert sein, wird die Ordnungsnummer des neuesten Artikels um eins erhöht und an das Datum angehängt.

Die Funktion bekommt das Datenbank-Handle (von *opendb()* zurückgegeben) als Parameter und liefert die zehnstellige Zeichenkette mit der neuen laufenden Nummer zurück, im Fehlerfall wie üblich FALSE.

```
function generate_number ($gen_db_handle) {
  global $db_newstabelle;
  $query  = "select nummer from ";
  $query .= $db_newstabelle." order ";
  $query .= "by nummer desc limit 0 ,1";
  $query_result = mysql_query ($query, $gen_db_handle);
```

```php
if (($query_result)
  AND (mysql_num_rows($query_result) == 0)) {
  // noch keine Einträge in der DB
  $neu_nummer = date (Ymd)."01";
} else {
  $last_num = mysql_fetch_row ($query_result);
  $highest_date = substr ($last_num[0], 0, 8);
  $highest_num  = substr ($last_num[0], 8, 2);
  $heute = date (Ymd);
  if ($heute > $highest_date) {
    //wenn der neueste Artikel nicht von diesem Tage ist
    $neu_nummer = $heute."01";
  } elseif ($heute == $highest_date) {
    $neu_nummer = $heute;
    $lfd = ++$highest_num;
    if ($lfd < 10) {
      $neu_nummer .= "0";
    } //endif kleiner zehn
    $neu_nummer .= $lfd;
  } else {
    //aktuelles Datum ist kleiner
    //als das neueste in der DB
    $neu_nummer = FALSE;
  } // endif heute > highest_date
} // endif ($query_result ...
```

5.3 Ein Redaktionssystem mit Datenbank

```
    return $neu_nummer;
}
```

Zuerst wird eine Query – ein SQL-Befehl – zusammengestellt.

Hinweis:
Da in diesem Buch nicht genügend Platz ist, diese in einer einzigen langen Quelltextzeile darzustellen, wurde die Zusammenstellung der Query in drei Zeilen zerlegt.

Mit *mysql_query()* wird der Befehl an die Datenbank geschickt, die ein Handle zurückgibt, wenn der SQL-Befehl ohne Probleme ausgeführt werden konnte. Trat ein Fehler auf, wird FALSE zurückgeliefert. Die Query lautet *select nummer from artikel order by nummer desc limit 0 ,1*. Es wird also das Feld *nummer* aus der Tabelle *artikel* gelesen. Die Nummern werden absteigend sortiert; zudem wird die Liste auf einen einzigen Eintrag beschränkt. Damit wird automatisch nur die zuletzt eingegebene Nummer zurückgegeben. Mit dem Befehl *mysql_fetch_row()* holt man sich das Ergebnis der Query als Array und zwar jeweils eine Zeile. Der erste Aufruf von *mysql_fetch_row()* liefert den ersten von der Query zurückgegebenen Datensatz, der zweite Aufruf den nächsten usw.

Wenn zwar die Query keinen Fehler zurückgab, jedoch die Anzahl der Ergebniszeilen null beträgt, deutet dies darauf hin, dass noch keine Einträge in der Datenbank gespeichert sind. Dann bekommt der aktuelle Artikelschlüssel das aktuelle Datum und den Tageszähler *01*. Normalerweise jedoch wird nur ein Datensatz geliefert, der nur aus einem Feld – der zehnstelligen Zeichenkette – besteht, die im Array *$last_num[0]* gespeichert wird. Danach werden aus dieser Zeichenkette das Datum und die Nummer innerhalb des Datums extrahiert; dazu wird noch das aktuelle Datum mit der Funktion *date()* ermittelt.

Nun kann verglichen werden: Ist das Datum des neuesten Eintrags älter als das aktuelle Datum, gibt es offenbar noch keine Einträge vom aktuellen Tag. Dann lautet der neue Artikelschlüssel wie das aktuelle Datum mit der *01* als Tageszähler. Ist das Datum des neuesten Eintrags gleich dem aktuellen Datum, sind an diesem Tag also bereits Artikel eingegeben worden, so werden die letzten beiden Zeichen des Artikelschlüssels als Zahl interpretiert und inkrementiert. Falls das Ergebnis kleiner zehn ist, muss die führende Null hinzugefügt werden, und der Artikelschlüssel ist fertig. Ist das Datum des neuesten Eintrags nicht gleich und nicht älter als das aktuelle Datum, liegt offenbar ein Fehler vor; dann wird FALSE zurückgegeben.

Hinweise:
Kleine Hausaufgabe: Leichtsinnigerweise habe ich hier die Prüfung auf einen eventuellen Zählerüberlauf weggelassen. Falls also an einem Tag mehr als 99 Artikel gespeichert werden sollen, bekommt der hundertste wieder die 01 als Zähler und Sie haben ein Problem. Der Vollständigkeit halber sollten Sie diese Prüfung noch einfügen.

Zweite Hausaufgabe: In obiger Funktion lässt sich die Fehlerbehandlung noch verbessern, denn eine fehlgegangene Query wird hier nicht akkurat behandelt: Es wird einfach angenommen, dass null Ergebnisdatensätze zurückgeliefert wurden.

Liste der Artikel holen

Für die Skripts mit der Anzeige der Artikellisten brauchen Sie eine Funktion, die Ihnen alle Artikel in einem Array zurückliefert. Jedes Element des Arrays besteht aus einer Zeile mit den zur Anzeige nötigen Elementen eines Artikels. Für die Liste sind dabei nur nötig: der Artikelschlüssel, das bereits ausgaberecht formatierte Datum und die Überschrift des Artikels. Oft wird auch gewünscht, dass der Vorspanntext als „Appetithappen" bereits in der Liste mit angezeigt wird. In diesem Beispiel wird darauf verzichtet. Die Funktion erwartet ein Datenbank-Handle als Argument.

```
function get_news_list ($list_handle) {

    global $db_newstabelle;

    $query = "select nummer, ueberschrift from ";

    $query .= $db_newstabelle." order by nummer desc";
```

5.3 Ein Redaktionssystem mit Datenbank

```
    $query_result = mysql_query ($query, $list_handle);

    $zeilen = mysql_num_rows ($query_result);

    if (($query_result) AND ($zeilen == 0)) {

      // keine Artikel in der DB

      $list_lines = 0;

    } else {

      for ($i = 0; $i < $zeilen; $i++) {

        $artikel_array = mysql_fetch_row ($query_result);

        $datum = format_datum($artikel_array[0]);

        $list_lines[$i] = $artikel_array[0]."|";

        $list_lines[$i] .= $datum['tag']."."; 

        $list_lines[$i] .= $datum['monat'].".".$datum['jahr'];

        $list_lines[$i] .= "|".$artikel_array[1];

      } // end for

    }

    return $list_lines;

  } // end function get_news_list
```

In der Query werden die Felder *nummer* und *ueberschrift* aller vorhandenen Datensätze ausgelesen. Mit *mysql_num_rows()* wird die Anzahl der gelieferten Datensätze ermittelt und in *$zeilen* gespeichert. In der ersten If-Konstruktion wird auf eine eventuell leere Datenbank reagiert: Die Query ging zwar nicht fehl, aber es wurden null Ergebnisdatensätze übermittelt. In diesem Fall gibt die Funktion *get_news_list()* eine Null zurück. Falls Einträge in der Datenbank vorhanden sind, wird der Zweig ab *else* ausgeführt und innerhalb der For-Schleife jeder Datensatz in eine Zeile des Rückgabe-

Arrays umgewandelt. Dieses enthält den Artikelschlüssel, das Datum und die Überschrift, jeweils durch ein Pipe-Symbol getrennt.

Daten eines Artikels holen

Anhand des Datenbank-Handles und des Artikelschlüssels sucht diese Funktion die Elemente des Artikels aus der Datenbank und gibt sie als Array zurück. Falls der Artikel nicht gelesen werden konnte, wird FALSE zurückgegeben.

```
function get_article($get_handle, $artikel_nummer) {

    global $db_newstabelle;

    $query  = "select ueberschrift, vorspann, ";

    $query .= "inhalt, autor from ";

    $query .= $db_newstabelle." where nummer=\"";

    $query .= $artikel_nummer."\"";

    $query_result = @mysql_query ($query, $get_handle);

    if ((!$query_result)
            OR (mysql_num_rows ($query_result) == 0)) {

        $get_array = FALSE;

    } else {

        $get_array = mysql_fetch_array ($query_result);

    }

    return $get_array;

} // end function get_artikel
```

Neuen Artikel eintragen

Soll ein neuer Artikel in die Datenbank geschrieben werden, werden der Funktion das Datenbank-Handle, der neue Artikelschlüssel und der Inhalt des Artikels (als Array) übergeben. Die Funktion lie-

5.3 Ein Redaktionssystem mit Datenbank

fert FALSE zurück, wenn der Artikel nicht geschrieben werden konnte, und die Anzahl der geschriebenen Datensätze, wenn alles glatt ging. Da es nicht vorkommt, dass mehr als ein Datensatz geschrieben wird, ist der Rückgabewert im Normalfall 1.

```
function insert_article ($db_handle, $lfd_number, $article){
    global $db_newstabelle;
    $query  = "insert into ".$db_newstabelle;
    $query .= " values (".$lfd_number.",'";
    $query .= $article['ueberschrift']."','";
    $query .= $article['vorspann']."','";
    $query .= $article['inhalt']."','";
    $query .= $article['autor']."')";
    $query_result = @mysql_query ($query, $db_handle);
    if (!$query_result) {
        $result = FALSE;
    } else {
        $result = mysql_affected_rows ($db_handle);
    }
    return $result;
}
```

Wenn man ganz korrekt arbeiten will, müsste vor dem Schreiben des Artikels in die Datenbank nachgeschaut werden, ob es nicht schon einen Artikel mit gleichem Schlüssel gibt. Das darf zwar eigentlich nicht vorkommen, aber es sind schon ganz andere Sachen passiert. Wieder eine Hausaufgabe für Sie ...

Bestehenden Artikel aktualisieren

Die Funktion *update_article()* schreibt den geänderten Inhalt eines bereits existierenden Artikels in die Datenbank. Sie erwartet das Handle, den Artikelschlüssel und das Array mit den Elementen des Artikels als Parameter. Wenn etwas schief ging, liefert sie FALSE, andernfalls die Anzahl der geänderten Datensätze. Falls diese Zahl größer als eins ist, sind in der Datenbank mehrere Artikel mit dem gleichen Schlüssel vorhanden, was nicht vorkommen darf.

```
function update_article ($db_handle, $lfd_number, $article){

    global $db_newstabelle;

    $query  = "update ".$db_newstabelle;

    $query .= " set ueberschrift='".$article['ueberschrift'];

    $query .= "', vorspann='".$article['vorspann'];

    $query .= "', inhalt='".$article['inhalt'];

    $query .= "', autor='".$article['autor'];

    $query .= "' where nummer=".$lfd_number;

    $query_result = mysql_query ($query, $db_handle);

    if (!$query_result) {

       $result = FALSE;

    } else {

       $result = mysql_affected_rows ($db_handle);

    }

    return $result;

}
```

Artikel löschen

Das Datenbank-Handle und der Artikelschlüssel werden als Parameter erwartet; der Rückgabewert ist wie gewohnt FALSE, wenn ein Fehler auftrat. Andernfalls wird auch hier die Anzahl der gelöschten Artikel zurückgeliefert. Mehr als ein gelöschter Artikel weist auf einen inkonsistenten Datenbankinhalt hin.

```
function delete_article ($db_handle, $lfd_nummer) {

    global $db_newstabelle;

    $query  = "delete from ".$db_newstabelle;

    $query .= " where nummer=".$lfd_nummer;

    $query_result = mysql_query ($query, $db_handle);

    if (!$query_result) {

        $result = FALSE;

    } else {

        $result = mysql_affected_rows ($db_handle);

    }

    return $result;

}
```

Damit haben Sie alle Funktionen, die Sie für das Redaktionssystem benötigen. Als Nächstes kommen wir nun zu den PHP-Skripts.

5.3.3 Die öffentliche Artikelliste

Dieses Skript ist unter dem Namen *index.php* gespeichert. Es zeigt eine Liste aller vorhandenen News-Artikel an und setzt jeweils einen Link auf das Skript zur Anzcige eines Artikels.

```
<html><head>

    <title>Liste der Newsartikel</title>

</head><body>

<h2>Liste der Newsartikel</h2>

<?
```

```php
include ("newssystem.inc");
$db_handle = opendb();
if (!$db_handle) {
   echo "Beim Verbinden zur Datenbank trat ein Fehler
   auf!<br>\n";
} else {
   $liste = get_news_list ($db_handle);
   if (!$liste) {
    echo "Keine Artikel verf&uuml;gbar!<br>\n";
   } else {
    echo "<table>\n";
    echo "<tr><td>Datum</td><td>Thema</td></tr>\n";
    foreach ($liste as $zeile) {
     $elemente = explode ("|", $zeile);
     echo "<tr><td>".$elemente[1];
     echo "</td><td><a href=\"artikelanzeige.php?art_num=";
     echo $elemente[0]."\">".$elemente[2];
     echo "</a></td></tr>\n";
    }
    echo "</table>\n";
   }
}
?>
</body></html>
```

5.3 Ein Redaktionssystem mit Datenbank

Sie sehen, dass das Skript durch die Arbeit mit ausgelagerten Funktionen sehr übersichtlich wird. Würden Sie die nötigen Funktionen direkt in die Skripts einbauen, müssten Sie jedes Mal die Funktion zum Öffnen der Datenbankverbindung einbauen. Falls Sie einen Fehler in diesem Code bemerkten, müssten Sie jedes einzelne Skript ändern. Selbst bei kleineren Projekten wäre das äußerst mühselig und fehleranfällig.

Zuerst wird die Datei mit den Funktionen eingebunden, danach die Datenbankverbindung geöffnet und ein dabei eventuell auftretender Fehler abgefangen. Danach wird die Liste der Artikel geholt, und falls diese Funktion eine Null zurückgibt, somit keine Artikel verfügbar sind, wird dies dem Besucher der Site mitgeteilt. Im Normalfall dagegen erzeugt das Skript eine Tabelle, in der die einzelnen Artikel mit Datum und Überschrift aufgelistet werden. Die Überschrift ist als Link ausgeführt, der auf das Skript *artikelanzeige.php* verweist. Der Artikelschlüssel wird als CGI-Parameter *art_num* im URL übergeben. Jeder existierende Artikel wird von *get_news_list()* als eine Zeile mit den Elementen *schlüssel*, *datum*, *ueberschrift* übergeben. Die einzelnen Elemente sind dabei durch Pipe-Symbole getrennt, die mit *explode()* in das Array *elemente[]* aufgeteilt werden. In der Schleife *foreach()* geschieht das mit jeder einzelnen Zeile. Diese wird per *echo()* mit den nötigen Tabellen-Tags versehen und ausgegeben.

Man hätte natürlich die Tabellen-Tags bereits in der Funktion *get_news_list()* in die Zeilen hineinschreiben können. Dann hätte man in obigem Skript auf das Explodieren verzichten können, was vordergründig einfacher gewesen wäre. Aber falls Sie irgendwann die Darstellungsweise in der Listenansicht ändern wollen, müssten Sie dann die Funktion *get_news_list()* ändern. Die Konstruktion wäre dann nicht mehr so flexibel, wie sie jetzt ist. In der realisierten Weise können Sie z.B. mehrere Skripts mit verschieden formatierten Listendarstellungen programmieren, die ihre HTML-Formatierungen jeweils unterschiedlich vornehmen, und brauchen doch nur eine einzige Funktion, um die Daten aus der Datenbank zu lesen. Versuchen Sie, diese Aspekte bereits bei der Auswahl und Umsetzung der Funktionen zu berücksichtigen, und halten Sie diese so allgemein wie möglich. Falls irgendwann optische Änderungen an der Website nötig sind, werden Sie sich dafür beglückwünschen.

5.3.4 Anzeige eines Artikels

Unter dem Dateinamen *artikelanzeige.php* ist dieses Skript gespeichert. Es wird normalerweise von der Artikelliste aus per Link referenziert; der Artikelschlüssel wird dabei im URL als CGI-Parameter übergeben.

```
<?
include ("newssystem.inc");

$db_handle = opendb();

if (!$db_handle) {

    $fehler = "Beim Verbinden zur Datenbank trat ein
    Fehler auf!<br>\n";

} else {

    $artikel_array = get_article($db_handle, $GET['art_num']);

    if ($artikel_array === FALSE) {

        $fehler = "Artikel konnte nicht gefunden werden!<br>\n";

    }

}

?>

<html><head>

    <title>Newssystem:
        <?echo $artikel_array['ueberschrift']?>
    </title>

</head><body>

<?
```

5.3 Ein Redaktionssystem mit Datenbank

```php
if (isset($fehler)) {
  echo $fehler;
} else {

?>

<h2><?echo $artikel_array['ueberschrift']?></h2>
<h3><?echo $artikel_array['vorspann']?></h3> <p>
<?echo $artikel_array['inhalt']?></p>
<p><b><?echo $artikel_array['autor']?></b></p>
<?

}

?>

   <a href="index.php">Zur&uuml;ck zur Liste</a>
</body></html>
```

Im Title-Tag der Webseite wird die Überschrift des Artikels eingebunden. Das ist zum einen generell zu empfehlen, zum anderen vor allem wichtig für Anwender, die einen Artikel in die Bookmark-Liste ihres Browsers aufnehmen. Das Bookmark beinhaltet damit auch die Überschrift eines Artikels, und so weiß der Anwender auch später noch, worauf es sich bezieht. Da der Inhalt der Überschrift bereits vor dem Ausgeben des Title-Tags verfügbar sein muss, befindet sich in diesem Skript der größte Teil des PHP-Codes noch vor der ersten Ausgabe an den Browser. Deshalb müssen etwaige Fehlermeldungen auch in Variablen zwischengespeichert werden, da sie erst später ausgegeben werden können. Beachten Sie, dass innerhalb dieses Skripts mehrfach zwischen HTML- und PHP-Modus gewechselt wird. Die Struktur der If-Konstruktion behält dabei ihre Wirksamkeit. So kann man sich das Ausgeben der diversen statischen Inhalte und Tags über Echo-Befehle sparen, was den Quelltext unübersichtlicher machen würde.

Das Übergeben des Artikelschlüssels mit GET hat den Vorteil, dass der Artikel direkt über den URL erreichbar ist. Man kann ein Bookmark anlegen, und solange der Artikel in der Datenbank verfügbar ist, wird sich sein URL nicht ändern. Das ist ein wichtiger Punkt der Benutzerfreundlichkeit einer Website: Inhalte dürfen ihre URLs über ihre gesamte Lebenszeit nicht ändern, sie sollten auch einwandfrei per URL erreichbar sein. Viele Websites missachten diesen Grundsatz, meist bereits durch die Verwendung von Framesets, durch die z.B. auch das Anlegen von Bookmarks für den Durchschnittsanwender erschwert wird.

Das hier verwendete Konzept mit der Übergabe des Artikelschlüssels per GET hat einen Nachteil: Innerhalb des URL befindet sich ein Fragezeichen, und damit wird diese Seite nicht mehr von Proxy-Servern zwischengespeichert, da diese – zu Recht – bei Auftreten eines Fragezeichens im URL auf dynamischen Inhalt schließen und sich nicht sicher sein können, dass unter diesem URL immer der gleiche Inhalt referenziert wird. Damit können die Proxy-Server Ihren Webserver nicht mehr entlasten und jeder Anwender muss sich den Inhalt direkt von Ihrem Server ziehen. Besser wäre es deshalb, wenn der Artikelschlüssel direkt in den URL eingebaut würde, z.B. als *http://servername/news/2001082401.html*. Diese Seite müsste dabei nicht wirklich existieren. Per Apache-Direktive (*ErrorDocument*) könnten Sie bei Aufruf nicht existenter Seiten ein bestimmtes PHP-Skript aufrufen, das anhand des übergebenen URLs in der Datenbank nachsieht und den entsprechenden Inhalt an den Browser liefert. Für dieses Programmierbeispiel wäre das jedoch etwas zu aufwendig, weshalb wir uns mit der oben genannten Lösung zufrieden geben.

5.3.5 Die Artikelliste im Redaktionssystem

Im Verzeichnis *admin* unter dem Namen *index.php* gespeichert, ist das folgende Skript der allgemein zugänglichen Artikelliste ähnlich:

```
<html><head>
<title>Newssystem - Frontend</title>
```

5.3 Ein Redaktionssystem mit Datenbank

```php
</head><body>
<? include ("newssystem.inc"); ?>
<h2>Liste der vorhandenen Artikel</h2>
<?
$db_handle = opendb();
if (!$db_handle) {
   echo "Beim Verbinden zur Datenbank trat ein Fehler
   auf!<br>\n";
} else {
   $liste = get_news_list ($db_handle);
   if (!$liste) {
     echo "Keine Artikel verf&uuml;gbar!<br>\n";
   } else {
    echo "<table>\n";
    echo "<tr><td>Datum</td><td>Thema</td>";
    echo "<td>Editieren</td><td>L&ouml;schen</td></tr>\n";
    foreach ($liste as $zeile) {
     $elemente = explode ("|", $zeile);
     echo "<tr><td>".$elemente[1]."</td>";
     echo "<td>".$elemente[2]."</td>";
     echo "<td><a href=\"edit.php?lfd_nummer=";
     echo $elemente[0]."\">Editieren</a></td>";
     echo "<td><a href=\"delete.php?lfd_nummer=";
     echo $elemente[0]."\">L&ouml;schen</a></td></tr>\n";
```

```
        }
        echo "</table>\n";
    }
}
?>
<a href="edit.php">Neuen Artikel eingeben</a><br>
</body></html>
```

Hier sind – statt der Links auf die Artikelanzeige – Verweise auf das Skript zum Editieren und auf das Skript zum Löschen von Artikeln vorhanden. Diesen wird jeweils der Artikelschlüssel per GET übergeben. Das Eingeben von neuen Artikeln wird ebenfalls vom Edit-Skript gehandhabt.

5.3.6 Seite zum Löschen von Artikeln

```
<html><head>
    <title>Artikel löschen!</title>
</head><body>
<?
include ("newssystem.inc");
$db_handle = opendb();
if ($_GET['status'] == "delete") {
    // Artikel löschen
    $erfolg = delete_article ($db_handle, $_GET['lfd_nummer']);
    if ($erfolg) {
        echo "<h3>Artikel wurde gel&ouml;scht!</h3>\n";
    } else {
        echo "<h3>Artikel konnte nicht gel&ouml;scht
        werden!</h3>\n";
```

```
    }
} else {
// Artikel vor dem Löschen anzeigen
    $artikel_array = get_article($db_handle, $_GET['lfd_nummer']);
?>
<h3>Diesen Artikel wirklich l&ouml;schen?</h3>
<b>&Uuml;berschrift: </b><br>
<?echo $artikel_array['ueberschrift']?><p>
<b>Vorspann: </b><br>
<?echo $artikel_array['vorspann']?><p>
<b>Artikeltext: </b><br>
<?echo $artikel_array['inhalt']?><p>
<b>Autor: </b><br>
<?echo $artikel_array['autor']?><br>
<form action="<?echo $PHP_SELF?>" method=get>
<input type=hidden name="lfd_nummer"
value="<?echo $_GET['lfd_nummer']?>">
<input type=hidden name="status"
value="delete">
<input type=submit value="Artikel jetzt l&ouml;schen!">
</form><br>
<?
} //endif $status== delete
?>
<a href="indcx.php">Zur&uuml;ck zur Liste</a>
</body></html>
```

Soll ein Artikel gelöscht werden, wird er zur Sicherheit vorher noch einmal angezeigt. Klickt der Redakteur dann auf den Submit-Knopf, wird der Artikel tatsächlich aus der Datenbank entfernt. Dieses Skript muss deshalb zwei Fälle unterscheiden: Anzeigen zum Löschen und das Löschen selbst. Die Unterscheidung geschieht über ein Hidden-Feld, das einen entsprechenden Status übergibt. Wird die Seite von der Artikelliste per Klick auf Löschen aufgerufen, ist die Variable *$status* nicht gesetzt, deshalb muss der Artikel erst einmal angezeigt werden. In der Zeile mit der ersten If-Klausel wird allerdings nicht auf *isset()* geprüft – weil sonst sofort gelöscht würde, wenn irgendetwas in *$status* stünde –, sondern es wird nur gelöscht, wenn der Inhalt von *$status == delete* ist. Dieser wird als Hidden-Feld übergeben, sobald man auf den Submit-Knopf klickt. Wenngleich die Hidden-Felder ansonsten möglichst vermieden werden sollten, ist ihre Benutzung in diesem Fall durchaus nützlich.

5.3.7 Editieren und Eintragen

Das Skript residiert im Verzeichnis *admin* als *edit.php*. Hier wird es durch die Unterscheidung mehrerer Fälle etwas aufwendiger:

```
<html><head>
  <title>Redaktionssystem - Editieren</title>
</head><body>
<? include ("../newssystem.inc");


$art_array = $_POST['artikel_array'];
//Abfragen der eventuell per GET übergebenen Nummer
$lfd_nummer = $_GET['lfd_nummer'];
//wenn nicht per GET übergeben, dann Versuch, per POST auszulesen
if (!isset($lfd_nummer)) {
    $lfd_nummer = $_POST['lfd_nummer'];
}


$db_handle = opendb();
```

5.3 Ein Redaktionssystem mit Datenbank

```php
if (!$db_handle) {
  echo "Die Verbindung zur Datenbank konnte";
  echo "nicht hergestellt werden!<br>\n";
} else {
  if (!isset ($lfd_nummer)) {
    // wenn keine laufende Nummer übergeben wurde,
    // neue Nummer generieren
    $lfd_nummer = generate_number($db_handle);
    // und den zu übergebenden Status auf insert setzen
    $next_status = "insert";
    $aktion = "Artikel Eintragen";
  } else {
    // Nummer wurde übergeben,
    $next_status = "update";
    $aktion = "Artikel &Auml;ndern";
    //Abfrage des Status: insert, update oder keiner?
    switch ($_POST['status']) {
      case "insert":
        if (insert_article($db_handle, $lfd_nummer, $art_array)) {
          echo "Artikel wurde in die DB geschrieben!<br>\n";
        } else {
          echo "Artikel konnte nicht geschrieben werden!<br>\n";
        }
        break;
      case "update":
        if (update_article($db_handle, $lfd_nummer, $art_array)) {
          echo "Artikel wurde aktualisiert!<br>\n";
        } else {
```

5. Programmieren mit PHP

```php
      echo "Artikel konnte nicht aktualisiert werden!<br>\n";
      }
      break;
   } // end switch
   // den soeben geschriebenen Artikel zur Kontrolle ausgeben
   $art_array = get_article($db_handle, $lfd_nummer);
  } // end if (!isset)
} //endif (!$dbhandle)

?>
<h3>Redaktionssystem - Editieren</h3>
<form action=edit.php method=post>
<input type=hidden name="lfd_nummer"
value="<?echo $lfd_nummer?>">
<input type=hidden name="status" value="<?echo $next_status?>">
<b>&Uuml;berschrift: </b><br>
<input name="artikel_array[ueberschrift]" size=60 maxlength=60
      value="<?echo $art_array['ueberschrift']?>"><p>
<b>Vorspann: </b><br>
<input name="artikel_array[vorspann]" size=60 maxlength=60
      value="<?echo $art_array['vorspann']?>"><p>
<b>Artikeltext: </b><br>
<textarea name="artikel_array[inhalt]" rows=8 cols=50>
<?echo $art_array['inhalt']?></textarea><p>
<b>Autor: </b><br>
<input name="artikel_array[autor]" size=30 maxlength=30
      value="<?echo $art_array['autor']?>"><br>
<input type=submit value="<?echo $aktion?>">
</form><br>
```

5.3 Ein Redaktionssystem mit Datenbank

```
<a href="index.php">Zur&uuml;ck zur Liste</a>
</body></html>
```

Das Skript wird unter mehreren verschiedenen Bedingungen aufgerufen, weshalb hier eine Fallunterscheidung getroffen wird:

- Eingabe eines neuen Artikels:
  Der Test erfolgt mit *if (!isset($lfd_nummer))*. Falls die Variable nicht per GET oder POST übergeben wurde, handelt es sich um einen Neueintrag; dann muss ein neuer Schlüssel erzeugt werden. Es muss dann kein Artikel aus der Datenbank geholt werden; nur die leeren Eingabefelder werden angezeigt. Beim nachfolgenden Klick auf den Submit-Knopf ruft sich das Skript selbst auf; die Artikelelemente, der neu generierte Artikelschlüssel und der Status *insert*, der das Skript veranlasst, den Artikel in die Datenbank zu schreiben, werden übermittelt.
- Falls der obige Test ergibt, dass ein Artikelschlüssel übergeben wurde, handelt es sich offenbar nicht um das Eintragen eines neuen Artikels. Jetzt gibt es allerdings wieder drei mögliche Fälle:
  - Die Variable *$status* (per POST übergeben) ist nicht gesetzt. Dann wurde das Skript von der Artikelliste aus aufgerufen, um einen bestehenden Artikel zu ändern. Der Artikel wird aus der Datenbank gelesen und in den Eingabefeldern angezeigt; der zu übergebende Status wird auf *update* gesetzt. Nach Editieren der Inhalte und Klick auf den Submit-Knopf ruft sich das Skript selbst auf und übergibt den Artikelschlüssel *($lfd_nummer)*, den Artikelinhalt *$artikel_array[]* und den Status *update*.
  - Die Variable *$status* ist auf *insert* gesetzt – die Daten für einen neuen Artikel wurden also zuvor eingegeben. Logischerweise wird deshalb kein Artikel aus der DB geholt; stattdessen werden die einzelnen Elemente des Artikels zusammen mit dem Artikelschlüssel in die Datenbank geschrieben. Sodann wird der soeben geschriebene Artikel zur Überprüfung wieder aus der DB gelesen und in den Eingabefeldern angezeigt. Jetzt könnte der Artikel nochmals geändert werden.

- Der Status ist auf *update* gesetzt. Das bedeutet, dass ein existierender Artikel aktualisiert werden muss. Es wird deshalb kein Artikel aus der DB geholt, sondern der übergebene Inhalt in der Datenbank aktualisiert. Dann wird der soeben aktualisierte Artikel zur Kontrolle wieder aus der Datenbank gelesen und in den Eingabefeldern angezeigt, könnte somit nochmals geändert werden.

Zuletzt wird noch der Link zurück auf die Artikelliste angezeigt. Das Redaktionssytem ist nun mit allen nötigen Funktionen ausgestattet und kann benutzt werden.

5.3.8 Notwendige Erweiterungen

Sie haben sicher bemerkt, dass die Implementation dieses Redaktionssystems keinerlei Maskierung potenziell gefährlicher Zeichen ausführt. Selbst wenn nur befugte Anwender Daten eintragen, ist es trotzdem notwendig, diese Maskierung vorzunehmen, denn bereits ein Hochkomma oder ein Anführungszeichen inmitten der Eingaben kann die SQL-Query durcheinander bringen. Deshalb müssen alle Eingaben vor dem Schreiben in die Datenbank mindestens mit *addslashes()* behandelt werden. Die Hochkommas und Anführungszeichen werden dann neben einigen anderen Zeichen mit vorangestellten Backslashes unschädlich gemacht. Auch etwaige HTML-Tags innerhalb der Eingaben sollten maskiert werden, wie es im ersten Programmierbeispiel geschehen ist. Ebenfalls potenziell gefährlich sind Pipe-Symbole in den Eingaben, bringen sie doch das Ergebnis von *explode()* in der Artikelliste durcheinander. Dass das Redaktionssystem auch bei Eingabe von Anführungszeichen oder Hochkommas in die Eingabefelder oft trotz fehlender *addslashes()* funktioniert, liegt an der Option *magic_quotes_gpc*, die in der Datei *php.ini* nach der Installation von PHP auf *on* gesetzt ist. Damit sorgt PHP selbst für das Maskieren der per GET, POST oder in Cookies übergebenen Anführungszeichen und Hochkommas. Darauf verlassen dürfen Sie sich aber nicht.

Sie sollten also das Redaktionssystem mit den entsprechenden Funktionen zum Maskieren und Demaskieren ausstatten. Schlauer-

5.3 Ein Redaktionssystem mit Datenbank

weise haben Sie die kompletten Datenbankoperationen in eine Include-Datei ausgelagert. Somit müssen Sie an den eigentlichen PHP-Skripts nichts ändern. Die Anpassung der Include-Datei genügt völlig. Erweitern Sie also die Include-Datei um eine Funktion zum Maskieren der Eingaben, die in die Datenbank geschrieben werden sollen, und zur Umwandlung etwaiger Sonderzeichen in die entsprechenden HTML-Entities. Vor dem Anzeigen müssen die mit *addslashes()* maskierten Zeichen wieder zurückgewandelt werden; das macht eine zweite Funktion.

```
function mask_string ($eingabestring) {
    $translation = get_html_translation_table(HTML_ENTITIES);
    //Zeichen in ihre HTML-Entsprechungen wandeln
    $ausgabestring = strtr($eingabestring, $translation);
    //eventuelle Wagenruecklaufzeichen entfernen
    $ausgabestring = str_replace("\r","",$ausgabestring);
    //die Zeilenvorschuebe in <br> wandeln
    $ausgabestring = str_replace("\n","<br>",$ausgabestring);
    // Anführungszeichen maskieren
    $ausgabestring = addslashes ($ausgabestring);
    return $ausgabestring;
}
```

Zuerst wird die Übersetzungstabelle ausgelesen und im Array *translation[]* gespeichert. Danach werden die Zeichen im übergebenen String maskiert, die Carriage-Returns entfernt und die Newlines in *
* umgewandelt, wie es auch im ersten Programmierbeispiel schon ausgeführt wurde. Zusätzlich werden jedoch diesmal mit Hilfe von *addslashes()* die Hochkommas im Eingabestring mit einem vorangestellten Backslash maskiert, damit die SQL-Query nicht durcheinander kommt.

5. Programmieren mit PHP

Die Funktion zum Demaskieren vor der Ausgabe ist viel einfacher:

```
function demask_string ($eingabestring) {
    return stripslashes ($eingabestring);
}
```

Hier werden nur die Backslashes wieder entfernt, da die Übersetzung der HTML-Codes nicht rückgängig gemacht werden soll. Nun müssen Sie die Funktionen lediglich noch an den jeweils nötigen Stellen einbauen. Auch dies muss nur in der Include-Datei geschehen. Die anzupassenden Funktionen sind:

- *get_news_list()*
  Hier hat nur die Überschrift eine Demaskierung nötig, da der Artikelschlüssel nicht manuell eingegeben wird.
- *get_article()*
  Hier müssen alle Textelemente des Artikels demaskiert werden.
- *insert_article()*
  Alle Textelemente müssen maskiert werden.
- *update_article()*
  Alle Textelemente müssen maskiert werden.

An den restlichen Funktionen ist keine Änderung nötig. In der Funktion *get_news_list()* ändert sich nur die letzte Zeile der For-Schleife mit der Zusammenstellung des Rückgabe-Arrays.
Statt

```
$list_lines[$i] .= "|".$artikel_array[1];
```

heißt es nun:

```
$list_lines[$i] .= "|".demask_string($artikel_array[1]);
```

Bei *get_article()* müssen dagegen alle Textelemente demaskiert werden. Der Abschnitt innerhalb der If-Konstruktion sieht jetzt so aus:

```
if ((!$query_result)
 OR (mysql_num_rows ($query_result) == 0)) {
    $get_array = FALSE;
```

5.3 Ein Redaktionssystem mit Datenbank

```
} else {

$get_array = mysql_fetch_array ($query_result);

//demaskieren der Inhalte

$get_array['ueberschrift'] = demask_string($get_array
['ueberschrift']);

$get_array['vorspann'] = demask_string($get_array
['vorspann']);

$get_array['inhalt'] = demask_string($get_array['inhalt']);

$get_array['autor'] = demask_string($get_array['autor']);
}
```

Die Funktion *insert_article()* wird um die Maskierung der Eingabedaten erweitert, indem die Eingabedaten jeweils durch die Funktion *mask_string()* geschickt werden, wodurch sich der Zusammenbau der SQL-Query folgendermaßen ändert:

```
$query  = "insert into ".$db_newstabelle;

$query .= " values (".$lfd_number.",'";

$query .= mask_string($article['ueberschrift'])."','";

$query .= mask_string($article['vorspann'])."','";

$query .= mask_string($article['inhalt'])."','";

$query .= mask_string($article['autor'])."')";
```

Beim Ändern eines bestehenden Artikels müssen die Eingabedaten ebenfalls maskiert werden. Auch hier ändert sich die Zusammenstellung der Query:

```
$query  = "update ".$db_newstabelle;

$query .= " set ueberschrift='";
$query .= mask_string($article ['ueberschrift']);

$query .= "', vorspann='".mask_string($article['vorspann']);
```

```
$query .= "', inhalt='".mask_string($article['inhalt']);
$query .= "', autor='".mask_string($article['autor']);
$query .= "' where nummer=".$lfd_number;
```

Damit ist das Vorhaben bereits abgeschlossen, und Sie können das Redaktionssystem ausprobieren. Beachten Sie jedoch, dass eingegebene HTML-Tags zwar maskiert und damit unschädlich gemacht, jedoch in ihrer maskierten Darstellung in den Artikelansichten dargestellt werden. Sie sollten also im Redaktionssystem keines dieser Tags eingeben.

5.3.9 Unvollkommenheiten und Beschränkungen

Um das Beispiel nicht übermäßig kompliziert zu machen – schließlich soll es ja einsteigertauglich bleiben – mussten etliche Features entfallen, die das Ganze komfortabler machen würden:

Liste mit Vorspanntext

So könnte man bei der Artikelanzeige außer der Überschrift auch den kurzen Vorspanntext als Appetitshäppchen mit anzeigen. Der Leser weiß damit bereits etwas mehr über den kompletten Artikel, als die Überschrift verrät.

Artikelanzeige mit Datum

Auch das Erstellungsdatum des Artikels könnte man zusammen mit dem Artikelinhalt anzeigen. Damit weiß der Leser sofort, wie alt der jeweilige Beitrag ist.

HTML-Tags im Text

Falls es gewünscht wird, kann man auch die Angabe bestimmter HTML-Tags innerhalb des Textes erlauben. Die Tags für fette und kursive Schrift z.B. richten keinen Schaden an und könnten erlaubt werden. Sie müssten dazu die von *htmlspechialchars()* gelieferte Übersetzungstabelle vor ihrer Benutzung dergestalt überarbeiten, dass Sie die Array-Elemente für die Übersetzung von **, **, *<i>* und *</i>* aus dem Array entfernen.

Zählerüberlauf abfangen

Der tagesinterne Artikelzähler innerhalb des Artikelschlüssels – dessen letzten beiden Stellen – ist nur zweistellig, weshalb Sie jeden Tag maximal 99 Artikel eintragen können. Zwar genügt diese Anzahl für die allermeisten Anwendungen, aber falls aus irgendwelchen Gründen an einem Tag mehr als 99 Artikel eingestellt werden, bekommt der hundertste Artikel wieder den Zähler 01 und Sie haben zwei Artikel mit gleichem Schlüssel in der Datenbank. Das darf nicht passieren, weshalb es korrekt ist, einen solchen Zählerüberlauf abzufangen. Sie müssten also in der Funktion zum Generieren neuer Artikelschlüssel prüfen, ob die laufende Nummer bereits 99 ist und auf diesen Fall reagieren. Sie müssten diesen hundertsten Artikel (und damit auch alle folgenden) abweisen, indem Sie eine Meldung ausschreiben und keine Nummer generieren. Falls es tatsächlich nötig sein sollte, mehr als 99 Artikel pro Tag einzustellen, wäre es notwendig, den Zähler auf eine dreistellige Zahl zu erweitern. Beachten Sie aber, dass damit der Wertebereich des Typs INT UNSIGNED für das Datenbankfeld nicht mehr ausreicht und Sie auf BIGINT ausweichen müssen.

Artikelliste aufteilen

Befindet sich eine größere Anzahl von Artikeln in der Datenbank, wird die Liste der News-Artikel irgendwann zu unhandlich, da zum einen die Ladezeit zu lang wird und zum anderen ein Browser sehr lange zum Rendern der Tabelle benötigt. Vor allem Netscape fällt hier unangenehm auf. In diesem Fall sollten Sie die Artikelliste dergestalt aufteilen, dass per *default* z.B. nur die ersten 20 Artikel in der Liste auftauchen (Query mit LIMIT) und auf der Seite ein Link auf die Liste der nächsten 20 Artikel platziert wird. Sie müssten dann dem URL der Liste einen Parameter für den Startwert mitgeben, den das Skript entsprechend auswertet.

Unterstützung mehrerer Redakteure

Das gesamte Redaktionssystem bekommt Probleme, wenn mehrere Redakteure zu gleicher Zeit Artikel einstellen wollen: Der erste Redakteur klickt auf „neuen Artikel erstellen", und anhand der in der

Datenbank vorhandenen Schlüssel wird ein neuer Artikelschlüssel generiert. Der Redakteur schreibt den Inhalt in die Eingabefelder und klickt auf „Artikel eintragen". Jetzt wird der Artikel samt Schlüssel in die Datenbank geschrieben. Noch während der erste Redakteur die Inhalte in die Eingabefelder einträgt, lädt der zweite Redakteur die Seite für den Neueintrag von Artikeln. Wieder wird anhand des neuesten in der Datenbank vorhandenen Schlüssels ein neuer Artikelschlüssel ermittelt. Doch da der erste Redakteur seinen Artikel samt Schlüssel noch nicht in die Datenbank schreiben ließ – er arbeitet ja noch daran –, wird abermals der gleiche Schlüssel generiert. Sobald beide Redakteure ihre Eingaben mit Klick auf den Submit-Knopf speichern, enthält die Datenbank zwei Artikel mit dem gleichen Schlüssel!

Die Lösung dieses Problems ist nicht so einfach wie es scheint. In erster Näherung könnte man sofort nach dem Generieren eines neuen Schlüssels diesen zusammen mit leeren Artikelfeldern in die Datenbank schreiben, um nach dem Eintragen der Artikelinhalte diese per UPDATE zum bereits geschriebenen Artikelschlüssel zu speichern. Immerhin sind bei dieser Vorgehensweise die Zeitabstände zwischen Lesen der Datenbank und Schreiben des neuen Schlüssels in den Dummy-Datensatz recht kurz, so dass die Wahrscheinlichkeit geringer ist, dass zwischen Lesen des neuesten Schlüssels und Schreiben des Dummy-Datensatzes für einen anderen Redakteur ein neuer Schlüssel generiert werden soll. Eine hundertprozentige Lösung ist jedoch auch dies nicht. Eine Garantie, niemals zwei gleiche Nummern zu vergeben, bieten nur die datenbankinternen Autoinkrements und Sequenzen. Probleme wie dieses sind ständige Begleiter aller Programmierer und in Fachkreisen unter der Bezeichnung „Race Condition" bekannt.

5.3.10 Neue Funktionen

In diesem zweiten Programmbeispiel wurden wiederum etliche neue Funktionen verwendet, ohne deren Arbeitsweise näher zu beleuchten. Deshalb folgt hier eine Aufstellung ihrer Funktionsweise:

5.3 Ein Redaktionssystem mit Datenbank

- *$db_handle = mysql_connect ($server [, $user [, $pass]]);*
  $db_handle = mysql_pconnect ($server [, $user [, $pass]]);
  öffnet die Verbindung zur Datenbank und liefert im Erfolgsfall ein Datenbank-Handle (Typ: Ressource) als Zeiger auf die geöffnete Verbindung. Konnte die Verbindung nicht geöffnet werden, gibt die Funktion FALSE zurück. Als *$server* ist der Rechnername mit dem Datenbank-Server anzugeben; *$user* und *$pass* enthalten die Anmeldedaten. Falls die Datenbank ohne Authentifizierung kontaktiert werden kann oder in *php.ini* Standard-User und -passwort eingetragen sind (ungünstig!), müssen *$user* und *$pass* nicht angegeben werden. Die mit *mysql_connect()* geöffnete Verbindung zur Datenbank wird entweder explizit durch *mysql_close()* oder automatisch bei Beendigung des Skripts wieder geschlossen. Da das Öffnen und Schließen recht viel Zeit kostet, wurden irgendwann die so genannten „Persistent Connections" eingeführt. Mit *mysql_pconnect()* geöffnete Verbindungen bleiben deshalb auch über mehrere Skriptaufrufe hinweg offen. Beim ersten gestarteten Skript wird mit *mysql_pconnect()* die Verbindung tatsächlich geöffnet, während diese Funktion in allen nachfolgend gestarteten Skripts die bereits bestehende Verbindung einfach weiter benutzt. Mit *mysql_pconnect()* geöffnete Verbindungen werden nicht am Ende des Skripts automatisch geschlossen und sollten auch nicht mit *mysql_close()* explizit geschlossen werden, da sie dann logischerweise nicht weiterverwendet werden könnten.

- *$bool = mysql_select_db ($datenbank, $db_handle);*
  Nachdem die Verbindung zur Datenbank geöffnet wurde, wählen Sie mit dieser Funktion die zur Verwendung kommende Datenbank auf einem Datenbank-Server aus. Übergeben Sie der Funktion die gewünschte *$datenbank* (in diesem Buch *php_db*) und das von *mysql_pconnect()* zurückgegebene Datenbank-Handle. Alle nachfolgenden Datenbankoperationen beziehen sich von nun an auf die mit *mysql_select_db()* ausgewählte Datenbank. Die Funktion gibt TRUE zurück, wenn die Datenbank ausgesucht werden konnte, und FALSE, wenn das Auswählen nicht geklappt hat.

- $ressource = mysql_query ($query, $db_handle);
  sendet die *$query* an die zuvor ausgewählte Datenbank. Als *$db_handle* fungiert der von *mysql_pconnect()* zurückgegebene Zeiger auf die Verbindung zur Datenbank. Bei Queries mit SELECT gibt die Funktion eine Ressource zurück, im Fehlerfall FALSE. Bei allen anderen Arten von Queries gibt die Funktion TRUE im Erfolgsfall und FALSE bei Fehlern zurück. Der Query-String darf kein abschließendes Semikolon enthalten.
- $anzahl = mysql_num_rows($ressource);
  ermittelt die Anzahl der Datensätze, die eine vorangegangene SELECT-Query geliefert hat. Die übergebene Ressource ist der Rückgabewert von *mysql_query()*. Die Funktion *mysql_num_rows()* kann nur bei SELECT-Queries angewendet werden. Möchten Sie wissen, wie viele Datensätze Datenbank-Queries mit INSERT, UPDATE oder DELETE verändert haben, benutzen Sie die Funktion *mysql_affected_rows()*.
- $anzahl = mysql_affected_rows($ressource);
  gibt die Anzahl der durch eine Query betroffenen Datensätze zurück. Mit dieser Funktion ermitteln Sie für Queries mit UPDATE, INSERT oder DELETE, wie viele Datensätze durch die Operationen aktualisiert, eingetragen oder gelöscht wurden. Als *$ressource* übergeben Sie auch hier den Rückgabewert von *mysql_query()*. Diese Funktion kann nicht nach SELECT-Queries angewendet werden.
- $array = mysql_fetch_row($ressource);
  gibt in *$array* einen als Ergebnis einer SELECT-Query aus der Datenbank gelieferten Datensatz zurück. Als Übergabeparameter kommt der Rückgabewert von *mysql_query()* zum Einsatz. Beim ersten Aufruf von *mysql_fetch_row()* nach einer Query wird der erste zurückgelieferte Datensatz in das Array geschrieben; jedes Datenfeld wird in ein Array-Element verpackt. Die nächsten Aufrufe von *mysql_fetch_row()* liefern den jeweils nächsten Datensatz. Ist kein Datensatz mehr verfügbar, wird FALSE zurückgegeben.

5.3 Ein Redaktionssystem mit Datenbank

- *$array = mysql_fetch_array($ressource [, $typ]);*
  funktioniert ähnlich *mysql_fetch_row()*, nur dass Sie hier wahlweise ein assoziatives oder ein numerisches Array bekommen, per Default sogar beides. Als *$typ* können Sie drei verschiedene Konstanten benutzen:
  - MYSQL_ASSOC liefert Ihnen ein assoziatives Array,
  - MYSQL_NUM ein numerisches Array
  - und MYSQL_BOTH gibt ein Array mit sowohl assoziativen als auch numerischen Keys zurück.

  MYSQL_BOTH ist als Default auch aktiv, wenn Sie keinen Typ angeben. Angenommen, eine Query lautet: „SELECT ueberschrift, vorspann from artikel". In diesem Fall bekommen Sie von *mysql_fetch_array($ressource)* ein Array mit den Keys *ueberschrift*, *vorspann*, *0* und *1*. Die Elemente mit den Keys *ueberschrift* und *0* enthalten jeweils den Text der Überschrift; in *vorspann* und *1* finden Sie den Vorspanntext. Übergeben Sie der Funktion als Typ MYSQL_ASSOC, bekommen Sie nur den assoziativen Teil, bei MYSQL_NUM nur den numerischen Teil des Arrays. In letzterem Fall arbeitet *mysql_fetch_array()* identisch zu *mysql_fetch_row()*.

- *$string = date($format [, $timestamp]);*
  liefert eine Zeichenkette mit dem aktuellen Datum zurück. Die Formatierungsmöglichkeiten des Rückgabestrings sind sehr flexibel. Ein *date (d.m.Y-H:i)* gibt Datum und Uhrzeit der Form DD.MM.YYYY-HH:MM zurück, während *date (l, F \t\h\e jS)* Ihnen z.B. Folgendes ausschreibt: *Friday, April the 13th*. Übergeben Sie der Funktion als zweites Argument einen Unix-Timestamp, liefert sie Zeit und Datum, das diesem Timestamp entspricht. Der Unix-Timestamp zählt in Sekunden seit dem 1.1.1970. Mit *setlocale()* können Sie Textausgaben der Funktion auch in deutscher Sprache bekommen (z.B. *Freitag* statt *Friday*). Für eine detaillierte Liste der einzelnen Formatierungsoptionen ziehen Sie bitte die PHP-Online-Dokumentation zu Rate.

6. Anhang

6.1 Die PHP-Konfigurationsdatei

Die *php.ini* dient zur Festlegung der Arbeitsweise des PHP-Interpreters. Diese Datei befindet sich im Verzeichnis */usr/local/apache/conf/*, sofern Sie den Apache und PHP nach der Anleitung in Kapitel 2 selbst kompiliert haben. Beim SuSE-Apache liegt sie dagegen unter */usr/local/lib*. Dorthin wird sie auch während der Installation kopiert, wenn Sie aus den Sources einen eigenen PHP-Apache erzeugen, ohne die *Config*-Option *--with-config-file=...* anzugeben. Unter Windows befindet sich *php.ini* im Windows-Verzeichnis, normalerweise also in *c:\windows*. In der folgenden Aufstellung sind die wichtigsten Optionen und deren Auswirkungen erklärt. Bei Optionen, die sich nur ein- oder ausschalten lassen (*on* oder *off*), ist die Voreinstellung groß geschrieben.

- *short_open_tag = ON/off*
  erlaubt oder verbietet die Benutzung der kurzen PHP-Tags <? und ?>. Falls der Parameter auf *off* steht, müssen Sie PHP-Code innerhalb <?*php* und ?> bzw. <*script language="php"*> und </*script*> kapseln.
- *asp_tags = on/OFF*
  Bei eingeschalteter Option können Sie zur Kapselung von PHP-Code die ASP-typischen Tags <% und %> verwenden.
- *safe_mode = on/OFF*
  schaltet den Safe Mode von PHP ein oder aus. Im Safe Mode reagiert PHP in einigen Funktionen restriktiver. So wird es Dateien (z.B. Includefiles) nur lesen, wenn sie dem User gehören, unter dem PHP bzw. der Apache läuft. Eine detaillierte Beschreibung der Restriktionen des Safe Mode finden Sie unter:
  http://www.php.net/manual/en/features.safe-mode.php.

6.1 Die PHP-Konfigurationsdatei

- *max_execution_time = 20*
  Hier wird die Zeit in Sekunden vermerkt, die ein Skript zur Ausführung maximal benötigen darf. Damit wird eine Blockierung des Webservers vermieden, falls Sie in Ihrem Skript unabsichtlich Endlosschleifen oder Deadlocks programmiert haben. Beachten Sie jedoch, dass es Funktionen geben kann, die eine relativ lange Zeit zur Ausführung benötigen, und stimmen Sie diese Zeitspanne darauf ab. Zum Beispiel kann es sein, dass das Versenden von E-Mails aus PHP heraus etwas länger dauert, falls der eingestellte SMTP-Server langsam reagiert oder die Verbindung schlecht ist. Auch das Übertragen von Dateien per FTP oder HTTP innerhalb von Skripts kann eine Zeit lang dauern.
- *memory_limit = 8M*
  legt den von einem Skript maximal zu beanspruchenden Speicher fest. Auch dies dient dazu, Server-Überlastungen bei Programmierfehlern zu vermeiden.
- *display_errors = ON/off*
  Hiermit können Sie die PHP-eigenen Fehlermeldungen ein- bzw. ausschalten, die inmitten des HTML-Codes im Browser des Anwenders erscheinen. Für Produktions-Server ist es aus Sicherheitsgründen ratsam, die Fehlerausschriften abzuschalten, da diese ansonsten Interna des Servers – wie z.B. Pfad- und Dateinamen – ausplaudern, die von Angreifern zur Sabotage Ihres Servers genutzt werden könnten. Ist diese Option abgeschaltet, sollten Sie stattdessen *log_errors* einschalten, um eventuelle Fehler verfolgen zu können.
- *log_errors =on/OFF*
  schaltet die Protokollierung auftretender Fehler in eine Datei an bzw. ab.
- *error_log = dateiname|syslog*
  Falls *log_errors* eingeschaltet ist, können Sie hier bestimmen, wohin die Fehlermeldungen geschrieben werden. Falls Sie einen Dateinamen angeben, müssen Sie darauf achten, dass das Verzeichnis für den Server-Prozess schreibbar ist. Geben Sie *syslog* an, schreibt PHP die Fehler in das Unix-Syslog (unter Windows NT in das Ereignislog). Unter Windows 95/98 funktioniert das

Schreiben ins Syslog nicht, da die kleinen Windows-Versionen keinen Syslog-Mechanismus besitzen.

- *post_max_size = 8M*
  bestimmt die maximale Dateigröße, die per POST übertragen werden kann. Diese Option ist wichtig, wenn Sie mittels File-Upload Dateien vom Browser zum Server übertragen möchten.
- *magic_quotes_gpc = ON/off*
  schaltet die automatische Maskierung aller Daten ein bzw. aus, die per GET, POST oder in Cookies übertragen werden. Dies betrifft Hochkommas, Anführungszeichen und NULL. Sie sollten sich darauf jedoch nicht verlassen, sondern mittels *addslashes()* und *stripslashes()* selbst für eine korrekte Maskierung sorgen.
- *magic_quotes_runtime= on/OFF*
  Ähnlich zur vorhergehenden Option. Hier werden alle Daten, die von SQL-Datenbanken oder Textdateien kommen bzw. dorthin geschrieben werden, automatisch maskiert.
- *include_path = /usr/local/apache/htdocs/inc*
  legt den Standard-Dateipfad für Include-Dateien fest. Damit sparen Sie sich die Angabe des Pfadnamens, wenn Sie Dateien per *include()* einbinden wollen. Beachten Sie, dass Sie unter Windows die Backslashes als Verzeichnistrenner benutzen müssen. Mehrere gewünschte Include-Pfade können Sie durch Doppelpunkte trennen.
- *file_uploads = ON/off*
  erlaubt bzw. verbietet den Datei-Upload vom Browser zum Server.
- *upload_tmp_dir =*
  Definieren Sie hier, welches temporäre Verzeichnis für Datei-Uploads verwendet werden soll. Ist kein Pfadname angegeben, wird das systemeigene temporäre Verzeichnis benutzt – unter Unix ist dies meist */tmp*, unter Windows normalerweise *c:\windows\temp*. Der Server-Prozess muss Schreibrechte auf dieses Verzeichnis besitzen.
- *upload_max_filesize = 2M*
  Zusätzlich zu *post_max_size* begrenzt auch diese Option die maximale Dateigröße, die der Browser per Datei-Upload an den Server senden darf.

6.1 Die PHP-Konfigurationsdatei

- *SMTP = localhost*
  spezifiziert den Mailserver, der von PHP versendete Mails annimmt. Unter Unix muss diese Option nicht angegeben werden, da in korrekt konfigurierten Systemen eine systemeigene Voreinstellung eines SMTP-Servers vorhanden ist. Deshalb ist diese Option hauptsächlich für Windows-Server wichtig.
- *sendmail_from = me@localhost.com*
  Auch diese Option ist hauptsächlich für Windows-Server interessant. Hier wird bei von PHP versendeten E-Mails die Absenderadresse festgelegt.
- *mysql.allow_persistent = ON/off*
  erlaubt oder verbietet persistente Verbindungen zur MySQL-Datenbank.
- *mysql.max_persistent = -1*
  legt die maximal erlaubte Anzahl von gleichzeitigen persistenten Datenbankverbindungen fest. Eine -1 erlaubt unbegrenzt viele Verbindungen. Eine Begrenzung kann die Überlastung des Servers verhindern; allerdings werden dann die Besucher Ihrer Website Fehlermeldungen bekommen, falls die maximale Anzahl der Verbindungen erreicht ist.
- *mysql.max_links = -1*
  Maximal erlaubte Anzahl von gleichzeitigen Verbindungen zur Datenbank, gleich, ob es sich um persistente oder normale Verbindungen handelt. Mit -1 sind unbegrenzt viele Verbindungen erlaubt.
- *mysql.default_host =*
  Standard-Host für Datenbankverbindungen. Im Safe Mode wird diese Option ignoriert.
- *mysql.default_user =*
  Standard-User für Verbindungen mit *mysql_connect()* bzw. *mysql_pconnect()*. Wird ebenfalls im Safe Mode ignoriert.
- *mysql.default_password =*
  Standard-Passwort für Verbindungen mit *mysql_connect()* bzw. *mysql_pconnect()*. Wird im Safe Mode ignoriert. Es ist nicht ratsam, für *user* und *password* Standardwerte einzutragen. Dann bekäme automatisch jeder, der es schafft, auf Ihrem Server PHP-

Skripts auszuführen, Zugriff auf die Datenbank. Obendrein ist es dann für einen potenziellen Angreifer leicht, mit *echo cfg_get_var ("mysql.default_password")* das Passwort auszuspähen. Sollten Sie vergessen, Eingaben mit *htmlspecialchars()* zu maskieren, könnte ein Angreifer diesen Befehl u.U. in seinen Eingaben verstecken und damit das Passwort ausspähen!

6.2 Umgebungsvariablen

Innerhalb von PHP können Sie eine Reihe von Umgebungsvariablen abfragen. Eine komplette Liste davon liefert Ihnen die Funktion *php_info()*. Hier sind die wichtigsten Variablen noch einmal detailliert erklärt. Alle diese Variablen sind im Array *$_SERVER[]* gespeichert, dessen einzelne Elemente Sie so auslesen können:

```
echo $_SERVER['DOCUMENT_ROOT']
```

Damit wird Ihnen z.B. */usr/local/apache/htdocs* ausgegeben.

6.2.1 Apache-Umgebungsvariablen

- DOCUMENT_ROOT
  Wurzelverzeichnis der HTML-Dateien
- HTTP_USER_AGENT
  Kennung des Browsers, der das Skript vom Server angefordert hat. Diese Kennung ist jedoch weitgehend wertlos, da manche Browser keine Kennung senden, bei anderen dagegen kann der Anwender die Kennung frei definieren. Benutzen Sie diese Kennung auf keinen Fall, um bestimmte Browser-abhängige Versionen einer Seite auszuliefern. Browser-abhängige Seiten sind generell schlechtes Webdesign – nicht zuletzt deshalb, weil die Kennung des Browsers keine verlässlichen Informationen bietet.
- REMOTE_ADDR
  IP-Adresse, von welcher das Skript angefordert wurde
- SCRIPT_FILENAME
  Pfad- und Dateiname der Skriptdatei auf dem Server

6.2 Umgebungsvariablen

- SERVER_ADDR
  IP-Adresse des Webservers
- SERVER_ADMIN
  E-Mail-Adresse des Server-Admins, wie sie in der Apache-Konfiguration zu finden ist
- SERVER_NAME
  Host- und Domain-Name des Webservers
- REQUEST_METHOD
  Art und Weise, wie Daten vom vorherigen Skript an das aktuelle Skript übergeben wurden (GET oder POST)
- QUERY_STRING
  Der komplette Query-String, der per GET an das aktuelle Skript übergeben wurde
- REQUEST_URI
  URL des Skripts relativ zu *$DOCUMENT_ROOT*, der zum Aufruf des Skripts diente
- SCRIPT_NAME
  URL des ausgelieferten Skripts relativ zu *$DOCUMENT_ROOT*. *REQUEST_URI* und *SCRIPT_NAME* sind meist identisch, können jedoch bei Server-seitigen Weiterleitungen differieren.

6.2.2 PHP-Variablen

- *$argv*
  Array, das die Argumente enthält, die per GET oder POST an das aktuelle Skript übergeben wurden. Bei einer Übergabe per GET enthält diese Variable den Query-String.
- *$argc*
  enthält die Anzahl der übergebenen Argumente.
- $PHP_SELF
  Dateiname des aktuellen Skripts relativ zum $DOCUMENT_ROOT, kann auch als URL verwendet werden, z.B. für Skripts, die sich selbst aufrufen
- $HTTP_COOKIE_VARS
  Ein assoziatives Array, das alle per Cookie an das aktuelle Skript übermittelten Variablen enthält

- $HTTP_GET_VARS
  Ein assoziatives Array, das die per GET übergebenen Variablen samt deren Inhalten enthält
- $HTTP_POST_VARS
  enthält in einem assoziativen Array alle per POST übergebenen Variablen.
- $HTTP_POST_FILES
  enthält Informationen zu den per POST an den Server übertragenen Dateien in einem assoziativen Array.
- HTTP_SERVER_VARS['DOCUMENT_ROOT']
  Analog zu $DOCUMENT_ROOT der Pfad zum Wurzelverzeichnis der HTML- und PHP-Dateien

Die Variable HTTP_SERVER_VARS ist ein assoziatives Array mit (u.a.) den folgenden Elementen. Eine komplette Liste liefert Ihnen die Funktion *phpinfo()*.

- HTTP_SERVER_VARS['HTTP_HOST']
  Hostname des Webservers
- HTTP_SERVER_VARS['HTTP_USER_AGENT']
  Kennung des User-Agents, des Browsers, der das Skript angefordert hat
- HTTP_SERVER_VARS['REMOTE_ADDR']
  IP-Adresse des anfordernden Browsers
- HTTP_SERVER_VARS['SCRIPT_FILENAME']
  Kompletter Pfad- und Dateiname des aktuellen Skripts auf dem Server
- HTTP_SERVER_VARS['SERVER_ADDR']
  IP-Adresse des Webservers
- HTTP_SERVER_VARS['SERVER_ADMIN']
  E-Mail-Adresse des Serveradmins, ist in der Apache-Konfiguration eingetragen
- HTTP_SERVER_VARS['SERVER_NAME']
  Host- und Domain-Name des Webservers
- HTTP_SERVER_VARS['SERVER_PORT']
  Port, auf dem der Webserver arbeitet, normalerweise 80

- HTTP_SERVER_VARS['REQUEST_METHOD']
  CGI-Methode, nach der Variablen an das aufgerufene Skript übergeben wurden
- HTTP_SERVER_VARS['QUERY_STRING']
  enthält den per GET an das aktuelle Skript übergebenen Query-String.
- HTTP_SERVER_VARS['REQUEST_URI']
  Für die Anforderung des aktuellen Skripts übergebener URL
- HTTP_SERVER_VARS['SCRIPT_NAME']
  Pfad- und Dateiname des aktuellen Skripts relativ zu $DOCUMENT_ROOT
- HTTP_SERVER_VARS['PHP_SELF']
  auch: PHP_SELF
  URL des ausgelieferten Skripts relativ zu $DOCUMENT_ROOT

6.3 Infos im Internet

Im World Wide Web ist eine riesige Menge an Informationen über PHP zu finden. Ein guter Startpunkt ist die PHP-Website, auf der außer der Online-Dokumentation auch Links zu diversen Interessengruppen zu finden sind.

6.3.1 Websites

- *www.php.net*
  Offizielle Website zu PHP
- *www.php.net/manual/en/*
  Das kommentierte Online-Manual zu PHP. Hier sind zu den einzelnen Funktionen und anderen Teilen des Manuals viele Anmerkungen von Programmierern zu finden, oftmals mit konkreten Beispielen – sehr empfehlenswert. Leider lässt sich dieses Manual prinzipbedingt nicht als Komplettversion herunterladen.
- *www.php.net/download-docs.php*
  Download-Seite für die einzelnen Manuals, in verschiedenen Sprachen verfügbar. Diese Versionen können Sie auf Ihrem Rech-

ner installieren, um die Anleitung ohne ständige Online-Verbindung zu konsultieren.

- *www.php.net/support.php*
  Auf dieser Seite können Sie die verschiedenen Mailing-Listen zu PHP abonnieren.
- *www.koehntopp.de/php/*
  Deutschsprachige Liste häufig gestellter Fragen zu PHP samt der zugehörigen Antworten
- *pear.php.net*
  Website für die Bereitstellung und den Austausch von Programmmodulen, die häufig benötigte Features bereitstellen, für fortgeschrittene PHP-Programmierer
- *www.mysql.com*
  Offizielle MySQL-Website
- *www.mysql.com/documentation/*
  Umfangreiche englische Dokumentation zu MySQL
- *www.apache.org*
  Offizielle Apache-Website
- *httpd.apache.org/docs/*
  Umfangreiche, wenngleich nur als Referenz geeignete Dokumentation zum Apache-Webserver. Nach der Installation des Apache-Servers befindet sich diese Dokumentation auch in Ihrem $DOCUMENT_ROOT im Verzeichnis *manual/*.
- *selfhtml.teamone.de/*
  Offizielle Website zur absolut empfehlenswerten HTML-Dokumentation *Selfhtml*, auch als Download-Version verfügbar
- *www.selfphp4.de*
  Umfangreiche deutschsprachige Online-Dokumentation zu PHP, auch zum Download verfügbar
- *selfaktuell.teamone.de/artikel/server/htaccess/*
  Deutsche Anleitung zur Zugriffsbeschränkung mit *.htaccess*
- *http://www.taggesell.de/Buecher/PHP-Buch/index.php*
  Website des Buchautors für weiterführende Informationen zu diesem Buch, enthält die Programmbeispiele zum Download, Ergänzungen und Errata zu diesem Buch und weitere Informationen

6.3.2 Newsgruppen

Zu PHP sind im Usenet eine Reihe von Diskussionsgruppen verfügbar. Falls Sie mit dem Usenet und dessen Umgangsformen nicht vertraut sind, lesen Sie diese unbedingt unter *http://learn.to/quote/* nach. Bitte beachten Sie die in den jeweiligen Gruppen üblichen Gepflogenheiten. Um sicherzugehen, empfiehlt es sich, zuerst ein oder zwei Wochen in der Gruppe mitzulesen, ehe Sie mit Fragen in Erscheinung treten. Lesen Sie vor dem Senden eigener Fragen unbedingt die FAQ unter *www.koehntopp.de/php/*, da es wahrscheinlich ist, dass Ihre Frage dort bereits beantwortet wird. Die Teilnehmer – besonders der deutschen Newsgruppen – nehmen es Ihnen schnell übel, wenn Sie eine Frage stellen, die bereits in der FAQ erschöpfend beantwortet wurde. Auch müssen Sie sich leider darauf einstellen, dass es in den deutschen Newsgruppen eine Reihe von Menschen gibt, die recht arrogant sind. Sehen Sie diesen Leuten ihre Argumentationsweise nach, überlegen Sie jedoch, ob deren Ausführungen – abseits des verfehlten Umgangstones – nicht doch einen Nutzen für Sie haben. Auch bietet es sich an, vor dem Fragen das Newsarchiv von Google unter *groups.google.com/* zu konsultieren. Auf jedem Newsserver geführte PHP-Gruppen:

- *de.comp.lang.php*
  Deutschsprachige PHP-Gruppe
- *alt.comp.lang.php*
  Englischsprachige Gruppe
- *alt.php*
  Alternative englischsprachige PHP-Gruppe
- *alt.php.sql*
  Speziell für Probleme der Datenbankanbindung unter PHP, ebenfalls englischsprachig

PHP.net betreibt einen eigenen Newsserver, den Sie unter *news.php.net* erreichen und der ebenfalls eine Reihe von PHP-spezifischen Diskussionsgruppen bereitstellt.

6.4 Literaturhinweise

6.4.1 Bücher zu MySQL

MySQL ist zwar besonders im Hinblick auf Einfachheit und Geschwindigkeit entwickelt worden, trotzdem ist der Kauf eines Buches zu MySQL zu empfehlen, wenn man sich näher mit dem Datenbanksystem beschäftigt.

- Michael Kofler
  MySQL. Einführung, Programmierung, Referenz
  Addison-Wesley 2003; ISBN 3827320461
- Randy Jay Yarger u.a.
  MySQL und mSQL
  O'Reilly 2000; ISBN 3897211637

6.4.2 Grundlagen zu Datenbanksystemen

Hier geht es besonders um die Umsetzungen von Anforderungen in ein relationelles Datenbankmodell. Besonders bei umfangreicheren Projekten entscheidet das Design der Datenbanktabellen über Erfolg oder Misserfolg, über Performance und Erweiterbarkeit.

- Gottfried Vossen
  Datenbankmodelle, Datenbanksprachen und Datenbankmanagementsysteme
  Oldenbourg 2000; ISBN 3486253395

6.4.3 Rechnersicherheit unter Linux

Rechnersicherheit hat viele Seiten, und spätestens, wenn Sie Ihren eigenen Linux-Server betreiben wollen, sollten Sie sich Gedanken um die Sicherheit Ihres Webservers machen.

- Tobias Klein
  Linux-Sicherheit. Security mit Open-Source-Software – Grundlagen und Praxis
  dpunkt-Verlag 2001; ISBN 3932588045

- Wolfgang Barth
  Das Firewall-Buch
  SuSE 2003; ISBN 3899900448
- Michael Matzer
  Safer PC
  dtv; ISBN 3423502266
- Michael Matzer
  Sicherheitsrisiko Internet
  dtv; ISBN 3423502274

6.4.4 Apache-Webserver

Da Sie PHP zusammen mit dem Apache-Webserver einsetzen, sollten Sie sich auch über die Arbeitsweise und die vielfältigen Konfigurationsoptionen des weltweit beliebtesten Webservers kundig machen.

- Lars Eilebrecht
  Apache Web-Server
  mitp 2003; ISBN 3826613422

6.4.5 Bücher zu Linux und anderen Themen

Besonders der *Mythical Man Month* ist ein unverzichtbarer Bestandteil des Bücherregals eines jeden Programmierers, erklärt er doch die grundlegenden Aspekte des Projektmanagements, kurz gesagt: warum etwas schief geht und warum ein Projekt niemals rechtzeitig fertig wird. Das Buch war längere Zeit nur in englischer Sprache verfügbar, im November 2003 soll jedoch eine neue deutsche Auflage erscheinen. Auch *Designing Web Usability* als Standardwerk des Webdesigns gehört auf den Schreibtisch eines jeden Web-Programmierers. Die deutsche Übersetzung zumindestens der ersten Auflage war allerdings unakzeptabel. In der vorliegenden Auflage soll die Übersetzung zwar verbessert worden sein, aber wer sichergehen will, möge sich die amerikanische Originalversion zulegen.

- Michael Kofler
  Linux – Installation, Konfiguration, Anwendung
  Addison-Wesley; ISBN 3827318548

- Michael Dietrich
  Linux – Das Betriebssystem produktiv nutzen
  dtv 1998; ISBN 3423501901
- Frederick P. Brooks
  The Mythical Man-Month (englisch)
  Addison-Wesley; ISBN 0201835959
- Frederick P. Brooks
  The Mythical Man-Month (deutsch)
  mitp; ISBN 3826613554
- Hartwig Lohse
  Webdesign. Planung und Umsetzung erfolgreicher Webseiten
  dtv 2001; ISBN 3423502355
- Kajetan Hinner
  Internet-Lexikon. Das Netz im Griff von A-Z
  dtv 2001; ISBN 3423503270
- Jakob Nielsen
  Designing Web Usability; 2.Auflage
  Markt und Technik 2001; ISBN 3827262062

Sachverzeichnis

Symbole
\# 63
$ 80
& 114
* 80
*/ 62
+ 80
. 80
/* 62
// 63
=== 118
? 80
?> 60
^ 79, 115
| 72, 80

A
a 200
a+ 200
Active Server Pages 19
addslashes 81
addslashes() 238
Advanced Server Pages 18
AND 114
Anführungszeichen 238
Apache 12
Apache-Archiv 25
Apache-Server 52
Apache-Umgebungsvariablen 252
Apache-Webserver 25
   Installation 26
Argument 136
Arithmetische Operatoren 110
Array 70, 90
   array merge 98
   array rand 98
   array slice 99
   array sum 99
   array() 98
   array_splice() 96
Array-Funktionen 98
   bewegen 100
   einfügen und löschen 102
   sortieren 103
arsort 104
Artikel
   aktualisieren 224
   Anzeige 228
   löschen 224, 232
   neu eintragen 222
Artikeldaten 222
Artikelliste 220
   aufteilen 243
   im Redaktionssystem 230
   öffentlich 225
Artikelnummer 211, 217
asort 103
ASP 61
asp_tags 248
Aufteilung 146
Ausdruck 109
Auswahlbox 168
Autoinkrement 209

B
Backslash 67, 80
BC-Arithmetik 65
Benutzer-Interface 194
Besucherseiten 213
Bezeichner 155

bin 53
Bit-Operatoren 114, 116
BLOB 204
Bookmark 229
Boolean 89
Boolesche Vergleichsoperatoren 121
Break 127

C
Carriage-Return 193
CGI 14
  CGI-Skript 15
CHAR() 203
chop() 82
chr 82
Client 39
ColdFusion 19
Common Gateway Interface 14
conf 53
config 47
continue 135
cookie 47, 160
count 98
count() 94
current 101

D
DATE 203, 247
Date-Funktion 59
Dateiendung 55
Datei-Upload 173, 178
Datenbank 40, 157, 210
  Anbindung 201
  Verbindung öffnen 215
Datenbank-Handle 245
Datenbank-Server 40
Datenbank-System 39
Datenfelder 90
Datentyp 63, 105
Datenübergabe 162
DATETIME 203

Datum 77
Datumsfunktion 59
Datumstring 216
Default-Klausel 129
Dekrement 112
DELETE 208
display_errors 249
Do while 130
DOCUMENT_ROOT 252
Dollarzeichen 80
DOUBLE 64, 203
dynamisch 15

E
each 101
echo 82, 154
Editieren 234
Eingabefeld 194
  vorbelegen 179
Einrückung 155
else 125
elseif 126
Elseif-Klausel 126
empty() 108
end 101
Entwicklungs-Server 22
ereg 75
ereg_replace 75
eregi 75
eregi_replace 75
error_log 249
Erweiterung 238
Escape-Sequenzen 66
Exklusiv-Oder-Operation 115
explode 82
explode() 72

F
FALSE 71, 90, 118
fclose 200
Fehlermeldung 150
Feld, versteckt 173

file() 184
file_uploads 250
filesize 200
FLOAT 203
floatval 106
fopen 192, 199
for 132
foreach 77, 132, 134
foreach() 93
form action 188
Formular 161
　integriert 180
fread 200
Frontend 147, 187
Funktionen 136, 148, 199
　eigene 136
　eingebaute 136
　mathematische 140
Funktionstest 28
Funktionsweise 54

G
GET 162, 166, 230
　Alternative 182
gettype() 106
Gleitkommazahlen 64
Gutmans, Andi 17

H
Handle 215
Hardware 23
Heredoc-Notation 66
Hidden-Felder 160, 173
Hochkomma 206, 238
htaccess 195
htdocs 53
htmlentities 83
htmlentities() 160
htmlspecialchars 83
HTML-Tabelle 154
HTML-Tag 242
htpasswd 196

http 47
HTTP_USER_AGENT 252

I
ID 208
if 125
implode 82, 193
implode() 72
include_path 250
Include-Datei 213
Include-Pfad 150
Includes 148
Inkrement 112
Installation 26
　PHP 31
Installer 25
Integer 64
Interface 194
Internetseite 13
intval 107
is 105
isset 188
isset() 107
Iterator 133

J
Joker 206

K
Kapselung 60
　in HTML 60
Klammeraffe 151
Klammern 79
　eckig 80
　rund 80
Kommentare 62
Komplexe Syntax 68
Kontrollstrukturen 124
Konvertierungen 141
Konvertierungsfunktionen 106
krsort 104
ksort 104

L

Lerdorf, Rasmus 16
Linux 12
Linux-Server 37
localhost 13
log_errors 249
logs 53
ltrim 84

M

magic_quotes_gpc 250
magic_quotes_runtime 250
mail 201
Maskierung 238
max_execution_time 249
Maximalgröße 175
memory_limit 249
Menü 168
Metazeichen 79
Modul 146
MySQL 12, 25, 39, 201, 258
   installieren 34
mysql 41, 251
mysql_affected_rows 246
mysql_connect 245
mysql_fetch_array 247
mysql_fetch_row 246
mysql_pconnect 245
mysql_query 246
mysql_select_db 245
mysqladmin 41
MySQL-Datenbank-Server 41
MySQL-Datentypen 202
MySQL-Root-Passwort 44
MySQL-Shell 41

N

Negation 115
Newline 193
Newsgruppen 257
News-Seite 184
next 102

nl2br 84
NOT 115
NULL 105

O

ODER-Operation 114
Operator 109
   dreifach konditional 121
   Rangfolge 123
OR 114
ord 84

P

Parameter 136
Passwortschutz 195
PERL 15
Persistent Connections 245
Pflichtenheft 146
php.ini 248
PHP/FI 2 16
php_db 48
PHP3 17
PHP4 17
PHP-Befehle 61
PHP-Konfigurationsdatei 248
phpMyAdmin 44
   Konfiguration anpassen 46
PHP-Variablen 253
Pipe-Symbol 72, 80, 238
Planung 145
pop 102
Portabilität 155
POST 162, 166
   Alternative 182
post_max_size 250
prev 102
print 84
Produktions-Server 22
Programmierung 154, 158, 183
Punkt 69
Punktnotation 68
push 103

Q

Query 202
QUERY_STRING 253
quotemeta 84

R

r 199
r+ 199
Race Condition 244
rand () 143
Raute 63
Redakteure, mehrere 243
Redaktions-Frontend 183, 187
Redaktionssystem 147, 183, 213
   Datenbank 210
Regular Expressions 74
   für Dummies 79
Reguläre Ausdrücke 74
   Rangstufen 79
REMOTE_ADDR 252
REQUEST_METHOD 253
REQUEST_URI 253
reset 101
Ressource 106
rsort 104
rsort() 96
rtrim 85
Rundung 142
Rundungsfehler 65

S

safe_mode 248
Schrägstriche 63
SCRIPT_FILENAME 252
SCRIPT_NAME 253
search 100
Semikolon 61, 205
sendmail_from 251
Sequenzen 209
SERVER_ADDR 253
SERVER_ADMIN 253
SERVER_NAME 253
Server-Absicherung 22
Session-Management 182
setlocale 247
settype 107
short_open_tag 248
short_tags 60
Sicherheit 48, 159
SMTP 251
Software 24
   Design 145
sort 104
sort() 96
splice 100
split 75
spliti 76
SQL 39, 202
   Datenbank-Server 39
srand() 143
SSL-Server 166
str_replace 86, 193
str_replace() 71
strcmp 85
String 65
Stringfunktionen 81
strip_tags 85
stripslashes 81
stristr 85
strlen 85
strncmp 85
strpos 86
strpos() 70
strrev 86
strstr 86
strtolower 86
strtoupper 86
strtr 86, 193
strval 107
substr 87
substr_count 87
substr_replace 87
Suchen und Ersetzen 70
Suravski, Zeev 17

SuSE 24
  Apache 248
  Software 37
  Switch 127

T
Tabellen 40
Technische Realisierung 148
TEXT() 203
TIME 203
trim 88
TRUE 89, 118
Typabfrage 105
Typecasting 108
Typumwandlung 105

U
Übersetzungstabelle 193
ucfirst 88
ucwords 88
Umgebungsvariablen 252
UND-Operation 114
Unix 12
unset() 108
unshift 103
UNSIGNED 202
upload_max_filesize 250
upload_tmp_dir 250

V
Variablen 63, 214
  global 138
  in Funktionen 137
  skalar 106
  statisch 139
Vergleichsoperatoren 118, 120

W
w 199
w+ 200
Web-Root-Verzeichnis 177
Webseite 12
  statisch 14
Webserver 12, 22
Website 12
Webtree 53
While 130
Wiederholungszeichen 80
Windows-Server 25
Winkelfunktionen 140
wordwrap 88

X
XML-Kompatibilität 61
XOR 115

Z
Zählerüberlauf 243
Zeichenketten 67
  verbinden 69
Zend Scripting Engine 17
Zufallszahlen 142
Zugriffsrechte 160
Zugriffssteuerung 195
Zusammenarbeit
  Apache, PHP und MySQL 39
Zuweisungen 111
Zuweisungsoperatoren 113

Buchanzeigen

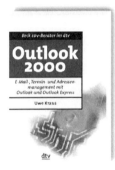

Kraus
Outlook 2000
E-Mail-, Termin- und Adressenmanagement mit Outlook und Outlook Express.
1.A.1999. 192 S.
€ 11,71. dtv 50199

Matzer
Sicherheitsrisiko Internet
Schutzmechanismen beim Surfen, Homebanking, Shopping etc.
1.A. 2000. 347 S.
€ 14,27. dtv 50227

Kratzl
Die eigene Homepage
Selbst erstellen und gestalten.
Eine umfassende Anleitung zu Aufbau und Gestaltung von Internet-Seiten.
1.A.1999. 350 S.
€ 12,73. dtv 50210

Internet

Jetzt nur € 7,50
Sie sparen € 6,25

Antosch
Internet für Fortgeschrittene
ICQ, IRC, Newsgroups, Suchmaschinen, MP3, Jobs und Business.
1.A. 2000. 313 S.
€ 7,50. dtv 50223

Spallek/Kreinacke
Suchmaschinen
Gezielt recherchieren im Internet.
Dieses Buch eröffnet die umfassenden Möglichkeiten dieser inzwischen zahllosen Engines und hilft Ihnen damit, viel Zeit zu sparen.
1.A. 2000. 187 S.
€ 11,50. dtv 50229

Kraus
FrontPage 2000
Professionelle Webseiten selbst gestalten.
Schritt für Schritt werden grundlegende und fortgeschrittene multimediale Funktionen erläutert. Der schnelle und sichere Weg zu optimalen Ergebnissen.
1.A. 2000. 275 S.
€ 12,02. dtv 50234

Die EDV-Berater: Zeigen Sie es Ihrem Computer

Lohse
Webdesign
Planung und Umsetzung erfolgreicher Webseiten. Grundregeln der grafischen Gestaltung und der Kombination von Schrift-, Grafik-, Audio- und Videoelementen werden leicht verständlich und praxisnah vermittelt.
1.A. 2001. 312 S.
€ 14,50. dtv 50235

Dunn
Java 2EE
eBusiness-Anwendungen effizient programmiert.
Dieses Buch verschafft Überblick über die verschiedenen Bereiche der J2EE-Programmierung.
Mit zahlreichen Beispielen und einer kompletten J2EE-Anwendung zur Veranschaulichung.
1.A. 2002. 375 S.
€ 7,50. dtv 50244

Bouchard
Java 2
Objektorientiertes Programmieren im WWW.
Ein unverzichtbarer Ratgeber für alle, die mit Java programmieren.
1.A.1999. 303 S.
€ 13,75. dtv 50200

Taggesell
PHP 4
Dynamische Webseiten mit Apache, PHP und MySQL. Dieses leicht verständliche Buch führt Einsteiger und Programmierbegeisterte schrittweise in die Scriptsprache PHP ein und gibt Einblick in die serverseitige Programmierung von HTML-Seiten. Schwerpunkte liegen auf den Themen Datenbank-Anbindung und XML-Integration.
Mit zahlreichen Programmbeispielen und sofort umsetzbaren Projekten.
1.A. 2002. 266 S.
€ 14,–. dtv 50242

Taggesell
PHP 5
PHP erfreut sich großer Beliebtheit als kostenlose Open-Source-Software, die mit dem verbreiteten Apache-Server zusammenarbeitet.
Das Buch behandelt die ganz neue Version 5.
1.A. 2005. 266 S.
€ 16,–. dtv 50254
Neu im März 2005

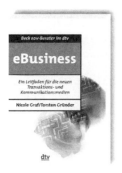

Graf/Gründer
ebusiness

Ein Leitfaden für die neuen Transaktions- und Kommunikationsmedien.
Wie sieht die Zukunft im Bereich „Kundenbeziehungsmanagement" aus, welchen Trend zeigen die Märkte, wie sind Chancen und Risiken für Unternehmen zu bewerten? Wie kommt man mit der Technik und den Begriffen (B2B, BCB, A2A, ASP, Payment etc.) zurecht? Hier hilft der neue Ratgeber mit praxisnahen Fallstudien und Beispielen.
Der Leser erfährt alles Wissenswerte von Theorie und Praxis des eBusiness mit Empfehlungen zur Entwicklung einer auf die eigenen Bedürfnisse ausgerichteten Strategie.
1.A. 2003. 351 S.
€ 14,50. dtv 50246

Grafik

Kneißl
Scannen wie die Profis
Text- und Bildvorlagen perfekt digitalisieren und drucken.
Wie man aus mäßigen Vorlagen das Beste herausholt, Umgang mit verschiedenen Dateiformaten, Texterfassung mit OCR u.v.m.
2.A. 2002. 329 S.
€ 15,–. dtv 50222

Dangel
Paint Shop Pro 6
Schritt für Schritt zur perfekten Bildbearbeitung.
Von den Grundeinstellungen über die Farbenlehre bis zur Bearbeitung von s/w-, 4c- und Strich-Bildern, die Retusche und Spezialeffekte bietet das Buch einen umfassenden Einstieg.
Mit Tipps und Tricks für die Aufbereitung von Bildern für unterschiedliche Einsatzbereiche.
1.A. 2000. 269 S.
€ 7,50. dtv 50224

Fotografie/Video

Kneißl
Digitale Fotografie
Bilddateien professionell erstellen und bearbeiten.
Tipps und Tricks zur Aufbereitung der Daten.
1.A. 2003. 400 S.
€ 18,–. dtv 50240

Kossak
Streaming Video
Rich Media produzieren.
So bündelt man Videos schnell und unkompliziert mit Grafiken, Texten, Bildern und Animationen zu eindrucksvollen Online-Präsentationen.
1.A. 2004. 396 S.
€ 19,50. dtv 50237

Sonstiges

Dangel
MP3
Musik aus dem www holen, speichern, spielen. Kompetente Erklärung von Begriffen, technischen Hintergründen und notwendiger Hard- und Softwareausstattung. Mit Verweisen auf interessante Websites und Informationen zur juristischen Debatte um Copyright-Fragen.
1.A. 2000. 224 S.
€ 9,97. dtv 50233 →

Bremes
Visual Basic
Visuelle Windows-Programmierung lernen und verstehen.
1.A.1997. 288 S.
€ 12,73. dtv 50188

Backer
Visual C++
Objektorientiertes Programmieren optimal erlernen.
1.A.1998. 302 S.
€ 12,73. dtv 50191

Sommergut
Programmieren in C
Einführung auf der Grundlage des ANSI-C-Standards.
2.A.1997. 382 S.
€ 15,29. dtv 50158

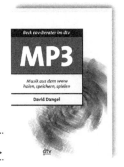

Baumeister/Petrowski
Visual Basic for Applications
Eine Einführung in die Programmierung unter Office XP.
Visual Basic for Applications (VBA) kombiniert die Möglichkeiten einer visuellen, objektorientierten Programmiersprache mit den Fähigkeiten der Anwendungen aus dem MS Office XP.
In dieser völlig neu bearbeiteten Auflage wird der Leser an die Entwicklung von Programmen zur Automatisierung verschiedener Arbeitsabläufe in Word und Excel 2000 herangeführt.
2.A. 2002. 304 S.
€ 18,–. dtv 50189

Die EDV-Berater

ZEIGEN SIE ES IHREM COMPUTER

Grundwissen und Lexika

Irlbeck/Langenau/Mayer
Computer-Lexikon

Die umfassende Enzyklopädie. Das Standardwerk im Großformat mit festem Einband: handlich – umfassend – unverzichtbar.
Rund 5900 Stichwörter, davon über 600 neu. Die Computerwelt entwickelt sich in rasendem Tempo weiter, vor allem im Bereich Internet und Multimedia. Entsprechend gibt es viele neue erklärungsbedürftige Begriffe wie Buffer Underrun, Echelon, Gnutella, Mozilla oder Opera. Verständliche Erklärungen und informative Details geben Antwort auf alle Fragen.

4.A. 2002. 957 S. mit zahlreichen Abbildungen im großen Lexikonformat mit festem Einband.
€ 18,–. dtv 50302

Irlbeck/Langenau/Mayer
Computer-Englisch

Dieses Nachschlagewerk übersetzt und erläutert alle wichtigen Begriffe aus der PC- und Großrechnerwelt sowie angrenzenden Bereichen wie Internet, Telekommunikation und Unterhaltungselektronik. Das Standardwerk im Großformat enthält über 10000 Begriffe, davon zahlreiche neu. Wer endlich wissen will, was Big Endian, Bluetooth, Crackz, iPod, Wetware oder Worm bedeuten, wird hier fündig. Übersetzungen Englisch-Deutsch und Deutsch-Englisch.

4.A. 2002. 816 S. im großen Lexikonformat mit festem Einband.
€ 18,–. dtv 50303

Hinner
Internet-Lexikon

Das Netz im Griff von A–Z.
Alle wichtigen Begriffe ausführlich erläutert.
Mit über 3000 Stichwörtern ist der Band für Beruf und privat ein umfassendes Nachschlagewerk.
Von Active Server Pages bis zu XML – kurz nachblättern, schnell verstehen.
Detailliert und kenntnisreich erklärt er auch Begriffe aus dem Bereich der Telekommunikation und Datenfernübertragung.

1.A. 2001. 400 S. im großen Lexikonformat mit festem Einband.
€ 15,–. dtv 50327